U0907750

江川史话

JIANGCHUAN SHIHUA

张乃清 著

上海闵行地方文史丛书

（第二辑）

中西書局

图书在版编目(CIP)数据

江川史话/张乃清著. —上海：中西书局,2023
(上海闵行地方文史丛书. 第二辑)
ISBN 978-7-5475-2111-3

Ⅰ. ①江… Ⅱ. ①张… Ⅲ. ①闵行区—地方史 Ⅳ. ①K295.15

中国国家版本馆 CIP 数据核字(2023)第 073711 号

江川史话

张乃清　著

责任编辑	刘　博
封面设计	梁业礼
责任印制	朱人杰
出版发行	上海世纪出版集团 中西書局(www.zxpress.com.cn)
地　　址	上海市闵行区号景路 159 弄 B 座(邮政编码：201101)
印　　刷	常熟市人民印刷有限公司
开　　本	700 毫米×1000 毫米　1/16
印　　张	19.25
字　　数	276 000
版　　次	2023 年 6 月第 1 版　2023 年 6 月第 1 次印刷
书　　号	ISBN 978-7-5475-2111-3/K·431
定　　价	98.00 元

本书如有质量问题,请与承印厂联系。电话：0512-52601369

上海闵行地方文史丛书

编委会

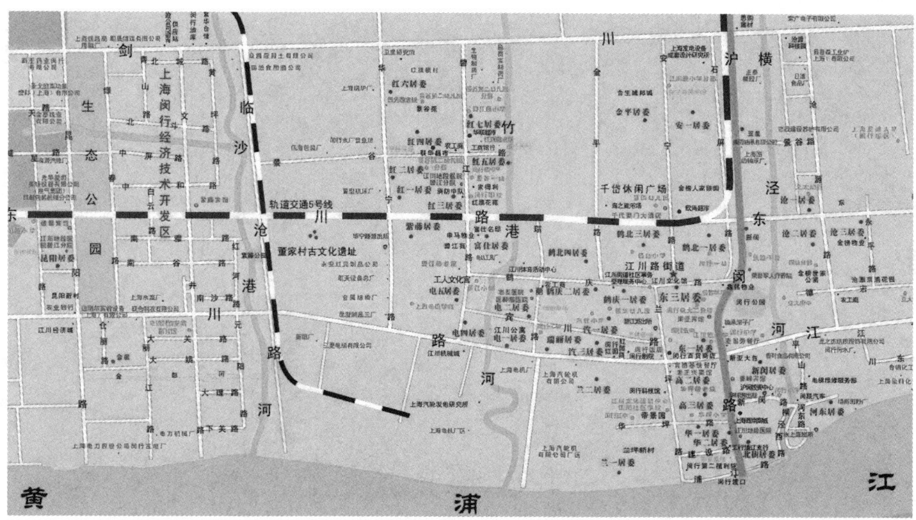

2012 年江川路街道地图

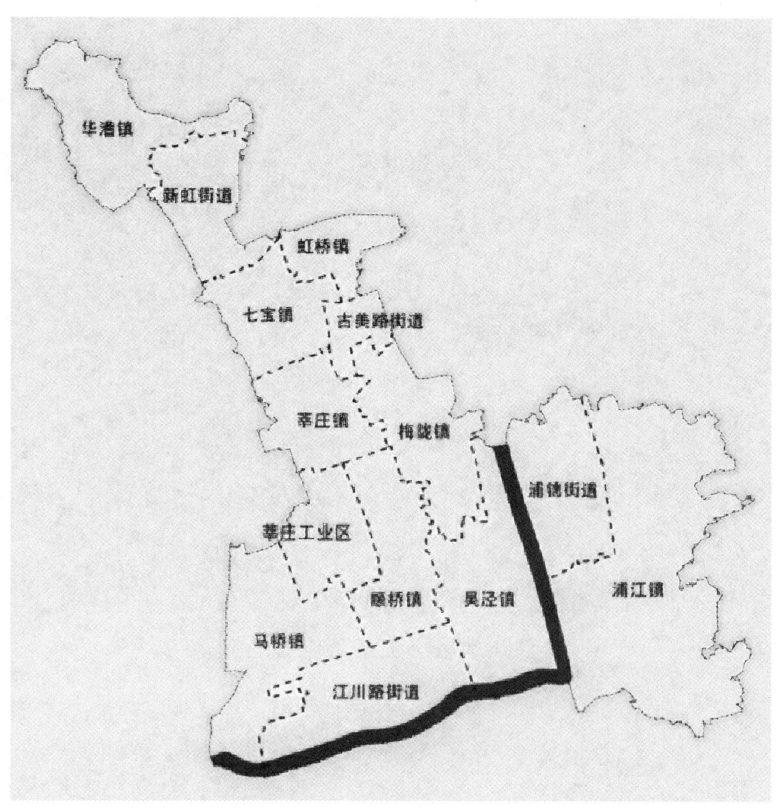

闵行区行政区划图

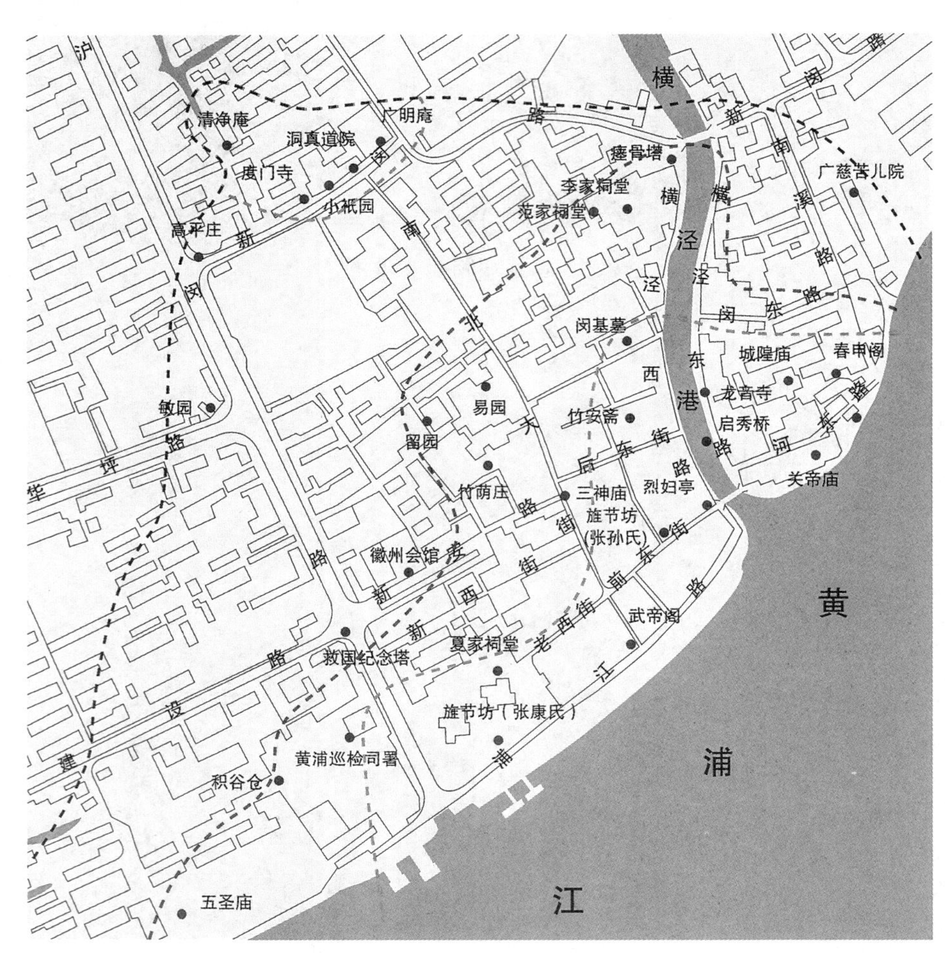

江川地区历史遗存位置图

前言

Preface

上海市闵行区江川路街道,1992 年之前属"原闵行区",因此人称"老闵行"。"闵行"一词已成为今日闵行区的简称,"老闵行"一词也就被世人约定俗成为一个专用地名。《江川史话》说的是"老闵行"地区的历史人文故事。

历史上的闵行老镇,地处古冈身地带,无水旱之患,有 3 000 年文明积淀。黄浦江闵行义渡在元代已设立,明代初又设立黄浦巡检司署,使这里成为申江门户,水陆要津,因而农商云集,逐步形成黄浦江中游的重要市镇。又历经 400 年沧桑岁月,人口日增,经贸活跃,建起了大小街巷和连片宅院,于明末清初正式被官府确立为建制镇,并以重镇载入史册。以后的 300 年间,这里五方杂处,群贤毕至,书香传世,人才辈出,被誉为"上海城郊首镇"。因此,李右之在民国初编纂并于 1927 年正式出版的乡土教材《上海乡土地理志》中称:"闵行为本邑首镇,地当水陆之冲,户口殷阗,商业繁盛,距县治约六十里许。地产棉花多于粳稻。风俗素称朴实,近亦渐趋浮靡。水道有小轮,陆路有汽车,交通颇便。镇之西北有北桥镇,钟楼在焉。其西为马桥镇。而其北为颛桥镇。四镇统称为西南乡云。"上海市县分治和沪闵公路开通后,闵行老镇更显繁盛,人文日益荟萃,使上海西南地区成为沪郊显赫之地。抗日战争胜利后,民族工业在这里崛起。新中国成立后,我国能源装备产业从这里起步,一系列工业奇迹先后诞生,地区面貌随之发生巨变。

历史上的"老闵行"地区,文化底蕴深厚,经贸市面繁华,社会影响广泛,具有"申江门户,水陆要津;农商云集,经贸重镇;群贤毕至,书香传世;国企摇篮,工业新城”等地域特点,因此近代人称“小上海”。“老闵行”的发展过程,是人口迁徙聚集的过程,是区域地貌转变的过程,是生产和生活方式转变的过程,展现了典型的区域性城市化的过程。它使人们清晰地看到,城镇的兴旺卓有成效地带动了周边农村的发展,而工业化的兴起又使城镇获得持续推进的动力。城镇文化的扩散和渗透,影响着“镇上人”和“乡下人”的一切,提高了地区对外开放程度,促进了城乡之间的交流,从而缩小了城乡发展的差距。

“老闵行”在城市化发展过程中,持续吸引众多外来户在此落地生根,海纳百川,形成五方杂处的局面,而且互相包容,逐渐混合一体,构成了新型的地域文化。同时,这里众多的本土乡人勇于拓展自己的成长空间,闯荡上海滩,努力打拼,且有所作为。他们的成功,给家乡引入时代新风,使这里与上海城市文脉产生了种种联系。他们以及他们开辟的内河航运线和修筑的沪闵公路,成为城市文明与乡村文明结合和城乡交流的纽带,使这里充满了都市近郊城镇的独特气息。

“闵行老街”延续了数百年的建城史和影响力,能在江南地区城镇群中脱颖而出,确实可称之为“小上海”。其历史文化的重要价值,已引起越来越多的文史研究者的关注,有助于上海地方史研究工作的深化和拓展。

20 世纪 80 年代起,随着闵行老镇的大规模改造和开发,民间民俗文化遗存岌岌可危。人们发现,“回家的路”仿佛变得遥远,共同的精神家园正在慢慢崩塌,于是保护历史文化遗产成为大家的共识。

记忆,不仅是为了怀旧,更是为了更自信地创新。古镇记忆,是城市记忆的先导,是城市文脉中不可忽视的重要组成部分。成功的集体记忆,是人们共同的精神家园。

“老闵行历史文化”是闵行人引以为豪的精神财富,是当今建设和谐社会的人文资源。对家乡的每一片土地怀有感情,对每一段历史产生兴趣,才能增加人们的责任感和使命感。挖掘真实的历史记忆告诉今人,保护完整的历史遗存留给未来,是我们共同的责任。

目录 Contents

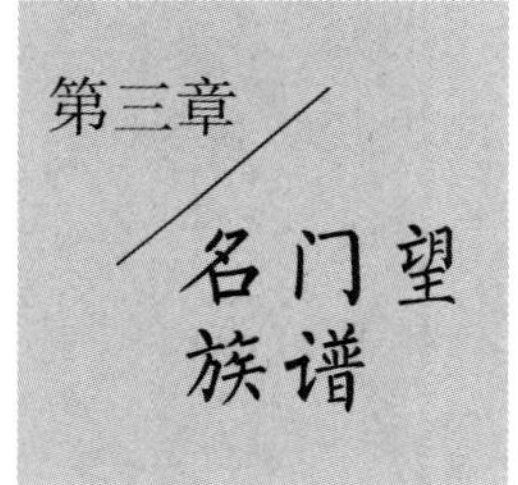
第三章
名门望族谱

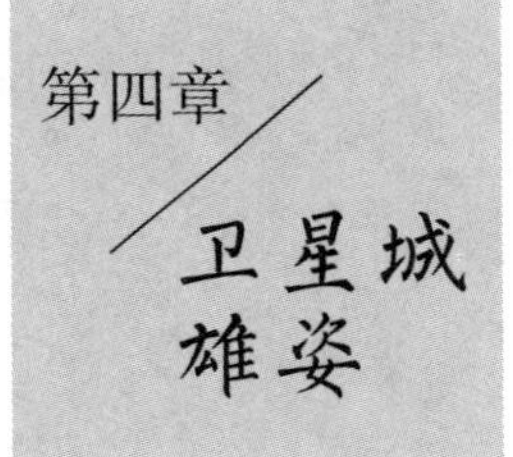

附录

第一章

黄浦闵行渡

黄浦江上

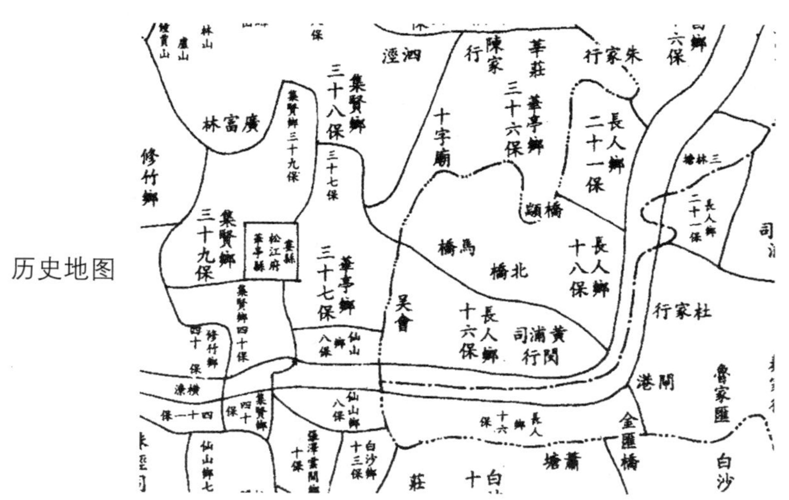

历史地图

黄浦江闵行段

四百年岁月建成闵行镇

黄浦与巡检司署

黄浦江中游段，从大涨泾南口米市渡起，经得胜港、闵行渡，达闸港口，古称“瓜泾塘”“横潦泾”，宋代改称“黄浦塘”“黄浦港”“黄浦”，明末清初改称“黄浦江”。

历史上，闵行渡一带作为出入松江府的水陆门户之一，自然属军事要塞。明弘治《上海志》记载：洪武六年（1373）三月，官府将元代时设在闵行镇西面“吴会里”的“邹城巡检司”迁到“横沥东二十一保”（今河东街），“巡检万僧迦奴赁民房署事”，并改革机构功能，建立司署佐以行政权力（类似公安派出所），称“黄浦巡检司署”。这标志着本地区行政管辖的提升，极为有力地加快了这一带的经济社会发展。

据地方文献记载，黄浦巡检司署在明清时期有变化。明洪武十二年（1379），“巡检苟狗以赵复没官房宇改置”。洪武二十九年（1396）十一月，“巡检李贤重葺”。崇祯十六年（1643）三月，唐晨以通倭作乱之罪，趁机革除黄浦巡检司的官职，命杨忠领黄浦巡检司，扩兵至 1 000 人。清雍正年间，在巡检司署旁建立了“社仓”（地方备荒粮仓）。嘉庆《松江府志》载：“黄浦司驻闵行镇，额设弓兵三十五名。”

当地嘉庆年间进士李林松对此沿革做过考证，并撰有《上海县黄浦司巡检创建公署记》，全文如下：

巡检，古之游徼也。元制为九品官，明初特赐敕，严其考课。善乎哉。宁人顾先生之言曰："巡检者，遏之于未萌；总督者，治之于已乱。其任重且要，而奈之何其小之也。"按杨潜《云间志》："宋巡检凡四。"而徐硕至元《嘉禾志》云："凡七。"其所列青龙、上海、邹城三司，皆在元上海境。明张之象邑志曰："县巡检司凡五，一曰黄浦司，在县南长人乡二十一保，洪武六年建。"今按邹城在今吴会镇，窃意移邹城为黄浦，盖明初制云。今上海一再分青浦、南汇，所存巡检二，则吴淞与黄浦，是旧制二司分辖城乡图保之半。乾隆三十二年，割近城者隶丞、簿。今司所辖保凡四，图凡百有二。浦广且险，薮盗而貌为渔，小民以细故讼者，断断焉。信乎，其为重且要也。其署在二十一保者，久废不知处，来者率赁民舍以居。叶君莱山为令之五年，百废俱举，顾谓此官独无听事所，弗为便。钱塘车君麟适捧檄官于兹，相与谋，度地而令甲，凡申请假帑者，辄以节费格于是。徐君沧湄者，令客也，为之筹，久而乃得，建有日矣。主簿严君士鉴，承令檄董之。役兴，凡三月，车君来告余曰："巡检亦有署矣。"余曰："官无居，无以为治；民非官，无以庇厥居。思治厥官，如共治厥居，庶乎弗负此官矣。"斯役也，谋之者令君，左右之者徐、严二子，夫岂徒车君是为？夫亦各求其所以治而已。彼视褒城驿为传舍者，不几何时而败之，伊何人哉。文以勒诸石，谂来者志不忘焉，礼也。历官于此，胪其可考者，为题名附于后。

光绪元年（1875），闵行镇董事李荣滋利用司署地基和李养素捐地建立"闵行积谷仓"，房屋有七开间三进。两年后，黄浦巡检司署用房西移重建。光绪二十八年（1902）改建为小学堂。

水陆要津闵行渡

闵行镇自古是黄浦江中游最重要的渡口。明代专记抵御倭寇史事的《筹海图编》称：江南经略，皆以闵行为渡，属黄浦入松江府通衢，故人称水陆要津。

黄浦江闵行航运码头，形成于宋元时代。近年考古发现，距地表以下2米处发现成排木桩，南北宽15至20米，东西长约150米，并向东延伸，为古建筑遗迹。沿江还出土了大量日用瓷碎片，90%为青花瓷，另有青瓷和白瓷。

为了便于黄浦江两岸的人员往来，闵行外滩自古就设有摆渡口，明弘治《上海志》称“黄浦渡”，为义渡。清康熙《上海县志》则称“横泾渡”，乾隆年间因在横泾东面另设了义渡，老渡口改称“横泾西渡”，以与东渡区别。乾隆十二年(1747)，这里设有“便民航”。据同治《上海县志》记载：“便民航在闵行镇，距县城七十里，往来未便。乾隆十二年知县王侹设船二，每船载二十五人，人给钱六文，货物成担者亦如之。金倬云助十八图田四亩，为岁修费。”

清嘉庆年间“乡野诗人”丁宜福(号时水)有一首《敏航等渡》云：

驰道中分水一条，敏航等渡妾心焦。
当年恨煞秦皇帝，只筑长堤不造桥。

清代华亭人高不骞(字槎客，号小湖)有《闵行渡书怀》云：

水市临东浦，开篷一问津。
把锄归健妇，题扇有词人。
月出当江面，潮来溅树身。
飘飘逐鸥鹭，稍稍绝风尘。

咸丰四年(1854),上海道台在此设立海关税卡。

光绪三年(1877),里人还到黄浦江南岸去建造憩亭,方便摆渡人。光绪二十七年(1901),绅士李祖锡、顾泰昇等拟订章程八条,呈上海、南汇两知县批准勒石,永禁需索。

黄浦江两岸渡口间距离为410米。对岸西渡口是奉贤地区的北大门,清末形成聚落,人称“浦南西渡”(俗称“西渡口”),码头在施相公庙后面。往南为萧塘镇(旧名“秦塘”,今奉贤区西渡镇)。

1922年,沪闵南柘公路沪闵段长途汽车通车后,商旅往来日增,手摇渡船增为两艘。浦南渡口设在横泾西渡至轧花厂的位置,闵行渡口在今浦江路闵行港监站处。

1932年,国民政府全国经济委员会投资兴建西闵客渡航线,在闵行西渡和浦南西渡新建钢引桥及浮码头。

1937年“八一三事变”后,日军飞机连续十多次袭击闵行渡口,先后炸毁“经航号”汽车渡轮、滨江张蹊轮埠、邮政水上飞机、运沙运木船只和滨江主要建筑。闵行沦陷后,“济航号”渡轮被日军拖往南京浦口,西闵客渡航线停航,无奈恢复手摇渡船应急。

抗日战争胜利后,当地有35人合伙集资购置一艘木壳轮船(俗称“乒乓船”),取名“顺风一号”,可载乘客60人,经营西闵客渡航线渡运业务。后又增置一艘华泰轮作备用,成立闵渡公司。

1949年后,闵渡公司改为闵渡轮运行。1958年4月1日,划属上海市轮渡公司接管经营,定名为“西闵线轮渡”。

从“敏行”到“闵行”

闵行渡一带,凭借地理位置和水利条件,历来既能避旱又能避涝,胜似“福地”,因此人称“三世修来住,家在闵行前”。明正德四至五年(1509—1510),黄浦江沿岸连续发生两次大水灾,而“横沥,沙、竹二冈独稳”,只因这里地势高亢、退水顺利且灾年仍有收成,附近灾民纷纷迁入,镇市更加兴盛,

“郡中始尽知名”。

清人丁宜福《申江棹歌》有吟：“黄鸡白酒祀田神，三世修来住浦滨。今日安澜真有庆，年年只盍报春申。”顾翰《松江竹枝词》也称：“春申江上浪滔天，劫火烧来断水边。妾苦今生修未到，郎家不住闵行前。”并注：“相传有‘三世修来住，家在闵行前’之谚，人以为无水旱之患也。”

人气旺盛之地，必然群贤毕至，而人文环境的优化，又必然促进地方经济的兴盛。

明代中期，生活在闵行老街一带的著名人物，有明天顺七年（1463）进士董纶和成化二十年（1484）进士、兵部尚书金献民及其家族。嘉靖朝初，董纶之子董恬倡议里人在横沥河口建成宏济桥。之后，名士李林松的祖辈到此定居，又有著名书画家俞宗大家族迁入，其居人称“俞庄”。明代末，工部尚书朱永佑出生于此。可见当时的闵行老街规模不大，却已是个人才辈出的地方，并具有相当大的社会影响。弘治十七年（1504）《上海志》成书时，称“敏行市在十六保”。

明正德七年（1512）《松江府志》成书时，初次称这里为“闵行”。

在此后二三百年间，世道多变，闵行地区也随之兴衰变化。嘉靖三十三年（1554），倭寇来犯，闵行老街被劫掠，以致人心惶惶，社会动荡了好几年，地方建设自然衰退。万历年间，沪郊市镇成群崛起，尤其具有地理优势的镇区规模迅速扩大，闵行镇又趁势发展起来。而到明末清初，再次动荡，社会发展又停顿了数十年。直到清康熙至乾隆年间的一百余年，时局相对稳定，经济才得以持续发展。上海县地区作为全国棉纺织手工业的中心地带，更显盛世气象，各地城镇建设规模空前。就在这样的时代背景下，闵行镇趁机发展，镇上商铺相连，街市拓展，已延伸到横沥河西岸，闹市中心也由东移到西，反使河东的市面衰落了。

滨江地带一直是面向过路客和船舶服务的场所。而南大街的崛起，标志着本地繁华市面的真正形成。根据上海县各镇发展状态来看，闵行镇形成繁华市面的时间估计是在明万历年间。

按地方志书的正式记载，闵行镇建制的确立应当是在清代初期。当时闵行镇的规模已雄踞西南之首,东起东夹泄,西至翁家河、竹冈河,与马桥乡接壤,南临黄浦江,与奉贤地区隔江相望,北抵北夹泄,与北桥乡相接,面积60万平方米。镇区建筑物主要集中在横沥河入黄浦江地段的两岸。与其他集镇相比照,这里更显“地当水陆之冲,户口殷阗,商业繁盛”的景象。

著名爱国人士张一麐1935年在为《闵行诗存》撰写的序言中,对当时的闵行镇做了这样一个评价:

> 闵行毗连沪渎,襟带松江,蕞尔弹丸,俨然都市,舟车辐辏,人物昌丰,虽无临淄之十万家,已聚德星于五百里。

这里由一个渡口集市逐步发展为拥有60万平方米规模的城镇,前后历经元代、明代及清代初期四百多年沧桑岁月和人文积淀,才拥有了富有个性的闵行老街。其间,有机遇降临,社会进步加快;也有灾难突发,居民遭殃,镇区发展停顿甚至倒退。这四百年是文明发展的累积过程,必定有大量耐人回味的故事。可惜由于时代风云多变,人事沧桑,今人已无法读到更多的历史文献和文化记忆,缺乏足够的岁月脉络印迹,只能依据幸存的资料去推想了。

木棉曾庆闵行丰

清代闵行名士李林松有一首赞美家乡物产丰富的《沪渎竹枝词》,首句就称"木棉曾庆闵行丰"。

明清两代,闵行镇地处江南棉纺织业中心地带,镇郊乡村广植棉花(时称"木棉""吉贝"),乡镇居户女性大多以织布为业。当地历史文献中虽然没有专题记载,但从当地清代名士的诗文中,今人可读到不少具体描写。

这里地势高亢,适宜植棉,镇西沙冈一带,更是自古就盛产棉花,农田中种植棉花比例高达百分之六七十。乡村农民的最大经济来源就是纺织业,因此闵行镇上有不少棉布商铺。清人黄家琨的《沙脊棉花》诗称:"高原宜吉贝,沙土种为嘉。烈日铃俱坼,迎风叶欲斜。携筐忙妇女,压担尽霜葩。南北遥相望,秋收晒满家。"此类描绘农家植棉繁忙景象的诗作,还有李林松的《申江竹枝词》,其中描绘"脱花"(棉田锄草)、"卖花"等农事极为生动:"黄梅雨后风萧萧,赤泥欲裂萁欲焦。麦饭熟来日未午,遥唤脱花人过桥。""一村红树起炊烟,冬至朝朝霜满天。要向城中卖花去,夜来趁上夜航船。"

而乡间棉农的辛劳和痛苦,也引起了镇上人的关注和同情。清道光十三年(1833),23岁的李尚暲深有感触,写下了一首《癸巳即事:棉农叹》,真切地记录了当地一户棉农的实情:

吉贝产江乡，种者什八九。勤劬待有秋，息较菽粟厚。三春莳种难，典得嫁衣单。豫拟西成后，取赎御严寒。入夏一雨洗，细草生如荠。非种则必锄，骄阳炙我体。脱得草无存，螟又啮我根。捕捉犹未了，淫雨来倾盆。一茎七八蕊，凝滞中如水。乍开一二花，争贮布囊里。斤花价二百，匹布三百钱。日纵断五匹，枵腹何能延。布机已生尘，纺车寂无响。易米仗囊花，争奈米价长。悔不早种稻，种稻收较好。前村砻碓声，入耳增烦恼。娇儿膝下啼，啼说儿腹饥。病翁床上卧，覆体无完衣。饥寒犹细事，更怕催租吏。官债与私逋，敲门何地避。眼前儿女二，难免他日弃。说罢长唏嘘，且铺败席睡。

本地棉农们的烦恼和痛苦，深深地刺激了镇西黄家河圈竹冈黄氏十九世孙黄宗坚(字冰如)的心。黄宗坚少年失去父母，长期在家且耕且读，最终根据自己36年的生产实践，撰写出《种棉实验浅说》一文，发表于上海《农学报》，产生了重大的社会影响。他主张棉花种植应以“土宜第一”，并提倡在棉田中夹种油菜。他的种棉经验推广后，使本地棉花收入大幅提高，棉农们受益明显。黄宗坚因推广种棉技术之功而荣获“大总统特奖”。

当年，本地手工棉纺织生产遍及乡村各户，连闵行老街上也是机杼之声通宵达旦，尤其是老镇北街几乎家家从事纺织，而且盛产质地精软的“丁娘子布”(又名“飞花布”)。因此，清嘉庆年间李林松自幼目睹妇女们脚踏三绽纺车日夜艰辛劳作的情景，曾撰《齐天乐》词云：

夜凉梦曳惊蝉去，喁喁正闻私语。
抱布人稀，量珠米贵，谁似农家侬苦。
侬情缕缕。乍一手拈将，三条分处。
历碌饥肠，双轮独碾万山路。
西邻又催机杼，为谁身上暖，衫破如许。
线白搓云。灯青阁泪，愿洒天边为雨，
双星语汝。漫与巧人间，巧将人误。

十指如槌，侍儿歌又舞。

李林松女儿李媞(字安子，号吏香)写的《申江十景》诗中的《北街夜织》称：“处处风摇一点灯，新年已近价难增。丁娘夜半停梭问，纱向西邻借未曾？”道光年间又有黄家锟(字谈生)撰写同题称：“勤苦贫家守女红，灯光一点隔窗红。停梭漫向丁娘问，织月还怜丙夜同。欲较短长原有幅，只愁断续怕无功。机声轧轧忘安寝，好梦惊回邻舍翁。”

在闵行老街林林总总的商铺中，一向以经营棉花、土布为主，恒丰行、恒太丰行、恒生义行、三泰行、王协茂行、华兴行、三太行等花米行更是活跃。这里交通便捷，商客兴旺，闵行镇自然成为上海地区重要的棉花和棉布集散地。

李林松的《申江竹枝词》又称：“蚕豆花开蚕事忙，侬家不祭马头娘。生涯自有丁娘子，犹恐风高未刷浆。”“河角弯环星烂烂，晨庄买布声声唤。风水人愁白露前，米柴价贱秋分半。”闵行人因植棉和纺织而忧喜交集，度过了一年又一年。

清代，这里盛产芦纹布，俗称“芦席布”“雪青布”，颜色清淡，通常以蓝白纱为主，质地厚重、紧密耐穿。民国《上海县志》记载：雪青布“亦出塘湾、闵行附近各乡村，蓝经白纬，丈尺同芦纹，每年约出四五万匹，销路以本埠为大宗，亦销苏属各乡。”《上海县续志》记载：“芦纹布出塘湾、闵行附近各乡村。经纬均蓝白纱间格，织成芦扉形。每匹阔一尺三寸五分至一尺五寸，长一丈九尺至二丈一尺五寸。每年约出四五万匹，销苏、杭、徽州等处，五六年前本埠亦通行，近年已逐渐减少矣。”

民国初年，闵行周边地区织布上市人家占总户数60%。20世纪50年代初，当地尚有织布机580台。直至70年代还有农户从事土布纺织。

横泾港与三座桥

当年，本地有一首《闵行谣》传唱，称："正月梅花梗枝黄，上洋首镇算闵行，小小横泾通大海，来来去去客商忙。"

横泾港，又称"横泺""北横泾""横沥塘"，为闵行区境内南北流向主干航道，南端为黄浦江闵行滨江，向北经颛桥、莘庄、七宝等地，直通吴淞江。

早期的闵行老街依横沥河而建，形成东西两部，沿河段俗称"横泾滩"。河上没有建桥时，靠小船摆渡，因此两岸曾筑有石头渡亭各一座。明清时期，随着老街的拓展，在这河段上先后建造了三座桥。

疏浚工程

据史书记载，横沥河明代疏浚二次，清代疏浚七次。1949 年后，全线开直。今幸存《开浚横沥河记碑》和《开浚横沥河工并善后章程碑》刻石。

《开浚横沥河记碑》，清光绪十七年(1891)刻，原立于普安衍堂墙上。为嵌壁碑，青石质，长方形。阴刻楷书，记述横沥河常年淤塞，通航不便，光绪十六年(1890)上海县知县陆公权上任后即疏浚横沥河。陆公权即陆元鼎

(1839—1910),字春江,号少徐,浙江仁和(今杭州)人。同治十三年(1874)进士。光绪十六年由江宁知县任上调上海县。

李邦黻(1847—1912,字梯云)为清代本地文士,其《开浚横沥河记》全文如下:

吾乡为潮汐往来之地,潮退沙长,河流易淤。故自同、光以来,凡濒浦壅塞之河,皆次第开浚,独横沥未之及。横沥在邑西南,绵亘一百五六十里,壤接华亭,岁久淤塞,民失其利。近年群议疏浚,而稽诸志乘,访诸父老,皆无故事可循。且以筹费维艰,其议遂寝。

岁庚寅,春江陆公权邑篆,下车伊始,百废具举,尤以兴修水利为先务。于是乡民私相庆曰:"横沥之疏通有日矣。"已而为设方略,估工程,果一一如所欲,民大悦怿。爰于十一月十一日兴工,以里绅夏君秋田等综理其事,诸君黾勉从公,实事求是,迄十二月下旬告蒇,实疏河二千八百余丈。其经费为借支道库二千五百缗以开办于先,复劝募商捐一千一百五十余缗以维持于后,诸费概从撙节。工竣,赢余五百缗,由县发典,入其孳息,储为善后之需。又豫置各具,以剔淤沙。凡此擘划之周详,规模之久远,罔弗于公受裁焉。

是役也,历时不过四旬,而农民鼓舞奋兴,趋功恐后,以底于成,殆所谓"说以先民,民忘其劳"者耶。非恩德入人之深,何以致此。今幸清流畅旺,帆樯往来,农田灌溉并享其利,而公已瓜代有期。于是乡民起而颂曰:"是亦公德政之一,不敢忘。"宜将开浚工程暨善后章程四条并勒诸石,俾后之君子得所遵循,而酌盈剂虚,以持诸久焉,庶无负使君泽民之意也夫。

《开浚横沥河记并善后章程碑》原嵌在横泾河东一户民宅的墙上。碑为青石质,长方形,阴刻楷书,记录横沥河开浚的分段、派工、工程标准、经费使用及竣工后管理等规章。

聚龙桥

南端的聚龙桥曾经是闵行老街市桥,又名“环龙桥”“横泾桥”,初建时有亭,又称“亭桥”。明弘治年间大理寺少卿董恬(1454—1527,字世良,号中冈)曾倡议,将横泾木桥改建为单孔拱形石桥。经全镇各界数年合力筹资,终于嘉靖十七年(1538)将石桥建成,取名“宏济桥”,上有八个石狮柱栏杆,式样壮观。万历二十年(1592)再修时,改名为“聚龙桥”。

聚龙桥古貌图

清嘉庆二十一年(1816)春,聚龙桥开始重建,次年五月落成。重建之后,本地名士李林松撰写《闵行镇重建石桥碑记》,全文如下:

上海闵行镇,南枕浦,横沥自北来贯之,有桥焉。初,盖木也,潮啮

之，屡蹶。其易而石者，明世宗初大理少卿董恬倡其议，里人因而成之，实嘉靖十七年也。其再修为神宗二十年，有砚邱子杨东记。又得断甓云：乔氏葺之，始易其名“宏济”者为“聚龙”，旁有天启钱，当在其时，然无碑。桥久而泐，行旅恐。嘉庆二十有一年春，予以告邑宰，叶公令于众，爰诹吉日，正经界，置籹视景，伐材于岩，垒趾于渊。再越岁五月落成，然仍旧贯，度以宋三司尺，长八十四尺、广十有八尺，翼左右栏，如其长，数里口率出钱一千六百缗有奇。役蒇，文以勒诸石，立岸左。并考旧碑残字，昭前烈焉。

清嘉庆《上海县志》记载：“李林松偕舟北上赴考，舟经横泾桥下，有双鲤跃入舟中，旋登嘉庆元年进士，后官至户部员外郎，遂捐款于嘉庆二十一年重建，并更名为聚龙桥。”

聚龙桥于1972年被翻建为钢筋混凝土结构人行拱桥。

启秀桥

启秀桥位于老镇中东部，后东街东端，东西向跨横沥河。始建于清代早期，同治四年(1865)重修。石桥长约20米，宽约2米。光绪二十七年(1901)李祖锡组织重建时，两岸各甃石墩，上架硬木，绕以铁栏杆。五年后，李祖佑、马恩培等集资重修，改为石板桥面和石扶栏。1984年，因破损严重而拆除。

会龙桥

会龙桥，清道光十四年(1834)由朱泰元主持始建，东西向跨横沥河。因桥西有戚家宅院，俗称“戚家桥”。石桥长23米，宽约3米。1925年，改为木桥。

1928年，改建为钢筋混凝土轻便桥，因当时镇上兴起“抗日救国运动”，故将此桥更名为“救国桥”，并刻石留念。

启秀桥景

会龙桥景

龙舟赛会与闵行灯会

黄浦江龙舟赛会

以龙舟赛会为主的闵行老镇端午庙会，形成时间不晚于清乾隆年间。当日，人们抬着城隍神像巡游，鸣锣开道，善男信女前呼后拥。

近代端午庙会时，自有草台班演出申曲和京昆曲；闵行大操场里还有马戏、木偶戏和大众娱乐游戏项目等；茶馆内必特邀知名艺人演出评弹及太保书，而四乡民众最向往的是黄浦江上的龙舟赛。

当年，闵行龙舟赛会规模盛大。据清道光年间陈行镇胡式钰（1781—1849）所著《窦存》一书记载："黄浦之阔不三里，而潮势汹涌，近海也。虽善舟者恒患之。闵行镇每端阳并前后数日，为龙舟水嬉，远近观者云集。""旧传其镇龙舟本十三，嗣一沉于浦，弄舟者俱不起，故十二。"当时，只要"波平风稳"，往往还要"张灯夜嬉"。乾隆四十年（1775）陈金浩写的《松江衢歌》称："龙潭五月聚龙舟，瓶酒随波没鸭头。不及闵行喧夜渡，烧灯荡桨唱吴讴。"作者在词后自注称：当时闵行镇有春申庙，靠近黄浦江边，龙舟极盛，入夜更喧，挑灯划桨，吴歌回荡。光绪初年，有一首署名"龙湫旧隐"写的《上海竹枝词》称："为看龙舟兴自佳，山歌一曲听吴娃。闵行闹刹端阳节，竞渡何愁浊浪排。"

嘉庆年间某年五月初五端午节，本地名士李林松与张蔼如（号六瑞）、李炜（春帆）、顾耐秋（号尚惇）等登上春申阁，观看黄浦江中的龙舟竞渡，当场吟唱联句：

令节逢岁中，月日互加五。（李林松）
吴人叱蛰龙，拏舟戏江浒。（张蔼如）
阳侯树熊旗，天吴伐鼍鼓。（李　炜）
横列班剧骖，直出激强弩。（顾耐秋）
掉尾盘曲蛟，劈面斗虓虎。（李林松）
白桨盪日轮，红灯烛水府。（李　炜）
长年矜身手，仕女饰眉妩。（张蔼如）
骈阗出巷陌，飞尘渍汗雨。（顾耐秋）
胜事传一朝，豪情俪千古。（李林松）
昔人哀湘沅，遗俗创此举。（张蔼如）
事久渐失真，徒尔哄市估。（李　炜）
不知三闾魂，果否甘角黍。（李林松）
渡江顾恺之，蹑屐张雕武。（李　炜）
二李尤清狂，文举与德祖。（顾耐秋）
相逢一笑灿，挥手谢哙伍。（李林松）
痛饮读《离骚》，恍与古人语。（张蔼如）
小集得四人，联吟畣重午。（李　炜）

《窦存》一书还记载，道光十九年（1839）五月初五辰刻，闸港西何家渡附近，黄浦江上风猛潮急，有人登船张帆，却来不及下柁船就翻了，船上共 41 人，有 38 人溺死。

闵行镇上原有龙舟 13 艘，后沉了 1 艘。每年端午竞渡结束后，乡人将 12 艘龙舟存放在闵行西庙内。民国元年（1912）春节，警民发生冲突，西庙及存放在内的龙舟均被烧毁。虽龙头与旗伞存放在北街同源典当内无恙，但

失去了心爱的龙舟,人们对端午竞渡赛会也失去了热情。

龙舟竞赛虽然停了,但端午庙会依然是闵行镇的地方俗节。每年农历五月初四至初六,滨江外滩、沪闵路成了贸易大市场,各色家具、缸甏之类的销售摊位有数千米长,闵行大操场里日夜有《火烧红莲寺》之类的京剧武戏演出,三天六场,场场人山人海。

闵行灯会习俗

闵行镇一向有举办灯会的风俗,俗称“出灯、行街提灯会”,每年从农历正月十三开始举办,因此又称“元宵灯会”。这种传统灯会的盛行时间不晚于清乾隆、嘉庆年间,直至20世纪30年代,依然每年举办。从正月十三到正月二十四,天天出灯(雨天除外),逢三、六、九或二、五、八晚上必有灯会,四乡提灯者都会组队赶来,一直闹到将近清明节,选一天白天集会(称“出白灯”),以示本年度灯会结束。

闵行灯会上,常有120多件动物灯和大彩灯。本地最流行的是鲤鱼灯、狮子灯、龙灯、蚌壳灯和荡湖船等。四乡以各自实力和兴趣组队,也有大户人家特地从市区或浦东邀请抬阁、伞灯等特色队伍来助兴。各支队伍以灯为主,伴以舞蹈,配锣鼓的为武灯(热闹),配丝竹演奏的为文灯(显得文雅)。灯会期间,一到晚上老街居民几乎倾屋而出,四乡农民都会争相赶来,云集在老街两旁赏灯,直到半夜才散场。每次出灯一般总有十多支队伍,绵延100米以上。提灯表演者都是自发参与的,从十几岁的孩子一直到八十岁的老人都可做东组队,有要强好胜的爱好者,宁可自己吃萝卜干下饭,也要省出钱来请人扎灯,组队舞灯,图个开心。每支提灯队人数不等,有的要有二十多人(轮番提灯,锣鼓相助),组队者每人发包香烟,散场提供夜宵(一碗粥饭),而参与者不图报酬,只求尽兴。据生于1927年1月的张文华介绍,当年其祖父在镇上开饭店,他十四五岁,还在读书,却也想组队参加出灯,第一次自己动手扎了狮子灯,而临出发表演时,“狮子肚”内蜡烛火不慎倒下烧了灯具,他不甘心,又请人帮忙扎了一只。结果,他的队伍有一只狮子灯、六只云牌灯(一人持两只)、四件打击乐器,大家轮番上场表演。每天都有二十多人参与,事后"请吃饭"坐了三桌。张文华尽了兴,祖父却"吃不消"了。

行街表演

出灯当天傍晚,提灯表演队自会赶到闵行大操场集合,做相关准备。夜幕降临时,锣鼓敲响,队伍依次出发,首先行进到大街表演。队伍行进到商铺门口,店家自会放响高升(爆竹)以示欢迎,而提灯队伍凡听到高升响,再累也会就地表演一番。大街上一队走了一队来,会持续热闹几个小时。提灯者一路表演一路闹,大街演好走到小街,几乎在镇上兜完一圈,时常闹到第二天凌晨三四点钟。

由于盛行灯会活动,镇上向有灯彩制扎技艺传承,声名远扬。20 世纪 40 年代,镇上有几位知名扎灯高手。扎灯扎得最好的要数精于工艺的顾精良、热情奔放的"蓬头阿红"(北街伤科郎中,因留有长头发,人们识其形而忘其名)。镇上不少人会自己扎灯,更多的人喜欢提灯"轧闹猛"。每逢正月里镇上的私塾开学时,家长们会为子女准备一盏灯笼,交由老师点亮,象征学生的前途一片光明,称为"开灯"。

本地表演队伍中,最出名的是"狮子灯"表演队。1959 年 6 月,长春电影制片厂在杭州西湖边拍摄了故事片《风从东方来》。影片最后的欢庆场面有舞龙舞狮行街表演,其中的手狮舞表演队就是从闵行镇请去的。

1960 年 1 月 28 日是“闵行一条街”建成之后的第一个农历正月初一，为欢庆地区面貌发生巨变，闵行人隆重举办春节花灯会，特扎制了两条彩龙、四只手狮，准备了荡湖船、台阁等民间文艺表演。晚上，气温降到零下一度，但一号路上异常热闹的花灯会还是吸引了三四万观众。

代表性传统舞蹈

本地传承至今的代表性传统舞蹈有《鲤鱼灯舞》和《万命伞》。

《鲤鱼灯舞》，俗称《鲤鱼跳龙门》，当年盛行于老闵行、塘湾、北桥和马桥等地区。相传，清嘉庆元年(1796)李林松北上赴考，在横泾码头上了船，忽有两条长约 30 厘米的鲤鱼跃到船头。随行书童脱口惊呼：“鲤鱼跳龙门啦！”果然，李林松此去金榜题名，考中进士。因此，闵行人偏爱鲤鱼，灯会最多最亮的总是鲤鱼灯。

当年的舞蹈《鲤鱼跳龙门》，由“安徽帮”的鲤鱼灯与“苏北帮”的舞草龙组合，在锣鼓声中两支灯队互相追逐竞技，还用竹子搭成龙门，设有 7 个门洞，表演者手持鲤鱼灯穿梭其间，场面十分热烈。塘湾乡的李菊仁随父亲到闵行老街看出灯，见鲤鱼灯与众不同，样子好看，回家后自己动手也扎了一只，在村里舞耍。后来，农历十月初一塘湾庙会期间，他结社以鲤鱼灯做了表演。

鲤鱼灯舞舞姿粗犷，以碎步蹿跳为主，即兴表演，不受场地限制。有鲤鱼开四门、鲤鱼淘沙、钻水藻、跳龙门等表演动作，以示游春、繁殖、跳门。伴奏乐器以锣、钹、鼓为重，曲目为传统《三记头》。1983 年后，塘湾地区又恢复了排演。1990 年，闵行区文化馆组织上海汽轮机厂排演了传统舞蹈《鲤鱼跳龙门》。2011 年，传统舞蹈《鲤鱼跳龙门》被列为闵行区非物质文化遗产项目。2013 年，被列为上海市非物质文化遗产项目。

传统舞蹈《万命伞》，亦称“万民伞”“万人伞”，为传统宗教仪式舞蹈。每年农历十二月初八(腊八节)理教公所举行宗教仪式，并做行街表演。理教信众上街出会时，由一女青年手执上书“万命伞”的纛旗开路。平顶万命伞由一人撑持,用大红绸缎精心绣成,高 3 米有余,上面绘有四只如意头,葫芦顶是单足欲飞的丹顶鹤,嘴衔黄花菜。伞围分上下两层,上层绣双龙戏珠图案,下层绣捐资者姓名。从伞顶四周垂下四根绳带,由女青年牵扯着,两个男青年站在两边,随时用丫杈撑持伞把,使其保持平衡。行至较宽阔的场地时,在纛旗带领下走一个剪刀形路线后,再继续前进。随行乐队演奏《梅花三六》《紫竹调》《小桃红》等丝竹乐。1988 年,闵行区文化馆组织发掘和复排了这传统节目。

鲤鱼灯舞

寺庙香火兴与衰

自元至正二年(1342)始建度门寺起,闵行镇地区先后建立过十多处佛、道教场所,规模远不及北面的明心寺,数量也不及西面的吴会镇。但镇上虔诚的信众不求规模大小,也不怕时兴时废,建了一处又一处,力求香火不断。不少居民今日拜佛,明日求仙,有香就烧,只盼如愿,以至多处庙庵同时供奉着佛像和道教神像。清代晚期,基督教进入了闵行老街,但是影响极为有限;天主教在镇郊附近多地建有教堂,但是老街上却没有多少信徒。民国之后,庙庵相继改作他用,香火日趋衰颓。这些宗教场所在此地的状况,体现了闵行老街独特的人文环境,颇有玩味。

春申道院

黄浦江畔的春申道院,俗称“春申庙”,据同治《上海县志》记载:春申道院“在横沥东岸。奉春申君黄歇像”。这是黄浦江流域唯一以“春申”命名,供奉春申君黄歇的庙宇。始建于清雍正十二年(1734),由上海县知县褚菊书(字荣九)主持建造,并有记。乾隆十年(1745)重修。嘉庆九年(1804)在闵行名士李林松的推动下,再次修缮扩容,增设了一座显赫的殿阁,取名“春申阁”,俗称“东阁”,成为滨江地带的标志性建筑物。

战国时,楚考烈王拜黄歇为相,封为“春申君”,今上海地区是他封邑的一部分。明永乐年间实现“江浦合流”之后,上海民众体会到兴修水利的重要性,自然联想起历史上治水的人物。于是,不少文人墨客抒怀题咏,比兴寄托,一则无中生有的“春申君开凿黄浦”的传说便流传开来,春申君被推上了神坛。

在这样的社会背景里,上海县知县褚菊书借题发挥,使这座“春申阁”应时而生,并享誉八方。莘庄地区受其影响,不久在莘村塘畔也建造了一座“春申庵”,甚至将莘村塘改称为“春申塘”,以致后人误以为春申君早在战国时期就在此建了一座“春申桥”。

在士人们的推动下,崇尚春申君的风俗渐盛。嘉庆年间附贡生黄琮(原名琳,字昆发,号二多)在春申阁建成后,即作《春申阁题壁二首》,感叹:“村落逶迤傍水滨,杰然高阁祀春申。千秋史册应从实,百世香烟别有因。不是安澜怀尔绩,如何盼蠁到兹辰。问谁继体名尤显,江夏黄童第一人(江夏黄童乃春申君九世孙)。不出乡关得胜游,天然图画豁梦眸。虽无远岫窗中列,却喜长江栏外流。浪卷千层晴作雪,风来万里夏疑秋。有时待月黄昏坐,几处歌声起钓舟。”清代出生于闵行老街的著名书画家纪大复(1762—1831,字子初,号半樵),特为春申阁撰联:“浦以姓名传,吾不为鱼终古赖;阁因封号建,居之肸蠁古今称。”春申道院因此身价日增,道院住持朱浤(字砚耕)、羽士潘蕴仁在上海滩颇有名望。

闵行老街也随之繁荣起来。春申阁面对东首黄浦江转折处的闸港,每逢八月十八日“潮头生日”,潮势汹涌,此处为观潮胜地,又是每年端午节举办龙舟赛的场所。当年,本地文士才女经常在春申阁相聚唱和,留下了不少诗作。清道光年间,李媞(1805—1829,字安子,自号吏香,李林松之女),有《东阁观潮》诗曰:“欲借江波荡俗尘,登临我亦拜春申。怒涛一派推山倒,可有乘风破浪人。”黄家锟(字谈生)也有《东阁观潮》诗曰:“歇浦秋涛滚滚来,春申高阁傍江隈。凭栏但觉风成阵,隔岸遥看雪作堆。芦子渡边悬落日,筑耶城外走轻雷。登临有客时翘首,几度吟诗把酒杯。”并另撰《登春申阁》诗称:“春申浦上春申阁,社祭于今忆往年。楚相距川才力大,吴儿踏浪颂声传。上游泛溢归沧海,平野沟渠灌沃田。踵事若无明太傅,沮洳仍复似从前。”

奎星阁写生画(1913年)

春申阁前,曾建有“奎星阁”,呈六角形。奎星指北斗七星前四星,为读书士子守护神。清光绪二年(1876)四月,由乡绅李祖锡、夏其钊等捐募创建,立《奎星阁记碑》(今存“老闵行历史文化陈列馆”内)。登阁可览黄浦江全景,为游览胜地。1917年,由李显常(字镜海,时任闵南轮船局董事长)等集议改建为三幢楼房,供闵行乡教育会所用,并在江边建待渡亭。

1937年“八一三事变”后,侵华日军的飞机连续十多次在闵行镇上空侦察、轰炸。8月24日夜,日寇飞机丢下数枚炸弹,使春申道院受损惨重,春申阁被毁,后无奈而废。1958年起,道院旧址被改建成为豆制品合作加工场。如今,这里已被开发为商品房住宅区。

洞真道院

洞真道院遗址,位于今新闵路560号。道士潘复原于元延祐七年(1320)创建。明正德年间称“洞玄道院”,后又有“洞元”“洞圆”之称。清乾隆年间,向北扩建第三进“锡祉堂”,为上海县城隍秦裕伯夫妇行辕,相传由寿民李枝桂所建,由此改称“洞真道院”,俗称“河西城隍庙”“北庙”,有内外两个戏台,为歇山式单层飞檐,斗拱叠架结顶,享有“江南两个半戏台”之称,当地民谣称“十月芙蓉花开一头黄,北庙头做戏闹堂堂”,“男人看戏前头走,女人看戏进(躲)厢房”,“斗姆殿拈香来点烛,娘娘小姐坐起在两厢房”。清代晚期,曾有住持凤来仪,字古明,十分风雅,善篆、隶,尤工绘蔬菜,“人得片纸皆珍之”,享誉沪上。

1928年,在第二进以南房屋内开办游民习艺所,道院仅存第三进,山门移西墙处。

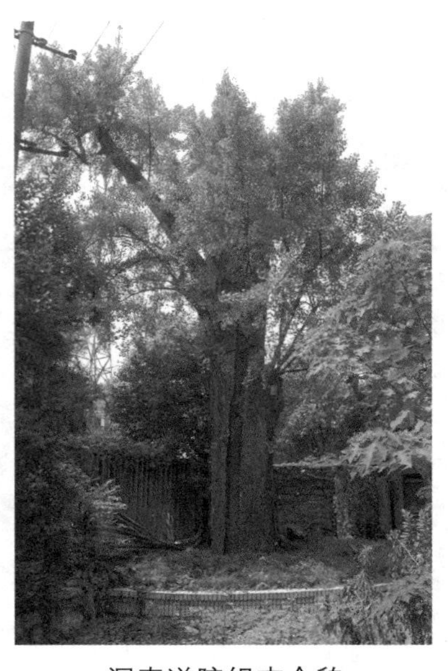
洞真道院银杏今貌

幸存银杏树(0059 号古树,树龄五百多年,华坪路派出所楼侧),树径约 1.6 米,高度 20 米,西侧有烧焦痕迹。

度门寺

度门寺遗址,位于闵行老街北端,今新闵路 534 至 538 号处,俗称“北庙”。元至正二年(1342)水月禅师创建。明嘉靖三十三年(1554)六月被倭寇焚毁,后由僧照庵及徒白元重修。清乾隆十二年(1747)再修,占地约 3 000 平方米,有正殿楼房三楹,中供如来、弥勒、祖师诸神像。殿左右两侧有廊庑九间,中间天井置铁鼎一尊,东西各植银杏一株。道光三年(1823)再次重修,由进士李林松撰文记述创建及历次修缮经过,住持僧道芳立《重修度门寺碑》。同治年间又重修。光绪年间,逐渐废圮。度门寺正楼上有钟楼,“度门晚钟”为晚清闵行一景,李媞作诗云:“问谁被度入空门,绝早钟传远近村。毕竟蒲牢神力大,一声惊起万人魂。”

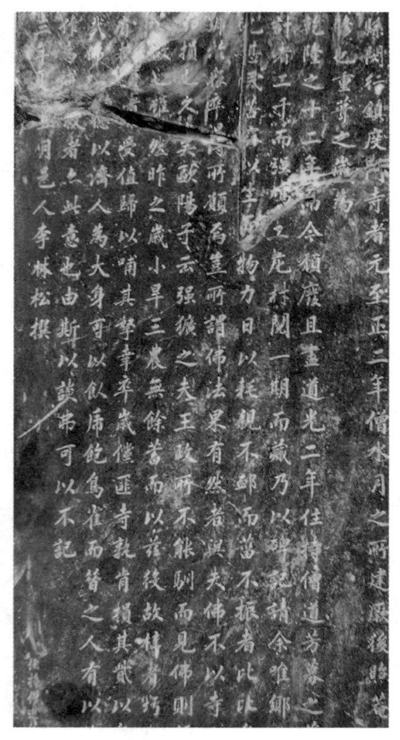
闵行镇度门寺者元至正二年僧水月之所建[illegible]
[illegible]重葺之[illegible]
乾隆之十二年[illegible]而今頹廢且蓋道光二年住持僧道芳[illegible]
[illegible]工千而[illegible]庀材閱一期而蔵乃以碑記請余惟鄉
[illegible]物力日以耗覩不鄙而當不振者比
[illegible]所頹爲盡所謂佛法果有然者與夫佛不以寺
[illegible]矣歐陽子云强獷之夫王政所不能馴而見佛則
然昨之歲小旱三農無餘蓄而以施錢故[illegible]
受值歸以哺其孥章卒歲僅匪寺孰肯損其貲以
以濟人爲大身可以飢屝飽鳥雀而皆之人有以
著亦此意也由斯以談幣可以不記
[illegible]月邑人李林松撰
《重修度门寺碑文》

1914 年,利用废寺基建闵行乡自治公所用房,仅存西北祖师殿为寺产,由李祖佑购叶姓用房两间修葺为寺门。今幸存一棵银杏树(0365 号古树),位于新闵路 522 弄内,长势良好。《重修度门寺碑》今存“老闵行历史文化陈列馆”。

东城隍庙

东城隍庙,俗称“东庙”,位于河东路44弄12号。原有房南北各三间,北房为正殿,供奉“上海县城隍”秦裕伯,南房为戏台,俗称“东庙湾庙场”。民谣称:“六月荷花开来照水红,东庙湾起造只五圣宫。合天皇帝多灵卦,求签问卜闹哄哄。”每逢农历五月初五端午节,当地民众组织焚香出会,集会祭神演戏。1931年在此建“第一简易初级小学”。1956年,庙房改作镇办草包厂厂房,1966年后改建为民居。

武帝阁

武帝阁在南北大街之南的佛阁弄过街楼上,清初建。向南突出建有飞檐屋顶的望江打唱楼,为江滨一景。传为纪念明末抗清志士、武进士翁英,实不可信。嘉庆二十一年(1816)春夏时节,当地连遭天灾,乡人盼望神灵保佑,自然想到“忠义神武灵佑仁勇威显关圣大帝”,因此重建已废弃的武帝阁。事成后,李林松撰《重建武帝阁记》,乡人立碑纪念。碑文只字未提翁英事。

文帝庙

文帝庙,又名“文昌帝君庙”,供“文曲星”,为掌管士人功名禄位之神。位于镇西六曲河边,滨黄浦,因此俗称“西寺”“西庙”。傍晚可看落霞与孤鹜齐飞,“西寺夕照”为清代闵行十景之一。民国元年(1912)2月20日警民大冲突时,寺被毁。庙址后建上海县立农业学校。

清净庵

清净庵,位于今新闵路556弄17号、19号。供奉观音,由尼姑普顺

(1877—1948)化募建造,占地面积约170.2平方米,建筑面积约288平方米。坐东面西,砖木结构两层,类似石库门式建筑,大门内正房三开间,右侧两层楼厢房。北侧有一幢相连的两层楼附房,楼北两间为尼僧住房。1966年后,均改作民房。2003年12月15日,清净庵旧址被列为闵行区文物保护点。

关帝庙

关帝庙,位于横沥河东,庙屋两间,近渡口,行人常在此避雨待渡。1928年改建为巡警分防所用房。1937年8月,关帝庙与春申道院一起被侵华日军飞机炸毁。

三神庙(三神亭)

三神庙在后东街西首,三神为水、火、风。1917年2月12日,附近民房遭大火时,神位被抢救到聚龙桥待渡亭内,此亭便改称为“三神亭”,后又置“腕力积桶”等救火用具,人称“救火会”。

观音阁、龙音寺

相传,清乾隆年间有观世音菩萨像自黄浦江漂来,时人见之而迎归,旋于横沥河东岸横泾东街19号设观音阁供奉。嗣后有3米多长的白蛇从观音阁游入横泾河而去,尼僧见之无不称奇,视为白龙现身,遂请巧匠木雕龙头一尊,供奉于观音阁。1937年,惠明法师重建观音阁并易名“龙音寺”,取其观音来此白龙现身之意。1995年,龙音寺迁至闵东路1号原金氏别墅“亦庐”处。“亦庐”建于1937年,坐北面南,西洋式砖混结构两层楼房。南立面上下均为长廊,以变形爱奥尼克柱支承,中间顶部建阁楼,三角形山墙饰浮雕花卉。原为红砖红瓦,清水外墙,楼前建有围墙,墙门上方砌建成三角形,额匾题“亦庐”两字。1996年2月,信弘法师受上海市佛教协会暨信众之邀,

驻锡龙音寺。2002 年初冬始重修扩建。2004 年 12 月 5 日，隆重举行大雄宝殿落成暨佛像开光典礼。亦庐旧址，已列为闵行区文物保护点。

小祇园

清嘉庆《上海县志》记载，小祇园在度门寺东，前供奉文昌神。同治十三年(1874)，改建为普安善堂用房。

广明庵

广明庵，位于镇北。清乾隆三十七年(1772)，由平湖人陈荣和本地里人郑起源捐修，额名“小云台”。咸丰三年(1853)，改建为衍善堂。

佛会(慕莲精舍)

佛会遗址，位于新闵路 556 弄 23 号，清净庵北面。1926 年由佛教居士蔡汉卿、吴渔根等募建，占地面积约 150 平方米，建筑面积约 192 平方米，坐东面西，砖木结构，类似石库门式，三开间两层楼房，两侧有厢房，门楣上原有“慕莲精舍”字样的匾额。1966 年起改作民居。慕莲精舍旧址，已列为闵行区文物保护点。

福音堂

清光绪二十四年(1898)，传教士步惠廉(1854—1947)在闵行镇建造基督教福音堂，自立为闵行教区。1948 年前后，江苏省基督教神学院迁闵行镇。1983 年 6 月起，横泾东街 19 号归基督教三自爱国运动委员会作为耶稣堂。1995 年，迁华宁路 245 号东侧新堂，今称“闵行福音堂”。

嘉靖倭患

明嘉靖三十年(1551)起,日本倭寇大肆骚扰我国沿海,也入侵了上海地区。嘉靖三十二年(1553)从四月十五日至六月二十七日,五次入侵上海县境,沿黄浦江作恶,在闵行镇西不远的吴会镇和靠近龙华的乌泥泾镇进行疯狂劫掠,竟将这两大元代名镇尽毁。

嘉靖三十三年(1554),倭寇又突入吴淞江,会集于黄浦江大肆劫掠,周浦镇又被倭寇占领,三林塘镇也遭焚劫。三月十一日,倭寇麻叶部800余人自闵行镇抵西仓,泊小横潦泾,洗劫东自尤墩至吕港,西自章练塘至杨扇的村落。六月二十日,倭寇千余人,从嘉兴分乘57条船,过闵行、沙冈等地,大肆焚掠。其间,闵行度门寺被毁。九月,上海县城紧急筑起了城墙,倭寇攻城不克,回头又在城郊作恶。

次年三月,明总督张经令游击将军邹继芳、总兵俞大猷、参将汤克宽分屯闵行地区、金山卫和乍浦,联防御倭。这场倭患才逐渐结束。

郑若曾《江南经略·僧兵首捷记》载:嘉靖三十二年(1553)“六月初四日,发兵至闵行镇,蔡公牌仰僧兵(少林武僧)为前哨”。

万历三十二年(1604)进士张鼐(字世调,号侗初,松江华亭人)所作《吴

淞甲乙倭变志》称:“嘉靖三十五年丙辰五月初一日,倭船五十余自吴淞入上海,十九日五更乘潮南下,直抵闵行。”

清初兵事

清代初期,明代遗臣在浙江舟山建立“南明”坚持抗清,张名振(字候服)和张煌言(字玄著,号苍水)等在浙闽沿海领兵与清军抗战,曾经三入长江,希图收复明朝失地。

顺治十年(1653)九月初六,张名振统率战船百余艘,攻进黄浦江,清军失利被迫退入上海县城内,张名振船队鱼贯而入。第二天(初七),船队攻打县城不克,退兵途中到闵行镇休整,有官兵上岸进行报复性劫掠,战船满载返航,闵行老街遭殃。

次年八月十四日,张名振的兵马又进黄浦江,清军提督张天禄遣兵赶赴闵行地区堵截,双方发生激战。第二天,张名振率430余艘船出海而去。

英舰扬威

清道光二十二年(1842)五月十二日,英国“弗莱吉森”号、“麦都萨”号军舰溯黄浦江而上进行示威。中午经过闵行镇,在闵行渡一带来回巡游。乡人见他们耀武扬威,生怕其登岸抢掠。消息传开,男女老幼全都逃出家门,奔到镇郊野外避难。

闵行老街上的李尚暲(1810—1870,字竹孙,李林松之子)是亲历者,所撰《墓庐避燹记》真实地记录了当时的情景:“十二日日中,与袁子叔仁坐小楼谈笑,忽闻哭声震山岳,如土崩瓦解然。望之,人行如蚁,络绎窜避者不可偻数。”“余袖金二百饼、夹衣数事、先府君著作数卷出门,而北奔者相属于道,各不相顾。有娇捷争先者,有蜷局不进者,肩者,负者,襁褓者,扶病恇怯、泣坐路隅者,挤排倾仆、颠沛田间者,扶杖者,牵衣者,溪声、鸟声与泣声、履声相和合,担荷邪许声、咨嗟呻吟声、母招子呼声、啼儿吠犬声。回首,惟江上闲云夷犹自适而已。黑烟二缕来自江东,亘霄汉间,行甚疾,一炊许达数十里,西人云杪不可见,水声奔腾,若万具桔槔,涛飞湍激,是即贼之火轮船也。”“奔六里,至先茔。茔右屋三楹圮漏已甚,聊讬足焉。小憩,芝亭归,取视篦、衾枕至。无何,同族数人至。人众,米不能给,以豆杂之。”

当天下午,英国军舰沿黄浦江继续向松江城驰去,驶抵大张泾时,因港窄不能通过,才调头返回上海城区。李尚暲与逃难者不敢回家,“夜闻鬼啸者三,有疑不吉者,卒无恙。翌日,田父数辈来慰问,坐所卧处,与谈今古及桑麻晴雨,至时事、懦者恨贼势之披猖,奋者谋耰锄之捍御,熙熙然淳质可风也。日暮拱手别。夜大雷雨,彻旦,淙淙水溢入,去席不能以寸,屋下漏,择干净处坐,瞬息易十数处”。

次日,风雨依然不息,两艘英国军舰又溯黄浦江而上,经闵行镇至泖湖,因水浅不敢前进而折,返回闵行镇。

第三天,又有三艘英国军舰经闵行镇向西游弋 9 000 米,到达得胜港,破坏了沿途江防设施之后,随后调头折回,一路扬长而去。

虽然英国军舰三过闵行镇均未登陆,但本地乡民还是心神难安,担忧兵灾降临,却又束手无措,只得弃家避祸,漂泊异乡。

直到八月初,眼看事态完全平息,李尚暲和外出避难的乡人才陆续返回家中。

咸丰兵灾

为打击太平天国起义军,清咸丰十年(1860)5 月,上海县县令刘郇膏(字松岩)兴办自治性质的民间武装组织团练(俗称“乡勇”),按亩出丁,军民联防。于是,闵行镇及周边乡镇均设立了团练局。

当年 7 月 1 日,李秀成部陆顺德率领的太平军攻克松江镇后挥师东进。次日,其先锋跨过上海、松江两县界河女儿泾上的中渡桥,直扑闵行镇西沙港畔的紫藤棚镇。乡绅黄焜率闵行团练占据桥头堡,予以阻击。太平军数次冲杀未果,不得不撤退。

同治元年(1862)2月27日,美国人华尔率"洋枪队"到达闵行镇,伙同英国水师百余名水兵渡过黄浦江,在萧塘被太平军火炮击退。应华尔求助,清军李恒嵩率守备黄仕林等当夜开至闵行镇。次日,清军与华尔洋枪队及英国、法国兵数千人在此集结,黄浦江中来了战船十多艘,闵行镇成了战地大本营。数日后,太平军撤离萧塘,闵行镇才恢复安宁。

明清书画名流

俞宗大善书入宫

明代初期“云间书派”人物俞宗大，字养拙，闵行镇人。宋末名士俞弥恭裔孙。曾祖父俞元彬，任浙江行省检校，自河南迁居竹冈西，族大而盛，人称其居为“俞庄”。师从叔父俞仲几（一作仲基）习书法，与明代初期吴门著名书法家宋克（1327—1387）友善。宋克，字仲温（一字克温），吴郡长洲（今吴县）人。

俞宗大《喜占春魁》

俞宗大喜工行楷，书法造诣名传四方。明初，以善楷书荐授中书舍人，历官吏部主事、礼部郎中，以老乞休。

俞宗大还善绘画，近年仍有《喜占春魁》等多件作品享誉书画拍卖界。《喜占春魁》，明洪武十七年（1384）仲夏作于淮阴，画面中红梅与白梅争相绽放，恍然间给人一种仿佛桃花开满枝头春意盎然

的景象，表达祥瑞寓意。俞宗大还有作品被收录于《松江府志》等史书，名列《中国书法大辞典》。享年 90 余岁。

其子俞珙（？—1449），官中书舍人，亦能书法，正统年间殉于土木之难。女婿宋瑮（字克纯，号菊存，正统十年举进士），楷书师从岳父，也因之出名。

其孙俞顺，亦能书，曾担任南京鸿胪寺丞。

唐畴隐居玉笙楼

唐畴（一作酬），字去非。明末诸生。出生于南汇县。一向好静，矜名节，移居闵行镇玉笙楼后，闭户 20 年，潜心作画。工写花鸟，尤以墨沉牡丹为妙，于清代初期作有大量作品。

北京故宫博物院现收藏的《竹雕菊花臂搁》，臂搁右上楷书引首“唐畴写于玉笙楼”及“王曾铁笔”，款识并“开”“先”篆书印二方。唐畴所绘的菊花据守半边，构图奇峭，杂以竹叶等，合为二君子，含义隽永。由王曾精雕细镂而成，其运刀如笔，有工笔画的风韵，耐人寻味。后被清宫收藏。

唐畴《富贵风流》
款识：千金鉴赏留香国，一种风流现墨池。南浦唐畴诗画。

纪大复的诗集印存

纪大复(1762—1831),字子初,号半樵,又号迷航外史,清乾隆年间闵行镇人。身为布衣,性格耿介,不谋仕途,独爱书画。成年后,他的绘画作品享誉沪上,尤善山水,却不愿多作,因此乡人若得其片纸都珍爱如宝。时有著名藏书家徐渭仁(字文台,号紫珊)称其“隶书远过金陵郑簠,时无渔洋竹垞为之延誉,穷老荒江,人无知者,可惜也。好吟咏,日手一编,然其诗不尽可传而好之不辍,死之日,以丛残之稿寄”。

纪大复的诗作诙谐嬉笑,如“半醉半醒过半夜,三更三点到三河”句。曾为春申道院春申阁塑像题联云:“浦以姓名传,吾不为鱼终古赖;阁因封号建,居之肸蚃古今称。”著有《灵萍诗》《古砖品》《陶山诗余》等诗集传世。

清道光二十四年(1844),徐渭仁辑纪大复《咏老七言律诗》十首,编为《纪半樵诗》一卷,刻入《春晖堂丛书》以慰之,且告后之志邑者无失。全书版刻精雅,收录七言律诗十首,书牌一叶,正文三叶,后纪一叶,共五叶十面。《清人别集总目》著录。

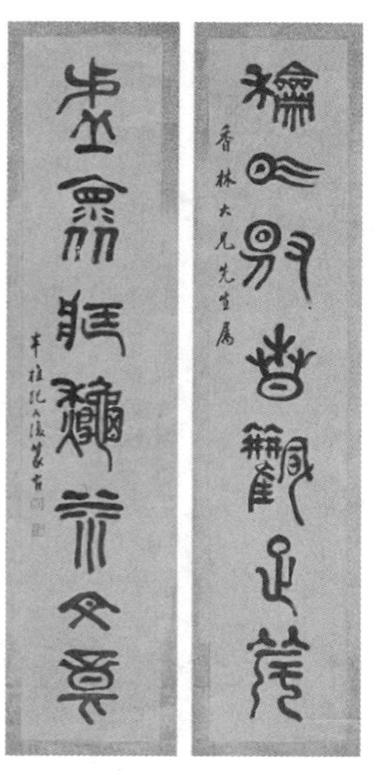

纪大复书画作品

纪大复喜工隶书，尤长铁笔，治印取法秦汉，所作疏朗苍劲，貌在文彭、何震之间。乾隆五十六年（1791），辑成自刻印集《陶山印余》。

纪大复享年70岁。今有《云山苍翠图》《曳杖秋林图》等绘画作品和“为因此外无余地，恰好其间起小楼”“文有子瞻花藏海，诗如宝晋上皇山”等楹联墨迹享誉书画拍卖行。

李鹏万

李鹏万，字海痴，名士李林松叔父。清乾隆年间监生，善书能画，交游甚广，为沪上知名书画家。其兄李桂枝（1718—1796），字健林，号复斋，附贡生，为人纯朴正直，热情诚恳，早有文名，还擅长医理，客居京城时，得到朝内不少官僚的敬重。

侄儿李槎源（1734—1777），字德载，号渔村，附贡生，入国子监，曾在京城参加会试，可惜未果。工汉代缪篆，能诗文，著有《渔村铁笔》《渔村遗草》《天崇文袖石》九卷。从子李如龙，字古春，监生，工书，善医。

陈维城

陈维城，字树宗，号龙岩山人。清乾隆年间居闵行镇。工书法，用笔善正锋。学诗于沈德潜（1673—1769，字确士，号归愚，苏州人），著有《龙岩山人诗稿》。

其子陈秉钧，字铁峰，亦善行草。

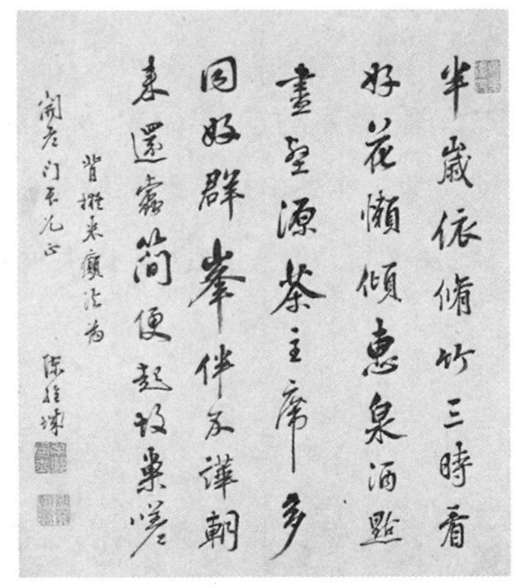
陈维城手迹

李椿《静怡居印存》

李尚暲（1810—1870），字竹孙，李林松之子，闵行镇人。喜爱书法，学欧阳询，精于篆、隶，擅长铁笔，有《优盏罗室印谱》传世。

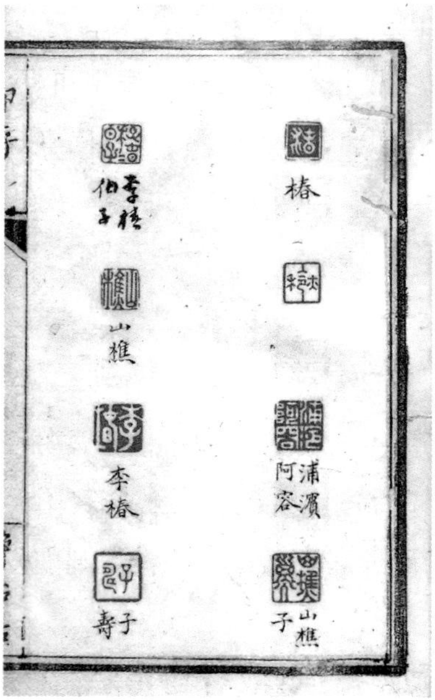

印有书影

清道光十六年(1836)，和李尚暲极为交好的族兄李椿英年早逝。李椿(1797—1836)，字子寿，号山樵、亦龄，别署浦滨阿容、山樵子、陇西伯子、陇西布衣、春江钓徒，斋名为崇礼堂、静怡居、青莲书屋。少年时即勤奋学习，专心字帖，善于书法，偏重篆刻，只因后来环境变迁或事有变故，未能扬名。一生研究心经史，坐家塾中，博览群书，而对于篆刻热衷寻流讨源，尤有心得，所作刻印风格苍老，密栗深邃而及于古，赏鉴者称其首屈一指。可惜，他因一年内连丧两子，竟以积忧而伤心去世。

为此，道光十七年(1837)六月，李尚暲将李椿的两百多枚刻印辑成《静怡居印存》两册，并撰跋，特邀恩师祝万青(字华史，别署意华生)作序。

夏　鼎

夏鼎，字韵笙，号颐叟，闵行镇人。工辞令，兼善隶书，擅长刻印、摹古文字。常年在外担任官场幕僚(俗称“师爷”)，晚年益潦倒，以卖字终其身。《闵行诗存》录其《连日梅雨寂坐无聊戏咏诗酒琴棋四绝》诗。

李　浩

李浩，字古坡，号南浦闲人，清道光年间闵行镇人。诸生。画学清初著名画家恽格(字寿平，又字正叔，别号南田)。擅长人物画，乡人颇珍爱其作品。

李浩《高枕无忧》

凤来仪

凤来仪，字古明，清代闵行洞真道院住持。擅长篆、隶，尤工绘蔬菜，乡人得其片纸皆珍之。

朱必镒

朱必镒，字兼百，清代塘湾乡人，居闵行镇。善绘人物花鸟，尤精界划画。

陆　铭

陆铭，字又新，清代闵行人。能诗。工绘事，尤擅画墨龙、栈道，作品传神酷肖。

唐　格

唐格,字逊修,清代闵行人。工隶书,腕力雄健,享年90多岁。

吴存钰

吴存钰,字子良。原籍安徽省歙县临溪,清咸丰年间南迁,光绪十五年(1889)定居闵行镇。光绪元年(1875),乡试副榜录取,曾任浙江兰溪县教谕。以行书闻名沪上,有《任伯年、吴存钰花鸟书法成扇》(任伯年为画家费晓楼所绘花卉,吴存钰行书唐诗一首)等佳作传世。著有《梦月山房诗集》四卷。

第二章 『小上海』风情

闵行老街市容(1946 年)

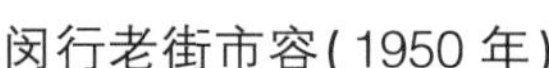

闵行老街市容(1950 年)

20 世纪 80 年代时闵行老街地区

“上海首镇”大街小巷

1935 年，在著名爱国人士张一麐为《闵行诗存》撰写的序言中，对闵行镇做了这样一个评价：“闵行毗连沪渎，襟带松江，蕞尔弹丸，俨然都市，舟车辐辏，人物昌丰，虽无临淄之十万家，已聚德星于五百里。”闵行镇作为上海县首镇，外来人口骤增，商贸活跃，风习时尚，市面繁荣，乡脚四达，因此人称“小上海”。

商市盛况

黄浦江畔的闵行老街凭借水陆要塞的特殊地理位置，交通便捷，商贸活跃，店铺林立，人气日旺，吸引了江苏、浙江、安徽、山西、福建、河南等省各路商客到此交易粮、油、米、面、肉、茶。同时，闵行镇郊四乡农民多数以种棉花、稻米为主，这里自然成为上海地区粮米、棉花以及毛猪的重要集散地。镇上的望族大多以经商发家，沿街市口较好的店面房子价值不菲。四周乡间的富户纷纷前来建屋、经商，成为更为体面的“镇上人家”。

闵行老街以南北大街为主，横沥河西有前东街、后东街、老西街、西新街、外滩街（今浦江路）等，横沥河东有河东街等。从格局上看，当年事前没有统一规划，也未曾明确建镇形制，而是由东向西和由南向北随着需要延伸，并随大户人家建宅院形成新的街巷。

当时镇上的商界，最有势力的是花行、米行和布庄等牙行以及中介掮客，其次是沿着大街小巷开设的各行各业的店铺，以及从各地来此贩售棉布、粮食等商品的行商。最弱势的是各种手工业作坊。

闵行老街自古是粮米和棉花集散地，土布、铁木、饮食、茶馆等行业随之形成。民国时期，有私营商铺近400家，从业人员1 400多人。涉及粮食、副食品、烟杂、棉布、百货、医药、文具、食品、酿造、小土产、建筑材料、饮食、服务等18个行业。

生活在这里的徽州人以商贩为主，人数众多，而苏北人大多在榨油厂、轧花厂、轧米厂做工，形成徽州帮和苏北帮。

难得“夜市面”

城郊各地市镇，一般都难以形成具有规模的“夜市面”，而闵行老镇是个特例。

闵行老街街景

闵行老镇地处黄浦江中游的中间位置，从上海老城厢码头到这里正巧是“一潮水”的路程。因此受到黄浦江潮汛时涨时落的影响，各地来沪的船舶为了候准潮水好行船，大多只能在此泊岸歇脚，自古人称“尴里勿尴尬，闵行要过夜”。为此，每天晚上都会有众多船主、客商上岸来寻求逍遥之处，打发这“尴里勿尴尬”的夜晚。

于是，闵行老街的商界趁势敞开大门，纷纷为八方旅人提供有偿服务，饭店、茶楼、旅社等“夜经济”随之异常兴旺，也难免有赌场、妓院、烟馆等不良场所，更使那些有钱的船主、客商乐意留宿逍遥。

闵行老街的“夜市面”越来越盛，南来北往的航船，东奔西走的车马，都喜欢将这里视为消除旅途劳顿的“中转站”，自然名声远扬。

这里日夜市面繁荣，风习新潮，呈现一派“小上海”的模样。

老字号店铺

老街上规模较大的花米行有恒丰行、恒太丰行、恒生义行、三泰行、王协茂行、华兴行等。清道光十九年(1839)，叶家建恒丰花米行，徽州籍程秋甫自行建房开设花米行。光绪十九年(1893)，张家开设机器碾米厂。

咸丰六年(1856)，海盐人何万昌在南北大街开设南、北两家万昌酱园，至20世纪30年代初镇上有5家油酱店。

同治三年(1864)，老街上创设楼天成堂药号。宣统二年(1910)起，南北大街先后开设乐善堂和修仁堂药房经营西药，后来又增设太和堂和天元堂国药号。

光绪三年(1877)，徽商在北街开设同源典当，资本额银圆三万元。

光绪十六年(1890)，镇上开设长兴馆、德和馆、杏花楼等菜馆。光绪十八年(1892)，前东街开设聚珍楼菜馆。

光绪年间，镇上有八仙楼、香雪园、得意楼等5家茶馆。民国元年(1912)，前东街横沥河口开设“东来第一楼茶馆”，10年后改建为3层楼房，有8间茶室，可容纳130人，附设盆汤沐浴、理发及炕床(烟榻)。后来，又有大雅轩、天一楼、浦滨园、春申园、洞春园、天福园、一笑园等茶馆开业，有的兼营书场和熟水。

1959 年闵行老镇街市

光绪十八年（1892），叶家宅祖辈在南大街开设叶裕大杂货号，后专营绸缎、土布及洋布。民国元年（1912），莘庄人周枚荪在南大街 1 号开设协昌祥绸布百货店。

光绪二十七年（1901）裁缝张伯良在南大街口创设成衣店，平价进了一批“老衣”，众人说其傻，谁知次年遇到大瘟疫，其靠“老衣”发了财，从此“张永兴衣庄”名声显赫。

1921 年，孙家、王家分别在老西街和北街开设孙培记、瑞记烟纸店，始销卷烟。20 年之后，镇上烟纸店达 25 家。

光绪元年（1875），前东街开设徐正昌铜锡号，自产自销铜、锡器具。光绪二十六年（1900），张源顺、万永兴铁铺在北街开业。光绪三十四年（1908），孙家在老西街开设孙宝通铜锡号。

外滩街盛况

闵行老镇紧依黄浦江，沪闵公路以东段称为外滩，以佛阁弄为界分东外滩和西外滩。清代晚期，滨江地带逐渐商铺成群，人称“外滩街”。

清光绪二十二年（1896）周祥泰棕绳号在这里开业。宣统二年（1910），李万顺橹店和朱永顺竹器店分别开业。民国初年，吴同兴缸甏店开业。随之，一家又一家花行、米行、木行、石灰行、船橹行、绳网行等沿黄浦江而建，使这里成为建筑材料、船舶用具和农副产品的集散地，成为一道他处看不到的风景线。

外滩街的毛猪市场十分兴旺。1937 年 8 月，刚归国参加抗日救亡运动

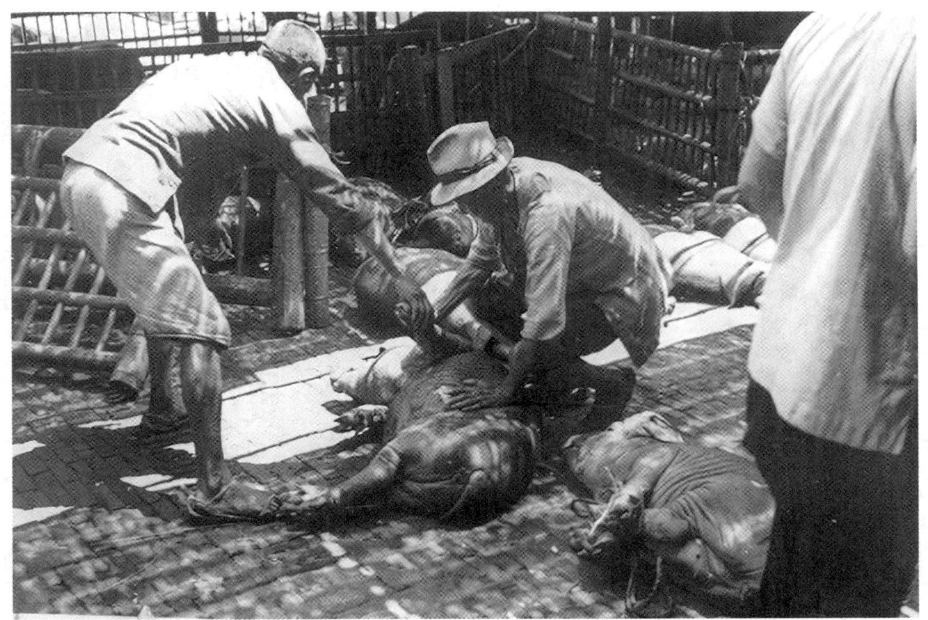

闵行外滩街毛猪市场

外滩街棉花行

的郭沫若途经这里，对此他印象十分深刻，在后为《救亡日报》撰写《到浦东去来》一文时，他感叹称：闵行“渡口是一小市，临江的街道多饲养着一些白毛猪，被圈在竹栏里。有些猪四蹄被绑，安静地在石面地上，没有竹栏。臭气和风作顽强的抵抗，更有苍蝇作后援。”

沿街小巷

闵行老街以南北大街为主，横沥西有前东街、后东街、老西街、西新街、外滩街（浦江路）等，横沥东有河东街等。

北街建成较晚，南街原先称“大街”，1956年相连后才称为“南北大街”。

闵行老街上最繁荣的地段当属南大街，三开间的协昌祥绸布店和三层楼的乾盛南货店占据街口，成为十分显眼的地标。

北街以各式作坊为主。明清两代，本镇居户女性大多以织布为业，盛产质地精良的“丁娘子布”。尤其北街上家家忙于纺织，机杼声通宵达旦。清代李媞和黄家锟均有《北街夜织》诗纪实。

镇上有西街。清嘉庆二十一年（1816），李氏宅院见西邻遭受火灾，慷慨捐地助其建屋，形成一条新街，人称“新西街”。

称东街的有三条。横沥河东有河东街，建成较早。河西有先建的前东街和后建的后东街。前东街以茶馆、菜馆、旅馆居多，其中聚珍楼菜馆名声最响。后东街则以出售副食品的小店铺为多，附近还有光绪年间就已形成的露天小菜场，是周边居民天天都来光顾的场所。

镇上名士热衷于公益投资辟建新马路，因此曾有“英石路”“念椿街”（后称“新街”）等名。

大街两边有近20条知名小巷，本地称弄堂，如酱园弄、糖坊弄、染坊弄、油车弄、佛阁弄、统捕弄、张家弄、姚家弄、叶家弄、高家弄、东庙弄、留桥弄、竹荫弄、味春弄、石皮弄、正兴弄（小菜场弄）、长丰弄、施弄、新园南弄等，穿越这些小巷就可以直奔目的地。其中“张家弄”最为宽阔，人称“可以渡船过”。佛阁弄，俗称“鲜鱼弄”，位于今浦江路57弄南口。清代初，里人在佛

阁弄过街楼上建武帝阁，嘉庆年间重建。

还有一些市面有限的小街，连一个正规的名称都没有。其中有条“韭菜街”载入了同治《上海县志》，说这里有一张必荣（字季华，湖州人），明末清初时，“奉母梅氏避乱遇盗，母子赴水，借枯水浮至闵行，遂家焉。梅氏喜食韭，必荣种韭养母，人呼其里为韭菜街，卒附祀孝悌祠”。因此，此街又称“孝子街”。清人黄家锟还特意为其赋诗称：“街因种韭得垂名，孝子当年独行成。堂上慈母勤侍养，园中隙地乐锄耕。回思萍梗秋涛险，窃幸瓜庐夜梦清。敢效茅容鸡特设，祝他丰本日滋生。”

后来镇上十分繁华的新安路，其西段于1921年由乡公所辟建，因直通沪闵长途汽车站，始称“车站路”，又因靠近新安公所，改称“新安路”。1956年起，与东面的新街接通。一路上曾有两座桥，一是新桥，俗称“斜桥”，二是散厄桥，人们爱用谐音称“杀猪桥”，两桥相近，被通称为“八字桥”。

内河航运业轶事

闵行人的“敏航梦”

在黄浦江沿线，最早载客、运货的交通工具主要是木帆船，俗称“航船”。

明清时期，黄浦江已有民间航船业，但是没有固定的启航时间，完全以潮汛、风向、客流等情况来随机而定。因此，清代李林松在《申江竹枝词》中吟道：

一村红树起炊烟，冬至朝朝霜满天。
要向城中卖花去，夜来趁上夜航船。

明弘治十七年(1504)《上海志》成书时，称“敏行市在十六保”。“行”是上海地区旧时集市的通称之一，而“敏”非姓氏，基本字义为迅速，灵活、奋勉，也许因地处滨江而含有“敏航”之意，以致后来闵行人爱用“敏航”两字。

敏航轮船局捍卫航运权

清光绪三十年(1904)，当地秀才李显常(字镜海)受父亲李祖锡之命，集资组建第一家内河轮船公司，取名“敏航轮船局”，购置了有200个客座的内

河铁壳蒸汽内燃机小火轮，一艘名“闵馨”，另一艘名“湖江”，首辟闵行至上海南市关桥码头的内河客运航线，每日对开往返四班，俗呼“闵行班”。在对江西渡，设脚划船两艘，定时驶往闵行，与敏航客轮启航时间对接。客轮航线途经闸港、杜行、塘湾、塘口、关港、王家渡等地，停靠地点筑有木质码头，在关桥建有浮载码头，站屋三间，闵行建有设备较完善的码头和候船室。从此，从闵行老街到上海城区老城厢，仅“一潮水”即可到达，百姓称便。

敏航客轮航线开通之初，遭到了黄浦江中800多小舢板船帮的群起反对。他们认为轮船抢夺了他们的生意，极力阻拦轮船靠岸接客，以致敏航轮船局几乎无法营业。后经人介绍，疏通了舢板船中有所威望的“范篙头”，雇用其为船工，才平息了风波。

1913年，法商立兴洋行创办的东方轮船公司购置了两艘轮船，开辟上海至平湖航线，沿途不设码头，故意以低价招客，企图压倒敏航轮船局的正常营业，恃强侵占黄浦江内河航权。

为此，天性率直又通达事理的李显常竭力奔走呼吁，以黄浦江关桥码头至平湖段水道不属租界范围为由，强调依约不得侵占我国内河主权，并向上海道署及会审公堂提出控诉。几经斗争，得到了社会舆论的广泛支持，法国领事才不得不做出让步，要求法商立兴洋行将两艘轮船让售给敏航轮船局。

闵行人终于捍卫了黄浦江内河航运权。

闵南轮船通平湖

1914年7月，敏航轮船局招股增资，由南桥宋燮君为首集款投资，闵行镇乔念椿（名世德，以字行）、南桥夏仁华（字志诚）加入，收购法商立兴公司的两艘轮船，联合经营，公司取名为“闵南协记内河轮船公司”（简称“闵南轮船局”），推举李显常为董事长，聘请奉贤人朱季安为经理。除原有“闵南号”（吨位76.05吨）和“闵行号”（吨位113.84吨）外，新添置了两艘客轮，一艘为“新闵南号”（吨位118.95吨），另一艘为“平申号”（吨位78.31吨）。公司向浙江省申请立案后，将航线延展到浙江平湖县，俗称“平湖班”，沿途在沙冈、叶榭、张泽、松江、佘来庙、洙泾、泖口、新埭等码头停靠，未设码头的停靠处需用小木船驳运旅客。因平湖县境的黄浦江水道狭窄，轮船驶入后不能调头，所以轮船需要在黄浦江较宽处先行调头，倒行驶入。船到平湖东门外，没有像样的码头停靠，人称“白地上”码头。

1917 年，李显常病逝，由宋燮君继任董事长。

自 1926 年起，先后有平湖人张丰授等创建“平沪轮船局”（大利轮船公司）、平湖人创建“乍浦轮船公司”“津沪轮船公司”，使黄浦江内河航运四通八达，形成激烈的竞争状态。后来乔念椿与张丰授联营，易名为“闵南协记轮船公司”。

1932 年，乔念椿又创建了“沪张轮船局”，开辟上海关港码头至金山县张堰的客运航线。同时，由于沪闵公路开通，陆上公共交通迅速发展，使航运业遭受巨大压力，而民众乐享其成，出门更方便，票价更优惠，闵行老街人气更旺盛。

闵行航船码头旧貌

不料,淞沪抗战爆发,各公司的轮船均被征为军用。闵南轮船局的“闵馨”“湖江”两艘旧船被拖到吴淞口外作为封江之用,“新闵南”“平申”两船奉命被派到汉口,作为武昌与汉口间的对江轮渡,汉口沦陷后被日军劫用。抗日战争胜利后留在那里,闵南轮船局特派朱某持船舶证前往汉口交涉。谁知,朱某年轻纨绔,沉湎于汉口舞场,将垫款用尽,结果两艘船舶不知去向,闵行轮船局股份有限公司也因此无形中宣告结束。

闵行老镇徽帮同乡会

老街徽商

明末清初,闵行老镇的规模已雄踞上海城郊西南乡之首。闵行老街上店铺林立,自然少不了徽帮人家,可惜暂无详实的史料能证实确有徽帮人家曾在闵行老街上经商,仅在现有的地方文献中发现一些记载。清乾隆末年,徽州歙县里东乡人汪启海和汪启洲在南大街38号开设“汪开吉(洽记)茶号”,兼营徽墨。嘉庆年间,来自休宁商山的项泰(字璞山)在镇上“执典业”。道光八年(1828),又有徽州绩溪茶商汪大忠在南北大街开设“汪德隆茶号”,规模出众。不久,徽州籍程秋圃自行建房开设花米行。汪启敬(1820—1900,歙县东乡汪满田人)等茶商在奉贤县南桥镇东街的“福号茶叶山货店”,曾包销闵行老街各茶楼,后直接在闵行镇开设分店。光绪三年(1877),项氏族人在北街开设“同源典当”,资本额银元三万元。

闵行镇上至今流存有《吴氏族谱》,吴志棠纂修,1941年抄本(上海图书馆收藏),谱载世表及吴氏源流。谱称:吴氏原籍安徽省歙县临溪,清咸丰年间南迁,光绪元年(1875)始迁祖吴存钜因经商自浙江嘉禾迁徙闵行地区,光绪十五年(1889)定居闵行镇。同族吴存钰,字子良,光绪元年乡试副榜录取,任浙江兰溪县教谕,以行书著称,闻名沪上。《民国上海县志》人物篇中

记载:“吴良谟,字虞臣,闵行人。性仁厚,自奉俭而好行善,经商以义为重,遇口角争讼,苦口劝息,人感其诚称之为佛,久任普安堂董事,多所建设。中年乏子,晚岁有六子,皆以为善之报,卒年七十余。”

闵行新安慈善堂

在一个镇上,八面来客,五方杂处,各界相互之间难免会产生矛盾,甚至引发冲突,其自身也必然会产生种种问题。当时的政府不管这些民生事宜,协调解决问题均要靠同乡会。于是,建立在血缘关系和地缘关系基础上的体现传统乡土观念的同乡组织会馆在闵行老街应运而生。

清咸丰十一年(1861),兵灾突起,天下大乱。闵行镇上,徽帮人家更是人心不安,幸好有程秋圃等人挺身而出办实事,他与徽州同乡联手创建了“世善堂”(后称“新安慈善堂”),合力购置田产六十亩,专事资助和办理陷入贫困的徽州籍同乡返皖川资及善后事宜。

“九间头”楼房

咸丰兵灾,逼使大批徽州人携家带口南下避难。光绪年间,来到闵行的徽州商贩人数众多,为了帮助他们解决安家居住问题,“新安慈善堂”先后集资建造了39间平房和23间楼房,人称“十间头”“九间头”“八间头”,从而形成一条街,后来正式定名为“新安路”。

依靠同乡会的帮助,徽帮人家的日常生活得以安宁,闵行老街成了徽州人争相前来谋生的聚集地。

不久,金陵“仁善堂”在北街糖坊弄南建立,成为南京同乡会所在地,俗称“南京会馆”,虽规模不大,却让行善之举深入人心。

1930年,程幼甫、潘旭升等集资在闵行镇北(今沪闵路东川路口)建成

“长安公墓”。由汪云裳负责，占用土地约 21 万平方米，其中墓穴地 8 万平方米，内有一座两层楼的四角大亭。

上海徽宁思恭堂闵行分堂

徽帮人在上海经商难免会受到排挤，同乡经营者之间也会产生争斗，更重要的是徽帮人恪守“落叶归根”的传统信条，客死他乡的人都应当“入土为安”，家人就得设法将暴卒他乡的亲人棺柩运回故乡，入土归葬。《上海徽宁思恭堂缘起碑》称，徽帮人“童而出，或白首而不返，或中岁萎折，殓无资，殡无所，或无以归葬，暴露于野。盖仁人君子所为伤心，而况同乡井者乎广！”

清乾隆十九年(1754)，旅沪的徽州、宁国两府商人联合集资购进上海县城小南门外的一块土地用于修建暂厝棺柩的丙舍，建成义务埋葬无力下葬者的义冢。从此，上海城里有了同乡人团体“思恭堂”。道光十六年(1836)，徽州休宁人汪忠增(字方川)出任上海道台，助力在制造局路 300 号建造“徽宁会馆思恭堂”，后在斜土路 251 号辟建墓园。

闵行镇上的不少徽州同乡是上海“思恭堂”的捐助人，而城里的行善难以充分顾及数十里外的闵行老街。于是，闵行镇上的徽州同乡会只得自行设法采取应对措施。

闵行徽州同乡会会馆

1916 年，徽州同乡会在闵行老镇西部、母子泾北岸新桥西侧(今新安路华坪地段医院及浦江花苑地境)建立了杨家台墓园，占地约 2.6 万平方米。

1929 年，闵行镇“新安慈善团”在上海徽宁思恭堂的支持下，建造新屋，改称

“徽宁思恭堂闵行分堂”，俗称“新安公所”“徽宁会馆”。会馆占地面积约5 000平方米，有三进院落，主要建筑坐北面南，砖木结构，面阔5间，进深3间。天井左右为厢房，并有侧院。后进正厅4根立柱下的鼓形础石均有浮雕花纹，木梁上雕刻古戏图案。院内有洞石假山，种植各种花木。另有空场，里人习称“会馆场”。会馆祀朱熹，有正月初八团拜，九月十五日朱熹诞辰等活动。

1929年徽宁思恭堂闵行分堂落成摄影

1945年6月，在北桥镇南的横泾河与沪闵公路之间创办“徽宁公墓”，占地6万多平方米，基穴有60个。

1950年，新安慈善堂停办。

1954年，当地政府接管“闵行思恭堂”房屋57间和出租房137间。1988年，建筑被拆除。今仅存青石质鼓形础石一块，移置“老闵行历史文化陈列馆”。

地方自治模范乡

闵行乡有了议事会

上海老城厢是最早实行地方自治政策的地区,清光绪三十一年(1905)10月,"上海城厢内外总工程局"成立,专办地方公益事宜。

当时,闵行镇上有朱承鼎、李祖佑等接纳新思潮,主动组建本地区同乡会馆和行业公所等团体,积极响应上海城内的地方自治举措,以求促进地方经济社会进步。

光绪三十二年(1906),上海县商会闵行商务分会宣告成立,商界人士一致推选朱承鼎出任会长。他不负众望,天天奔走在闵行老街上,协调数百家商铺业主,为地方公益办实事。他在镇上人脉广,人头熟,处理大小事务坚持态度平和,方式详慎,颇具号召力,因此众人无异言。他大胆地以税书经手诸多弊窦为由,禀准代理上海知县王念祖,将官契改归绅办,并在闵行镇开办官契总局,从此不再接受总工程局的管辖,有效地保护了闵行商家的利益。

光绪三十三年(1907),上海地区统一改团练局为学区,西南乡闵行、马桥、颛桥、北桥镇为联区,由李祖佑担任联区劝学员。李祖佑(1862—1933),字蕉轩,是顾言(字丹泉)的内兄,曾协助其创办吴会书院和强恕学堂。光绪

二十八年(1902),联手在闵行镇西南积谷仓处创设务敏学堂。担任联区劝学员后,他促使周边四乡兴起办学热潮。

光绪三十四年(1908)十二月,清廷颁布《城镇乡地方自治章程》,规定各乡设立议事会和自治公所,实行议事与行政分列。乡议事会由选民选举产生,地方自治执行机构只设乡董和乡佐,自治事项有学务、卫生、道路工程、农工商务、慈善事业、公共营业等。

宣统二年(1910)秋冬之交,闵行乡宣告成立议、董两会,但是“权舆经始,无尺寸凭藉”,只得借务敏学堂十余间校产作为议员、议事、董佐的办公室。议事会推举李祖佑为闵行镇乡董,兼上海县劝学所协董。

时年28岁的黄申锡(1882—约1965,字谱蘅)才华出众,闵行人均认可他的名望,认定他是个杰出人才,推举他做乡公所的实际工作者。

是年,闵行镇始建“救火会”。

宣统三年(1911),上海县司法署在闵行镇设闵行裁判分所。乔念椿在闵行镇创办振市电灯厂,闵行镇上有了电灯照明。

然而,1912年初刚步入民国,闵行老镇突发意外事件。春节期间,镇上发生警民大冲突,顿时一片混乱,震惊上海滩。李祖佑、朱承鼎眼见单靠自身力量难以控制局面,立即邀集本地乡绅一起赶到上海城里,与警兵统领进行交涉。上海县民政长、警务长等闻讯赶到闵行镇勘验查办,逐渐平息了事件。

4月,江苏省颁布暂行市乡制,上海县划分为四市十五乡,本地置“闵行乡”,在闵行镇上设“乡自治公所”。闵行乡下辖闵行、吴会、荷巷桥、沙冈四个镇,地域面积一下子扩展到26.35平方千米。

6月,闵行乡议事会改组,产生议员共12人(朱承鼎、沈文蕙、张承桂、黄申锡、顾文濬、马轶群、马恩培、蒋世杰、乔世德、陈之纲、范钦缑、蒋廷干),涉及面十分广泛。议事会由朱承鼎任议长,黄申锡任副议长,李祖佑继续任乡董,其长子李显常担任乡佐。

6月15日,停泊在黄浦江上的嘉兴、松江货船船民,因不服上海县在两地重复收取货物税,捣毁了刚设立的闵行税务公所。闵行乡公所慌忙应对,几经周折,总算平息了风波。

8 月,上海县议事会成立。闵行乡议事会推选黄申锡、李右之、董炳章为县议员,三位年轻人由此大胆闯荡上海滩,更加有所作为。

11 月,闵行商务分会利用普安衍善堂划让的 300 多平方米的土地,建造起一幢像模像样的“会所楼”。开张之日,镇上的头面人物欢聚一堂,合影留念。

是年,李祖佑全力支持顾言在闵行镇创建上海县中等农业学堂。

闵行乡公所越办越顺畅,名望不断提升,实行地方自治实效被当局列为“江苏全省模范”。

1913 年《上海公报》第 9 期,连刊《布告据闵行乡议长呈改良茶捐请出示晓谕》《布告据闵行乡议长呈改良公益税请出示晓谕》《布告据闵行乡议长呈预防火患办法请取缔示禁》等文告,可见乡议事会为维护当地商家的权益持续发力,卓有成效。

1913 年 7 月,乡董李祖佑、议长朱承鼎、议员马恩培、前议长黄申锡等,商议以闵行镇北度门寺为基地,筹款兴建乡自治公所办公楼,以壮“江苏模范乡”的声势。

次年 8 月,终于建成会议和办公用房共 25 间,并立《闵行乡自治公所碑记》4 块,详细记述这一段具有里程碑意义的历史变迁。碑刻用阴文隶书体,首题“闵行乡自治公所”,全文如下:

有清末造国弱政敝,迫于世界潮流所逼,仿行宪政,采用欧美制度,以地方自治,诏示国人,大吏奉诏,通饬牧令,举行选政。而自治制由是昉焉。苏属民庶,夙多明达,上海华洋互市,尤得风气先。庚戌秋冬之交,令下,组织下级自治,吾闵行乡议、董两会于是成立。权舆经始,无尺寸凭借,假务敏校产十余间,议员、议事、董佐等办公室,胥于斯在。形式弗完,精神曷寄?苟焉而已。辛亥清廷解组,民国肇新,省会议决暂行制,公布改组,地方税稍稍增益。公所为一乡观瞻所系,议以度门废寺改建。陈于县知事吴公馨核准,并躬视莅助,督促进行。乡董李祖佑主其事，与议长朱承鼎、副议长马恩培、前副议长黄申锡会商建筑方法。开始于癸亥七月，鸠工庀材，经营弗怠。建成正中上下楼一间，东西平屋一间，前平屋三间，后西向平屋两间，都二十五间。楼中间为议事厅，左半为正副议长室，半为文牍会计室，右半为议员憩坐室，半为审查室，下中间为礼堂，左半为乡董乡佐室，半为文牍会计室，右半为官绅憩坐室，半为阅书报室。东西屋为道路、工程、卫生、学务、农工商、公共营业等股员室，前中间为出入处，左为庶务及招待室，右为号房与收发处。礼堂前为廊，廊外为月台。台外廊庭，宽数十丈，中作椭圆形，环以山石。杂莳花木，两旁随形为路，左右咸可行。外面围以短墙，由铁门入，场地一方，停舆马称便。公所规模大概如是。用银六千三百元有奇，费时十有一月而工竣。庆落成礼开幕有日矣，而解散自治之令下，论者谓官权民权消长之机，引为国家前途之憾。虽然立国之本，民意为归，古者谋及庶人，与夫天视民视，天听民听，君主且然，矧曰共和。近世国家，三权鼎立。国民有纳税义务，即有参政权利。吾乡人且蓄养精

1912年11月闵行商会集体合影

神，预储政治知识，以俟自治恢复后之效用。闵行为苏属之模范乡，岂不懿欤？爰撮举始末，泻笔而为之。

岁在甲寅秋八月，清震泽训导李祖锡撰，赤岸山民高邕书丹，云间顾少莲镌。

办学堂领风气之先

民国时期，闵行镇能够在一个城镇上同时建立初中、高中、职校、师范等各种学校，在上海地区实属罕见。这首先得益于镇上各界对教育事业的重视，舍得投资，同时得益于闵行老镇地处水陆要津，交通发达。

本地人士一向重视教育，清代镇上大户普设家塾。清代晚期，镇上商绅合力，接连创办新式小学堂及女子学堂，领风气之先。

清乾隆十六年(1751)，张镐捐资在母子泾畔创办闵行义塾，后被废。道光年间，衍善堂在镇西六曲河西岸(俗称“西浦滩”)的文帝庙(西寺)内设有庙学，人称“文昌书院”。同治七年(1868)，上海知县朱凤梯每年捐钱八十四千文，在镇北广明庵衍善堂开设义学，光绪二十九年(1903)改为蒙养小学堂，三十二年(1906)正月转为公办，称乡立第二初等小学。

光绪二十八年(1902)，李祖锡、顾言、李祖佑、马恩培等捐募银圆八百余元，在镇西市积谷仓创办务敏小学堂(为一等小学堂，后改名“强敏”)，有平房21间，楼7幢。次年，北桥乡绅在此创办竹溪小学堂。宣统三年(1911)紫冈小学堂创办。

民国元年(1912)二月，在项氏女塾的基础上，假李氏易园纯嘏堂创设私立纯嘏女子小学堂，由李维华主持。1915年6月17日，李祖佑等在其基础上创设乡立崇实女子小学堂，地点迁到闵行乡公所楼上。

1913年2月，夏金初在老镇西街口夏氏宗祠创办夏氏女子初等小学校。在此基础上，夏建藩于1918年创办振华女子小学校，分三个教室，复式编制。

宣统二年(1910)，已担任上海劝学所总理的顾言，奉命管理发展农业所募集的捐款，在闵行镇乡董李祖佑的支持下，在闵行镇西浦滩创建县内第一

所农业职业学校,取名“上海县中等农业学堂”,所建校舍27间,购置理化仪器、书籍等耗资银元一万多元。学校先办预科,学生不收学费,延聘教师,招收学生,不到一年就建成了。可惜,两年后校舍毁于火灾。1914年秋,重建两棣校舍41间房,改名为“上海县立乙种农业学校”。1922年,农校设立农村师范讲习所,次年8月,又创办上海县立第四小学,并在农校增设闵行农事实验场,每年清明乡人前来举办植树典礼。农村师范讲习所学生修业两年毕业。

1928年8月,上海县教育局将县立第四小学、强敏小学和崇实小学三所小学合并为闵行中心小学,并将闵行、北桥、颛桥、马桥划归为上海县第一学区。同时,在积谷仓强敏小学旧址创办上海县立初级中学和上海县立乡村师范学校。县立初级中学初期只有3个班级,学生111人,校长刘清照。县立乡村师范学校学生修业3年毕业后,学校停办。

1931年4月,闵行镇设义务教育实验区,在河东城隍庙内创办第一简易初级小学,8月中旬招生开学。

据上海县教育局1930年7月统计,当时的闵行乡境内有县立中等学校两所(乡村师范学校、初级中学),县立完全小学两所(中心小学、广慈苦儿院),县立初级小学10所(沥东、荷溪、莺湖、竹溪、吴会、寿华、紫藤、紫冈、巨漕、增新),县立社教机关两所(民众教育馆、公共体育场)。

1936年,诸文绮在此筹建私立文绮染织专科学校。

日军入侵后,县立初级中学一度停办,1940年9月复校,改名为“私立闵行中学”,校长夏友一。

1947年,诸文绮又创建私立文绮高级中学。

1946年,闵行中心小学和皇甫小学附设幼稚班,入学幼儿155人。

老街上走出一群留学生

清光绪二十二年(1896),清政府派出13名学生赴日本留学,开启了中国近代史上赴日留学的时代新潮。随之,各省督抚相继派遣赴日留学生(称"官费生")。1905年,清政府诏废科举,开始实行奖励留学生的政策。各地热血青年胸怀报国之志,纷纷自费涌入日本留学(称"私费生")。1896年至1911年之间,中国留日学生人数达到万人以上。

在这上万名赴日留学生中,有一群年轻人是从闵行老街上走出去的。他们家境富裕,风华正茂,豪情满怀,在沉闷的社会环境中异峰突起,可谓出类拔萃,顿时成为享誉上海滩的时代骄子,给闵行老街带来了时代新风。其中,最具代表性的有5位。

最早获得官费资助赴日留学,回国成为上海著名教育家的是项文瑞。项文瑞,字莲生,祖辈从安徽来到闵行地区经商,在老街落户。自幼承母教,事亲孝,未成年就已读毕儒家经典著作。光绪五年(1879)己卯科试,考入松江府学,成为庠生。接着又到上海城里读书,肄业于龙门书院,除读经史之外,尤其喜爱算学。光绪十一年(1885),被选为拔贡生,奉命担任直隶州州判。次年夏秋之交,又选授广东连州州判,因母亲去世未曾赴任,回乡守孝。两年后,经县试,在上海县立各义塾执教,后入龙门书院。他的才能深受敬业学堂教务姚文楠(字子让)的赏识。经姚文楠向江苏当局推荐,项文瑞被

选派赴日留学考察。光绪十四年(1888)5月至11月,他与弟子杨保恒(字月如)等以旁听生的身份,进入日本名士嘉纳治五郎创办的宏文学院师范科学习,并利用课余时间赴当地学校参观考察。归国后,受姚文楠委派,担任敬业学堂监学、养正学堂总理。不久,在敬业学堂年刊上发表《游日本学校笔记》,对上海教育事业的发展产生了广泛的影响。

李英石

最早自费赴日留学、遭遇波折、勇往直前的是李英石。李英石出生于闵行镇新西街“养素堂”,父亲李祖锡,家境富裕。聪颖早慧,15岁就考中秀才。虽说个子不算高大,但肩宽体壮,长得十分结实,立志尚武,闲暇时好谈兵事,娴习马术,后考入南京武备学堂。光绪二十八年(1902)夏,在父亲的鼎力支持下,领时代风气之先,破天荒地自筹经费,与吴稚晖、蔡锷、胡汉民等26人一同赴日本留学,时年仅20岁。当年7月,他与蔡锷、许嘉澍、钮瑗等9名江浙赣自费留学生,正式申请入成城学校学习,却遭到清公使故意阻挠。于是,他与吴稚晖等20余人赴公使馆请愿,砸了公使官邸的陈设,被日警以“妨害治安”罪指控为“革命党”遣送回国。遂入南京陆师学堂,后转入将弁学堂。1907年12月,再次东渡日本,进陆军士官学校第六期骑兵科,至1908年12月毕业。宣统二年(1910)回国应试,钦赐武举人,任新军书局编译长、新军第九镇马标第一营管带。随后,参加了光复上海之役,成为辛亥革命闯将。

在日本留学时间最长,后成为民国早期外交家的是黄宗麟,为竹冈黄氏十九世孙。自幼生活在闵行老镇。光绪十九年(1893),科试上海县庠生,后为附贡生。他多才多艺,擅隶书,工绘画,能诗词,擅长医术。光绪二十三年(1897),担任“闵行局董”。光绪二十九年(1903),入日本弘文学院师范科进修。光绪三十二年(1906)8月至次年5月5日,入日本法政大学法政速成科第五期政治部就读。归国后,参加学部组织游学毕业生考试,钦赐法政科举人。担任过松江地方审判厅推事(从六品),后调在外务部授职主事、佥事,人称"七品小京官"。民国元年(1912),出任中国驻朝鲜仁川领事,后升任汉城总领事馆副总领事、代理总领事。1916 年回北京,担任外交部主事,兼中央防疫处主任、俄文专修馆馆长等职。1927 年,出任江苏省民政厅第二科科长。1929 年 7 月,56 岁时出任吴县县长。

与前几位不同,赴日本专学农科,成为民国初期国家级农林业官员的是黄艺锡,为农科先驱黄宗坚次子。光绪二十四年(1898)为上海县学增生。光绪二十六年(1900)为庚子科廪生。后入京师大学堂(北京大学前身)师范速成科深造。1903 年 12 月 21 日,被管学大臣张百熙选派赴日本留学,学习年限为七年。次年初抵达日本,先入弘文学院师范科补习日语和基础学科。1908 年,30 岁时由东京第一高等学校升入东京帝国大学农科大学农艺专业科。宣统三年(1911),毕业归国,应学部全国留学生会试,得农科举人学衔。历任农商部佥事、化验土壤统计各科科长,农林司第一科科长、农事试验场主任、文官甄别委员会委员。1917 年 9 月,出任北京政府农商部农林司司长,后兼任糖业改良委员会会长、林务研究所所长、棉业处处长技监厅帮办、技师甄别委员主任、实业代表会议会员、实业行政会议会员。1923 年 2 月去职。次年 3 月,再任农商部农林司司长。

李宗邺

由本地派遣赴日留学,成为著名教育家的是李宗邺(1987—?),字颂唐,为闵行陇西李氏十八世孙。光绪十七年(1891)甲申科试上海县学庠生。光绪三十三年(1907),由吴会书院顾言派遣,赴日本弘文学院师范科及高等数理化班留学。毕业回国后为闵行地方教育服务,先后在务敏学校、上海县中等工业、农业学校任教。后到上海城区发展,在敬业中学、务本女子学校任教,被公推为上海县劝学员、视学员。1912 年 3 月,担任上海县公署学务科科长

兼视学。1914 年 4 月，任上海县教育会第七届常委会会长。1919 年 6 月，任上海县劝学所所长。1923 年 7 月，劝学所改组为上海县教育局，任局长。

1924 年，名士李林松后裔李开第（1902—1999）在上海交通大学电机专业毕业，并获取公费赴英国留学的名额。第二年，他搭乘法国邮轮前往英国曼彻斯特。

摇摇晃晃走进民国

19 世纪末期，一场维新运动在全国蓬勃兴起，它倡导西学，呼唤变革。维新思潮广泛传播，激活了此地的文坛和商界。在乡绅的推动下，闵行镇上开办了一个又一个新式小学堂，并在黄浦滩设立上海县中等农业学堂，闵行商会率先成立，敏航轮船局开辟闵行至上海县城轮船客运，世道开始改变。

世道真的变了

清宣统二年(1910)，上海实行城镇乡自治，力图变革。第二年，以学区为乡，本地置闵行乡，将闵行老镇与周边地区合为一体。乡民公推 48 岁的李祖佑担任乡董，乡自治公所设在闵行镇上务敏学堂。

不久，革命党人发动旨在推翻清廷的武昌起义，上海城里也立即爆发了光复战役。闵行人得知，乡董李祖佑的侄儿李英石也是革命党人，担任了上海商团总司令，率兵起义，攻克了江南制造局。全镇为之振奋，封建帝制正在瓦解，人们的生活方式开始大幅度转型。

南京临时政府一成立，就颁布了很多政策法令，改公历为新年，废跪叩礼节，男子不留辫，女子禁缠足。闵行人向来崇时尚，社会风俗迅速发生变化。

最令人惊喜的是，闵行镇上办起振市电气厂，居民们开始用电灯照明，米厂可以电动碾米，现代科技的应用轰动了西南诸乡。

然而，社会矛盾并没有就此解除，城乡冲撞不可避免。民国建立后，地方自治运动进一步深入，但乡自治公所一时难以应对复杂的社会转型。民国元年（1912）春节期间，在四乡兴起抗租风潮推动下，闵行镇上爆发了一场“警民大冲突”。

警民大冲突

宣统三年（1911）11 月，上海光复后，军政府明确宣告：“念我苏、浙等省民困已久，暴征苛税，是皆满清之虐。而江南水荒，收获寡，谋生不易，用特将苏、浙、皖、闽境内一切恶税尽行豁免，以抒我父老之难，而免奔亡之苦。”还宣布“所有厘捐、落地捐一律废除，以苏商困。本年下忙丁漕及前次丁漕，概行豁免”。

上述规定的受益者，主要还是那些国家赋税的承担者，众多贫苦佃农则被忽略，对新政权寄予一定期盼的他们大失所望，难抑愤懑之情，上海、青浦、奉贤、南汇、松江等县纷纷出现佃农的抗租斗争，引起社会的关注。1912 年 1 月 3 日《申报》以《论乡民抗租风潮》评述说：“今日者，总统莅任，大局粗定，从此绥定安集，地方秩序之恢复，不难立待。惟尚有一事，为近今眉睫之大患，而足以扰乱社会之安宁者，则乡民之纷纷抗租是也。”并认为：“倘长此不已，地方之糜烂固不待言，而日后军队之饷需、行政之经费，恐尽成无米炊，其阻碍政治之进行，关系匪浅。语曰：涓涓不塞，将成江河；毫末不扎，将寻斧柯。有民政之责者，尚其防范而消弭之。”

在这场乡民抗租风潮的社会动荡中，闵行镇爆发了“警民大冲突”。《申报》连续报道了这场轰动上海滩的事件。

民国元年（1912）2 月 22 日《申报》报道称：20 日（农历正月初三），有些乡民在镇上西浦滩小赌时，遭驻闵行的警兵拘拿，随后观者越聚越多，引起哄闹。驻闵水陆各营闻讯赶到现场，喝阻乡民，乡民不服，发生冲突，警兵当场击毙乡民6人。于是,激怒群情,遂聚集千余人,将警局全行焚毁,并毁旁边的农校房屋(也有人说是警兵杀人后,生怕追责,放火烧房转移视线)。冲突中有不少乡民抛掷砖石,打死巡警一人,打伤8人,更有歹徒乘机抢劫公私财物,西浦滩的西寺也被毁,镇上一片混乱,百姓叫苦连天。至当晚,人群才散去,恢复平静。年已69岁的闵行镇名誉董事顾言(字丹泉)闻讯后,急忙赶到上海与警兵统领交涉。

此后几日《申报》报道称:上海县民政长吴馨、上海警务长穆湘瑶于22日带检察官及司法巡警乘小火轮赶到闵行镇勘验查办。闵行乡民数百人大呼申冤。顾言率本镇绅商代表赶来声明:“尔等多是好国民,此次之事,实被土匪与赌棍暗中煽惑,酿成巨案。”县民政长同意拨出抚恤洋四百元,分与死者家属。同时,收押了当时为首鸣锣纵烧警局的庄任生(以贩卖荸荠为业)、曹云山(小名阿和,制衣业主)两人。而两人均说鸣锣是为了唤众救火,余事不知。后又收押左福堂、左小叶子、左福桃、左福裕等四人,在左福堂所带衣箱内搜出鸦片烟两盒,立即扣留,其他三人查无实据而释放。

3月初,上海警务长穆湘瑶会同时任闵行水陆军统领的李英石赶到上海县署,请县民政长升坐会审,认定庄任生、曹云山、翁秋三等三人有罪,押到大南门外的校场上枪毙了。

然而,社会舆论认为此事处理不公,3月20日《申报》还刊发了《社会联合会上沪军都督书》,提出质疑。

可惜,此事最终还是不了了之。

声援“五四”

1919年6月,为声援北京五四爱国运动,上海全市举行罢课、罢工、罢市。6月5日(农历五月初八)晨,南市大小店家带头关门,门口皆张贴白纸,上书罢市请命。各地随之仿效,罢市规模迅速扩大。

闵行镇接到南市消息后,6月5日晚上,召开各界公民大会,立即全体公决于6日下午1时起,一律罢市。学校随即罢课,“静待政府决示方针”。商

学两界代表顾文郁、奚省耕、范钦锥、周锡镛、乔世德、张启沃、陈昌麟、孙其渊、朱英等联合致电江苏省军民两长,称“学生罢课,商民罢市,工人罢工,乱象如麻,危险万状,泣请钧座急电政府,速示方针,以维危局”。公民大会还通电各省报社转社会各界,电文如下:

> 万急警电,传来政府武力压迫,拘捕学生笞责镣禁,惨无人道。津沪汉口,同此手段,横施暴力,视民为仇,凡吾国人岂忍坐视。本埠商界业已全体罢市,为学界之后盾。诸君同属国民,务请攘臂而起,一致进行,非达到释放学生,严惩国贼目的不止。万众一心,坚持到底。民国前途,庶其有豸,临电迫切,泣血待命。
>
> 闵行公民大会 2 695 人叩

闵行镇罢市坚持到 6 月 13 日才恢复开市营业。

1924 年兵灾

1924 年 9 月、10 月间,直系军阀江苏督军齐燮元,与皖系军阀卢永祥之间的混战,史称“江浙之战”。上海地区本属江苏省,可是在很长一段时间,为皖系军阀控制。作为江苏督军的齐燮元,处心积虑想收回上海。于是,齐燮元联合江苏、安徽、福建、江西等省军阀势力,组成“四省联军”,分兵四路,围攻上海。

“军阀相打,老百姓遭殃。”据 1924 年 12 月出版的《江苏兵灾调查纪实》一书记载,闵行老镇和马桥乡为“受灾最重者”。

眼看战火逼近,时局飘摇,本地民众终日里惊恐不安。浙卢守军在各战略要地强征劳力,修筑工事。1 000 多个官兵赶到闵行镇,把守黄浦江畔。10 月 5 日、6 日这两天,卢永祥部队带来两尊大炮,安置在敏园的土山上,往日繁荣的敏园宣布息业。镇上顿时人心恐慌,居民十之六七纷纷外逃避难。13 日,齐燮元部队从浦南叶榭偷渡到浦北得胜港,并分兵驱逐浦南南沙港的卢军。而驻守闵行的卢军眼看难以抵御来敌,急忙与水陆两警部队一齐撤退。当夜,齐军从马桥方向冲过来约 700 人。闵行乡警所所长早已逃遁,只得由闵行乡议事会会长马恩培、闵行商会及红十字会会长乔念椿等出面应酬。为了妥善安顿这些齐军官兵,他们立即购来了食米、面粉、木柴等物资,并连夜落实齐军的住宿场所。然而,那些兵痞早已抢劫成性,吃饱睡足之后就动手了,连长官也无法阻止。第二天,老街东、西、南市均发生抢劫事件。涉及东市的税务总所、闵行教育会、广慈苦儿院、救生局地方病院及朱氏、黄氏人家,西市的敏园、大雅轩茶园、米业公所及蒋氏、夏氏人家,南市的强敏学校、崇实女校及外滩街的庆丰米行、三泰米行、万顺橹店、恒生义米行等,或则银洋、衣被,或则用具、食物,一同被劫,尤其是夏家的古物、苦儿院的田契等贵重物品成了兵痞的战利品。蒋家房屋被一把火烧毁。沪闵汽车各站的用具及长途电话线遭破坏,四只电话箱被拆走。

趁夜色,兵痞们还到镇郊四乡去抢劫,每次满载而归,还抓来乡民为其搬运。他们闯进吴会镇,奸污了两名少女。当地乡民愤怒至极,奋起打伤了几个兵痞。齐军长官得知后,下令集队出发要去报复,马恩培、乔念椿闻讯,急忙赶去调停,经再三交涉,总算避免了一场大灾难。

10 月 13 日,卢永祥宣布下野,逃亡日本。可是,齐军部队仍驻扎在闵行镇上,并在马桥镇又打了一仗,毁屋 36 间。

眼看齐军部队在镇上已折腾了 8 天,马恩培、乔念椿不得不备下酒席款待,促其早日撤走。而此时,松沪水道军队也几番途经或夜宿闵行镇,累计达两万多人次,都需乔念椿的闵南轮船公司无偿供应物资,还占用了久记煤栈的上百吨煤。

这场兵灾,闵行全镇直接损失不下七万余元。

1927 年北伐战争

1927 年二月,北伐战争打响了。军阀孙传芳部 2 000 余人进驻闵行地区。至三月中旬,增至 1 万多官兵,所有公共机关及民居一律强占,茶馆、旅馆、米铺均任意寄宿,商界惶恐不安,均不敢开门营业。

乔念椿生怕官兵抢劫作恶,即在商会设立临时办事处。他天天疲于奔命,尽力应付,出面筹借款项,满足军需,防止事变。短短几日,商会通计损失达一万多元。

尽管闵行人如此应对,兵痞们依然无恶不作。敏园内设施再次遭受驻军的严重破坏,只得关上大门。为了阻击北伐革命军,官兵们强行将刚购置的沪闵客运汽车全部劫为军用。

连年战火,沪闵公路严重受损,难民结队避灾(1927 年《图画时报》)

广慈苦儿院苦撑42年

1917年，驻扎在闵行镇上的江苏省水上警察第二厅第一区区长沈葆义“独捐万金”，要创办一家慈善育幼机构，收养社会孤贫孩童。

沈葆义（1874—1940），字梦莲。清同治十三年（1874），出生于奉贤县庙泾村，自幼生活坎坷，长期没有学名，人称“小阿妹”。后投身江湖，浪迹松江府各地，终被官府降服。幸遇上海兵备道袁海观，委其任清军浙西盐捕营水营哨官，后升至总缉官。其就此身价提升，庄行人庄印石为其取名“梦鲤”，感觉不如意，更名“梦莲”。因破法国驻沪领事夫人绑架案有功，上海道台赐名“葆义”，并提为飞划营水师第三营和盐捕中营管带。上海光复之役爆发后，得到辛亥革命先驱钮永建（1870—1965，字惕生，号天心）的器重，由松江军政分府委为保安营统领。1913年9月，出任江苏省水上警察第二厅第一专署署长兼警备队统领，移驻闵行老镇。

闵行镇上的江苏省议员黄申锡、实业家乔念椿、闵行乡经董李祖佑、望族子弟夏建藩等积极响应沈葆义的倡议，带头捐出地产，合计42亩。

闵行镇绅商及四大望族的义举，得到社会各界的好评，松江府所属各县纷纷响应，合计每年可捐千元。当年9月，筹办者向书画名家征集作品3 000件，并印书画彩券3 000张（每张售洋两元），举行了义卖活动，为建院又筹集到一笔资金。沈葆义向江苏省府申请到3 000元。

有了足够的资金,沈葆义、黄申锡、乔念椿等在闵行镇横沥河东首(今新闵路253—255号)购地23亩,督工兴建院舍,先后造屋70余间。至当年冬季,广慈苦儿院(又称“广慈育幼院”)正式落成,并组建了董事会和管理机构,特聘原奉贤县教育局局长庄礼楷(字式如)出任院长,开始收养社会孤贫孩童。

广慈苦儿院内景

从此,广慈苦儿院不断得到各界资助,松属各县每年合捐千元,得以持续拓展。该院宗旨为“收养无靠儿童,施以教育技能,使各能自立”,收养不分区域,早期额定150人。院内设礼堂、餐厅、宿舍、教室和图书室,附工场、农场。分班教育,编制设小学六级及裁缝、竹工、木工、织补工四科,学成后外出实习或升学。

每日清晨,学生们列队齐声唱响《院歌》:

痛我侪兮,穷迫无告,孤苦如小草。乏人培养,势致无教,长大何从靠。诸慈善家计莫好,教养兼施行要道,仰体善心是为宝,我侪庶可造。结善果兮,收获良效,第一须受教。衣我食我,几无不到,家庭犹学校。纳我正轨开我窍,体育使我身体好,教我成立毋躁,旭日东方照。

1918年起,每年7月有初级部学生毕业走向社会。这些学生年均20多岁,有何绍生、杨溥泉2人到上海善钟路福食公司担任会计,毕广仁、褚荣华、夏章山3人进入真如国际无线电台工作。1921年7月有9人毕业,其中27岁的李世雄被闵行电灯公司招去担任收账员,张烈文进入南汇民众教育馆教导部,王寿生到松江五厍小学担任教员。1924年7月起,有高级部学生毕业走向社会,担任会计、文牍、军医等职。

1918年至1923年,沈葆义又投资增建了10间院舍。

不料,1924年9月江浙战争(又称“齐卢战争”“甲子兵灾”)爆发,浙军卢永祥部队1 000余人进驻广慈苦儿院,教学活动被迫停止,校园成了军营。1928年2月,孙传芳部周荫人部队2 000余人,由浙江退驻于此,校内被搅得杂乱不堪。广慈苦儿院两度被占,校舍设施遭受严重毁损,事后不得不筹资改建。1929年增建房屋18间,1931年春翻造宿舍和礼堂,至此合计有房150余楹。

自创办之初起,广慈苦儿院一直坚持定期向社会公布办院实际情况。1927年1月,印发《广慈苦儿院十周年纪念册报告》,刊有教职员名单、学生名单、课程安排等。当时该院监督沈葆义,会长李显谟,副会长马恩培,董事有黄申锡、乔念椿、顾文郁、顾文濬、黄金荣、范人望、潘敦礼(敬舆)等42人,院长庄礼楷(原奉贤县教育局局长),副院长林钦照。

自1928年起,由时任闵行镇商会会长的乔念椿出任广慈苦儿院副院长,主持院务工作达二十年之久。

1932年元旦,松江县县长金庆章(字静初,马桥乡荷巷桥人)为纪念英年早逝的儿子金友宽(字毓仁)而捐资在此建造的五开间平房的友宽图书馆落成,各界纷纷献书,馆藏有上万册,成为上海地区新闻热点。

当年7月,公开印发《广慈苦儿院第三期报告册》,报告1928年1月至1932年6月间该院经费收支情况。据记录,当时的会长是潘伟柄(字志文),副会长是黄申锡,院长仍是庄礼楷,副院长改由乔念椿担任。其间收养学生中上海县53名、松江县50名、奉贤县75名、川沙县7名、金山县7名、南汇县5名、青浦县5名。

到了11月,广慈苦儿院又扩充院基,建新校舍,面积达2.3万平方米,院舍达130余间。由“上海大亨”黄金荣领衔发起举行了极为隆重的新校舍落

成典礼，各界名流前来祝贺，轰动沪上。此时，广慈苦儿院累计收养学生已达2 000多人，得到社会广泛好评，影响随之日益扩大。

1932年初，上海爆发“一·二八抗战”，流落街头的孤儿更多，广慈苦儿院的生员大增，以致经费困难。当年夏季，沈葆义找《申报》总经理史量才商谈，史量才欣然同意相助。于是，“上海市地方协会”从当时募集到的社会捐款余额中拨出10万元，作为广慈苦儿院发展基金。同时，为纪念“淞沪抗战”，更名为“淞沪广慈院”，改董事会为理事会，推举史量才为会长，沈葆义等为副会长。

当时，广慈苦儿院每年重阳节均举办菊花会，有大型菊展，邀众多上海戏曲名家前来义演，演出结束还要燃放焰火，是本地一大文化盛会。可惜，1932年重阳盛会时，大剧场内发生了观众看台倒塌事件，当场死了3人。因此，以后的菊花会再也不敢搭台演戏了。

1934年，沈葆义60岁时因中风而半身不遂，只得丢开一切，在苦儿院内静心养病。

据1935年《上海县视导报告》记载，“私立广慈院小学”设1个高级班、4个初级班，当年学生有267名。小学行政分事务、教导、养护、生产四部。设学生自治组织，分教育、公安、卫生、业务四股。建有学生西乐队。学校设施较完善，为寻常学校所不及。

1937年11月6日，侵华日军飞机突然前来闵行地区轰炸，广慈苦儿院大部分院舍被炸毁。沈葆义无法在此养病，迁至上海城里，3年后病故。

眼看日寇的铁蹄入侵闵行，广慈苦儿院被日军划为禁区，而乔念椿等长辈相继去世，师生们走投无路。幸有院务主任杨德征（中华职业教育社社员）带领200余名孤苦学生，迁至上海麦根路（今石门二路）泰来里，暂借209弄22号民房，坚持免费教学活动，才使广慈苦儿院艰难地支撑了十多年，未曾倒闭。

抗战胜利后，广慈苦儿院靠政府补助和闵行镇各界支持，逐步重建11间用房，于1946年迁回到闵行原址复院。

1948年1月4日，广慈苦儿院新建的校舍落成。1月24日，在浦东同乡会大厦召开会议，讨论并通过《上海广慈教养院章程》，重组董事会，推选诸文绮为董事长、杜月笙为名誉董事长，推举黄蕴深、江问渔、程渭渔、李宗武、乔增祥、陈麟生为常务董事，推选潘伟炳继续担任院长，并推选上海县参议员姚惠泉（字文达，乔念椿妹夫）、张翼（字凤三）为副院长。

2 月 12 日，广慈教养院毕业生发起组织院友会，并当场认捐经费，推动招生开课，女生们还为入院新生每人做了一双鞋子。

1950 年，上海广慈教养院奉命停办。附设的广慈小学仍续办，1952 年归并闵行小学。

1927 年广慈苦儿院学员务农

闵行滨江历史风景线

沪闵长途公交线

1917 年,闵行镇李英石离家闯荡 15 年,无心再从政,也不想再尚武,退隐在家静养生息。1921 年春,响应“中华全国道路建设协会”倡议,决心启动修筑公路工程,为家乡闯出一条谋求发展的新路。8 月,“沪闵南柘长途汽车股份有限公司筹备处”正式挂牌运营。1921 年 11 月 1 日,李英石主持召开创立会,宣告“上海沪闵南柘长途汽车股份有限公司”(简称“沪闵南柘公司”)正式成立,以招股、借款、发行公债等方式筹集筑路资金。

1922 年 5 月,上海县地段率先开工建设。先后购地涉及上千户人家,迁移坟墓 800 余座,建造桥梁 11 座。

12 月 2 日,沪闵路段基本筑成,长途汽车线试通行。仿照铁路行车办法,沿途设站售票上车,实行旅客保运制。沿途有 7 处二等或三等票房,都安装电信设备和测量仪器,由警察局派出专职巡士。为遮挡夏季暑热,公路两侧沟壕沿边遍植德国槐树。

1923 年元旦,沪闵南柘公司隆重举行沪闵公路通车典礼。2 月 1 日,沪闵公路客运班车正式通车运营。自南市沪闵南柘路(1928 年 10 月改称“国货路”)起至闵行镇黄浦滩止,全程 3 万米,每辆客车上设 25 个座位,客车 13 辆,每日来回 11 个班次。货物车 4 辆,每天 4 个班次。

1922 年筑路工地

1923 年沪闵公路长途汽车

沪闵南柘长途汽车公司本部

1930 年社会新闻：中国第一位公交汽车女售票员

敏园游乐场

敏园一景

1922 年,沪闵公路建成后,为促进闵行镇经济繁荣,李英石变卖祖产,集资购地 27 亩,仿效上海城区营业性私家园林半淞园的模式,在老镇东部(今沪闵路以西,华坪路东段)兴建一处大型游乐场,因闵行古称“敏行”,取名为敏园。1923 年 8 月 25 日,敏园北部基本建成,先行开放营业。次年 4 月 18 日,全部对外开放。

公园正门东向沪闵公路,进门大甬道将公园分为南北两部分,有假山、园河、茅亭、竹屋,河上建九曲桥,河旁有石舫和双联六角亭。北部有竹木结构的“绿野草堂”。园河与位于园南的园湖相通,

敏园游客

湖中央建湖心亭,兼做茶室书场。池塘中植有莲藕,池边有3座太湖石假山。挖湖之土堆成土山2座,一座湖西高10米,一座湖东高7米,登高可畅览老街及黄浦江景色。大门甬道两侧建有中西菜馆、西式旅社、舞厅、弹子(桌球)房、浴室等。剧场戏台演出以京剧、双簧、滩簧(沪剧)为主,间有电影、话剧。“周末游闵行”随之成了上海城里人的一个时尚旅游项目。

闵行滨江游艇赛

黄浦江畔西外滩曾有3座窑山,人称“西窑头”。1926年,由一中国商人在此兴建“浦滨花园”,俗称“江边花园”。花园占地约10亩,周围竹篱笆,内建西式平房,设有西菜厅、游泳池、网球场等。江边铺有沙滩,备有小艇,专供沪上外国侨民度假用,与对岸由英国商人建造的“客乐浦”万国商团夜总会隔江相望。

1932年夏季,每逢星期六闵行滨江都举办游艇比赛,以致沪闵路上尽是前往观光的中西仕女。

THE MINGHONG YACHT CLUB

Sailing Season Opens on April 14

A meeting of the Minghong Yacht Club will be held in the Palace Hotel on Friday, at 7.30 p.m., and will be followed by a subscription dinner to celebrate the opening of the season. The club formally will open at Minghong on Good Friday, April 14.

It is stated that several speed-boats will be available for hire at Minghong this season, and as to sailing, although many would-be members have not boats of their own, owning members are always willing to take such for a sail at any time when races are not in progress.

《字林西报》英文报道书影

1933年4月14日,“闵行游艇俱乐部”在闵行滨江成立,并开始帆船赛季,《字林西报》提前刊发了赛事预告。

来到闵行滨江游玩的电影明星林楚楚、李灼灼、黎莉莉等

周末游闵行

1924年春，南社著名诗人胡朴安与友人游览闵行后，曾作《游闵行用渊明游斜川韵》：

暮春天气佳，退食方自休。
良朋偶相约，来作闵行游。
飚轮转直道，麦浪泛如流。
古市枕歇浦，远帆浮白鸥。
园林新结构，叠石亦成丘。
兹游信足乐，况有素心俦。
春韭初入馔，引杯更献酬。
方兹扰攘中，谁复有此不。
得闲即是福，入世徒为忧。
百年归大觉，得失何所求。

1926年秋，署名仲华者在《钱业月报》发表游记《中秋旅行闵行记》。文中记载当年的闵行风貌：

下车后，循路南行，直达浦江，滨江为街，西望店铺不多，已为尾闾。遂东行，过小桥，街为双面，铺户比栉，多为花米油豆杂粮及各种土产。街东尽处有茶楼，曰东来第一，登临小憩，旋即游行全镇。店铺约二三百家，巷口衖尾亦有烟妓发现。日亭午，就聚珍楼餐，堂倌谦和异常，较之南京路某点心铺之堂倌老爷，头若五斗甕大，动辄以恶声报客者，不啻有天渊之隔矣。乡镇鱼虾新鲜，固属近水楼台，而烹调之佳，亦殊不逊上海。余等计食菜八式，连酒饭需代价二元九角，极为满意。盥漱既竟，侍者携茗前导，谓欲穷瞻观，须更上一层。楼为三层，镇仅一家，下治烹饪，中为餐室，上乃货茶。布置清洁，坐卧咸具。楼南向，黄浦横贯其前，舟楫往来，逝水潺湲，遥望隔岸，绿树丛森，一幅天然画图。因忘携摄影具，致大好风景，无殊过眼浮云。钟鸣一下，相将下楼，缘浦而行，至车站。

1934年，华童公学初二男生章建国与7名同学，骑自行车到闵行一游，并写下《自由车游闵行记》：

闵行为上海之巨镇，离上海之斜土路只二十五公里，沪南公共汽车

1933年上海务本女校学生赶到闵行滨江来旅游

不过一小时可达。余于前星期六上午六时半，偕胡师及同学，驾自由车同往游焉。……余等往北桥小学校摄影后，直往闵行民众教育馆进餐，又往浦滨公园摄影。惟街衢狭隘，屋宇参差，较沪上冷落之处犹不及焉。距镇数十武有孤儿院，为教养孤儿之所，半工半读，诚为慈善事业中首屈一指者也。其房屋之轩敞，教育之完善，花木之清秀，道路之整洁，令人可钦可佩。及斜日西沉，乃驾自由车依原路而归。斯行印象甚佳，因为之记。

国内首创车辆轮渡线

1932年初，国民政府全国经济委员会召开苏浙皖三省道路专门委员会会议，决定直接投资，在闵行西渡和浦南西渡新建一座钢引桥连趸船浮码头，并建造车辆渡轮。要开通沪杭公路，必须在闵行地区跨越黄浦江，而黄浦江江宽流急，若建造跨江大桥，费用甚巨，当时国力难以承受，于是需要在江两岸各建造一处轮船载汽车过渡的码头，并拥有大型轮渡船，开辟轮渡航线，这在国内尚属首次。

轮渡固定码头

不久,全国经济委员会委托上海市工务局代为招商兴建的闵行轮渡工程开标,轮渡固定码头驳岸工程由董瑞和与张瑞记营造厂得标,轮渡钢质浮码头和浮桥工程由中法求新机器制造轮船厂(求新造船厂前身)所得。1932年9月底,轮渡固定码头工程如期完成。10月,新建的“经航号”车辆渡轮也如期抵达闵行,我国第一条官办车辆轮渡线正式开通。

随之,沪杭公路于10月10日全线贯通,成为我国第一条跨省市干线国家公路。

1933年10月4日国内最时尚的“济航号”来到闵行渡口

公共墓园

1922年沪闵公路开通后,沿途随之成为“热土”,上海城区的资本家和团体纷纷前来购地置产,接连建成专为安葬“城里人”的公共墓园。

1928年,闵行普安善堂董事会在沪闵公路一侧购下北桥乡黄家堰、秤钩浜宅三十余亩土地,集资建造“普安公墓”。1936年,又在闵行西浦滩江边花园北辟建“普安第二公墓”。到 1949 年 5 月,两处公墓共有平房十间、楼厅一幢,墓地增至 9.4 万平方米,有墓穴上千个,骨灰穴近千个。归葬者中有老上海金融界名人,也有文化名流。

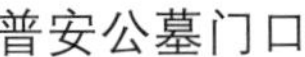
普安公墓门口

普安公墓内景

浙江鄞县虞和德等人集资在老沪闵路 799 号购地 8 万平方米,建成“中国公墓”。分福、禄、寿、喜四个墓区,早先有墓 1 500 余穴,还有寄放 3 500 只骨灰盒的房屋。

后来,“长安公墓”“安平公墓”等又相继建成。

国难烽火纪事

日机轰炸

1937年8月13日，侵华日军飞机袭击闵行老镇，炸毁黄浦江沪杭公路汽车渡轮“经航号”。

8月20日上午7时20分，一架日机飞到闵行汽车站上空盘旋，丢下一枚炸弹，落在夏氏宗祠厢房夹弄内，幸未爆炸。后见有多架中国军机飞来，日机仓皇逃逸。

8月24日，日军飞机飞临闵行镇上空，从夜间盘旋至次日。关帝庙、春申道院被炸，受损惨重。老街施弄中段房屋炸毁，幸无伤亡。

8月27日上午7时许，日军飞机又飞临闵行镇，投弹十余枚，击中滨江张蹊轮埠、浦海银行、万昌糟坊、永兴石灰行、西渡口某木行等，29间房屋、3幢楼房被毁，10余人身亡。黄浦江上，一架邮政水上飞机、一艘运沙船、3艘运木船被炸毁。

11月6日，闵行渡口、闵行中心小学、县农校等地遭日军飞机轰炸，广慈苦儿院和黄浦江畔“浦滨花园”被炸成瓦砾场。

在战时出版社1938年出版的《劫后的上海》一书中，作者莫思写的《凄凉的闵行》有这样一段描写：“闵行一共给炸了四次。一次就是闵行码头；一次码头左首,给炸了一个很大的地洞;一次给炸坏了一辆装运猪猡的汽车,敌人高价的炸弹,换取了笨猪的生命;一次给炸了外国人的游船,外国人要日本赔偿几万元钱哩!”“镇上的市面本来很好的,被日本飞机炸了几次,有钱的人都落乡避难,镇上只有一个早市,东西全不值钱,鸡子只卖八百钱一斤,过了中午便纷纷关门。”

日军暴行

11 月 9 日,闵行镇沦陷,落入侵华日军的铁蹄之下。一支日海军部队驻扎中孚染料厂,日宪兵队八十余人驻扎文绮染织专科学校。

闵行老镇北街口,1935 年落成一栋红砖红瓦的“朱家红房子”,分主屋和辅屋,占地 1 000 多平方米。主屋是欧式带两层阁楼的平房,辅屋是南北向 3 间平房,宅院用高围墙围起,围墙上砌有不同图案的花格。客堂、书房、卧室内各有全套红木家具。房主朱慕劬是沪上大富豪朱鸿度的孙子。1937 年 8 月淞沪战争爆发,朱家人逃到上海租界外婆家避难,只留下一个老仆看家。11 月,红房子被日军占领,弄得面目全非,家产损失殆尽。

当时的上海报刊报道了很多日军暴行的事实:日军特务部派驻闵行镇的警备队长杉田,率队强行进驻工厂、商店、学校和民居,致使工厂、商店均随时歇业并“半开门”。唯有镇西德丰兴轧花厂受命日夜开工,廉价向四乡农民收购棉花,碾轧后全部被日商收去运回日本。闵行镇各出入口设立了关卡,似通非通。“济航号”渡轮被日军拖到了南京浦口,这里的过往客只能靠手摇船摆渡。

伪“维持会”设在新安路邮局里。为了讨好日军队长,将新安路斜桥改称为“杉田桥”,还在桥头新建了一座牌楼,以示庆祝。敏园被日军强占后,竟成了马厩和坟场,致使园林全部荒芜。规模出众的广慈苦儿院和黄浦江最时尚的“江滨花园”已被炸成瓦砾。闵行中心小学的校舍被敌伪搬拆一空。镇东开设了一个妓院,专供日本人享用。

1938 年 9 月 22 日《文汇报》记载:9 月 17 日下午 3 时,日军会同伪警察

前往闵行北首忠心桥天主堂一带，把守路口，架设机枪，断绝交通，不许出入，将各户人口不论老幼男女悉行拘押，共50余人被麻绳紧缚。还挨家搜索，翻箱倒箧，结果无一违禁物品搜获，就将各人的“良民证”逐一撕毁。这些民众被押进闵行镇伪警察局后，被指控为土匪，一个个绑上木凳，头顶倒山，用冷水灌入鼻孔，遭受威刑逼供。但所有被押民众都否认为匪，大声叫喊疼痛冤枉，场面惨不忍睹。直至9月20日，始有伪“治安会”会长黄尚文出面具保，每人被迫缴纳“良民通行证”登记费及摄影费、罚款等后，始得释放回家。

乔念椿蒙难

闵行镇沦陷后，沪闵公路旁“救国纪念塔”被侵华日军拆毁了。因闵行商会会长乔念椿的大名刻在“救国纪念塔”之上，日军视其为“眼中钉”，一再迫害。据1938年5月7日《文汇报》报道称：因乔念椿在“救国纪念塔”上录有大名，日军疯狂对其进行报复。4月30日晚上，日军派人点火烧毁他家住宅，刹时烈焰腾空。因在日军的监视之下，民众无法施救。至次日凌晨，念椿街口成为一片焦土。日军还装模作样地贴出布告，谎称纵火者是“游击队员”，甚至抓了乔氏家族两个人，反指他们“有放火嫌疑”。随后，日军又派人将乔念椿名下的厂房、码头先后毁损，振市电气厂所有设备被洗劫一空。

乔念椿就此倾家荡产。不久，他怀着实业救国的理想愤懑离世，令闵行全镇民众痛心不已。正在同济大学机械系求学的乔念椿之子乔汉祥，离毕业还有半年，闻讯只得弃学回家处理父亲后事。乔家人在闵行镇上难以生活，便到上海城里投亲靠友。在避难的岁月里，乔榛出生了。

游击队袭击闵行镇日军

1938年4月初，闵行镇设立伪“上海特别市警察局闵行分局”，有伪警100余名。因附近游击队活跃异常，于4月19日全部撤退。

1938 年 6 月 19 日《文汇报》记载：闵行镇“治安会”代理会长唐古翘，前些日携妻赴闸北福民医院，慰问日军官杉田（杉田驻闵行时与唐之眷属相识，现因在徐州作战受伤，来沪就医）。途中，他被某部游击队拘捕，指认他是洗劫闵行同源典当、叶裕大商号、新协昌祥商号、永兴衣庄以及夏姓、李姓大户人家的主谋。游击队在浦东某地将唐古翘枪决，16 日尸身运回闵行。

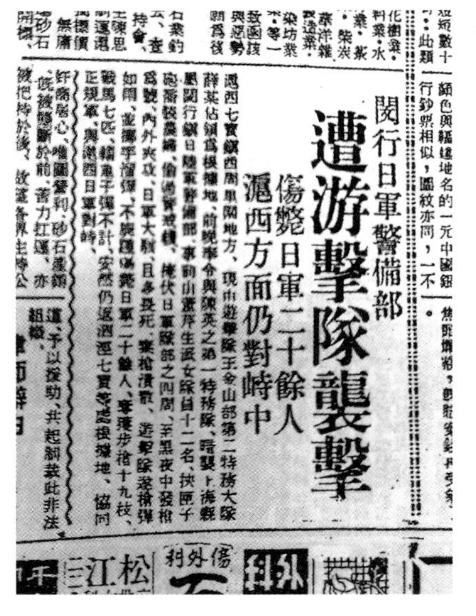
閔行日軍警備部

遭游擊隊襲擊

傷斃日軍二十餘人

滬西方面仍對峙中

1939 年 2 月 16 日《申报》书影

1938 年 6 月 20 日《文汇报》记载：闵行镇自“杉田”部队他调，换防日军到闵行后，对唐古翘、吴福根所组织约“维持会”极为不满。另谋黄某、丁某出组“维持会”。唐古翘一度为游击队绑架后，由金某出面与游击队接洽，以 8 000 元代价买命后，以为可保无事。“维持会长”虽经御卖，但仍往来闵行、北桥等地，出入日军部队，尽力献媚，以图复活。在来往闵行西乡荷巷桥镇的途中，又被当地别动队绑架。当时有人曾以 400 元代价向别动队贿赂，队方一面虚与委蛇，将此款津贴队中经费，一面却明正典刑，处以极刑。确悉唐某尸首，于本月 16 日由荷巷镇移闵行，17 日收殓。唐妻闻已席卷所有，逃窜无踪。

1939 年 1 月法文《上海日报》报道：1 月 25 日，中国游击队向驻扎在闵行镇上的日军兵站发动袭击。双方激战，极为猛烈。

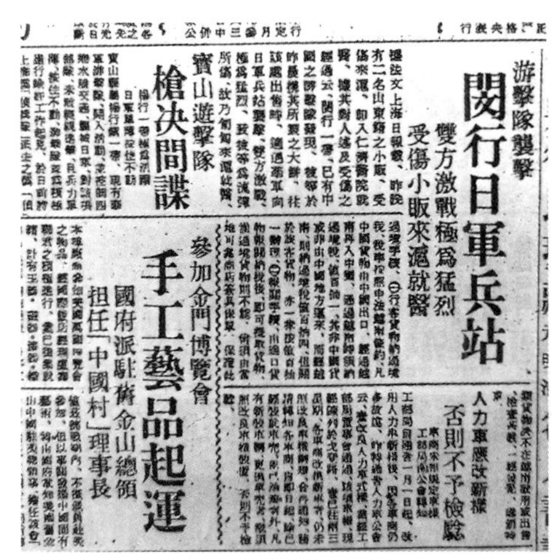
游擊隊襲擊

閔行日軍兵站

雙方激戰極爲猛烈

受傷小販來滬就醫

寶山遊擊隊

槍决間諜

參加金門博覽會

手工藝品起運

國府派駐舊金山總領

担任「中國村」理事長

人力車應改新様

否則不予檢驗

1939 年 1 月 26 日《申报》书影

1939 年 2 月 16 日《申报》报

道：14 日晚，游击队陈英之部第一特务大队，暗袭上海县属闵行镇的日陆军警部。事前由董芹生派女队员 12 名，挟匣子枪乔装农妇，偷过警戒线，埋伏在日军队部四周。至黑夜，发枪为号，内外夹攻。日军大骇且怕死，纷纷弃枪溃散。游击队遂枪弹如雨，并掷手榴弹，伤毙日军 20 余人，夺获步枪 19 支、战马 7 匹，辎重子弹不计。随后，安然返回泗泾、七宝等处根据地。

大画家黄永玉闵行之旅

中国国家画院版画院院长、中国美术家协会副主席黄永玉，1924年7月9日出生于湖南省凤凰县城沱江镇，土家族人。

黄永玉家境贫寒，初中刚读两年，就被抗战烽火打破了求学梦，13岁便背井离乡，独自出去闯荡，做过陶瓷小工，当过中小学教员。十八九岁时在江西一个小艺术馆里工作，与广东姑娘张梅溪结婚。抗战胜利后，他在福建南安芙蓉村国光中学执教，却被称作“中国木刻创作活动中心”的上海深深地吸引住了。

1947年初，23岁的黄永玉靠教书攒足购买飞机票的钱之后，就和妻子一起从厦门匆匆来到上海，随身背着一个用厚帆布做的大背囊，装着木刻板、木刻工具和喜爱的书籍，还有一块十几斤重的磨刀石。他赶到上海是为了从事木刻运动，首先是要争取加入中华全国木刻协会。节衣缩食的他不适应大都市的生活方式，宁可乘坐沪闵长途公交汽车，寻到闵行老镇落了脚。经朋友介绍，他到上海县立闵行中学去应聘。校长金石泉看了他的作品，当即聘他担任学校美术教师。

黄永玉16岁就能靠木刻养活自己，他认为社会是最大的学校，兴趣是最好的老师，生存是最强的动力。在闵行中学，黄永玉所居住的房子不到12平方米，这里成了他创作木刻的新天地，自称为“西屋作坊”。他与妻子同甘共苦,感到心情十分舒畅。

中华全国木刻协会1946年在上海成立。经著名画家野夫、李桦等介绍,黄永玉顺利加入中华全国木刻协会,并成为12位常务理事之一。尽管日常衣食有忧,他在校执教之余,仍坚持埋头从事木刻运动与创作活动,为书刊创作木刻插图,还刻下了大量反饥饿、反内战的木刻传单。他还加入了上海美术作家协会。在上海永祥印书馆1947年出版的《文艺春秋》杂志9月号上,他发表了六幅木刻作品。

黄永玉《祈祷》(1947年作)

一年多之后,黄永玉离开闵行镇,与妻子一起到香港去闯荡。1952年,夫妻俩又到北京发展,逐步成为一代“艺术鬼才”。

第三章 名门望族谱

左起：黄申锡、黄宗麟、黄艺锡

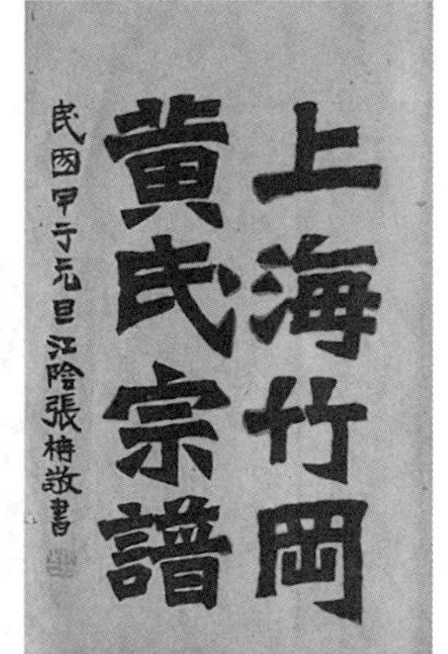

《上海竹冈黄氏宗谱》书影

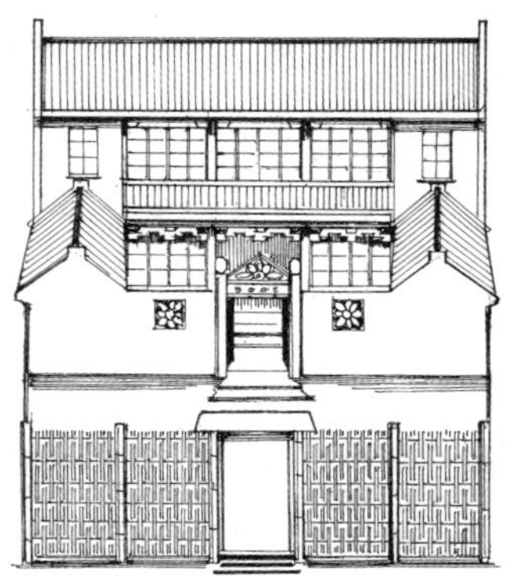

乔氏宅院

项氏宅院

董纶及其子孙

宋室南渡时,董氏先世从河南洛阳迁徙闵行镇西“吴会里”,后裔定居沙冈董家老宅(今江川路近沙港河)。

明天顺七年(1463)进士董纶(字诚之,号介轩),在闵行老镇后东街启秀桥右侧建有董园,园中有“竹安斋”。董纶曾任上饶知县,“为政有能声召”,官至南京河南道监察御史,终年 84 岁。因此,他所居住的街巷人称“太史弄”,即御史弄,后讹称“施弄”。

清嘉庆《上海县志》称:“竹安斋在闵行,董氏别业,董其昌读书处。有元时柏二,今萎其一。”后院原有杨树两棵,传为元时旧物,可见董园在董纶之前早已不是非凡之地。可惜,两棵古树于清嘉庆和民国时先后枯萎,但不腐不烂,折枝可闻香。民国年间,董园归潘祖恩居住,后部分转让给徐姓人家。

董纶有六个儿子,其中三个出类拔萃:董恬(1453—1527,字世良,号中冈),董忱(字世行,号宜庵),董怿(号守庵)。成化二十二年(1486)董恬和董忱同榜举人,弘治九年(1496)又同榜进士。正德十一年(1516),松江知府奉旨在沙冈东建“云间三凤”坊。

董恬曾任工部主事、刑部郎中,正德三年(1508)官至大理寺少卿。

据《国朝献征录》卷之六十八中黄佐撰写的《董大理恬传》称,董恬于嘉靖六年(1527)八月九日去世,享年74岁。而本地史书记载,董恬曾倡议里人将横沥河口的木桥改建成石桥,取名“宏济桥”(后改名“聚龙桥”)。这说明董恬晚年仍生活在闵行镇上。1935年出版的《闵行诗存》称董其昌“闵行镇横沥之滨有读书处,今属潘姓,庭中古柏手泽尚存,俗称董园”。这又说明直至明代晚期,仍有董氏子孙住在闵行镇上。董其昌(1555—1636,字玄宰,号思白)出生于董家老宅,年轻时家境贫寒,曾到闵行镇上来投亲读书,合乎情理。

董忱曾任工部主事、刑部员外郎,正德三年(1508)为广东肇庆府知府。董怿出任绵州知州。

董纶、董恬殁后葬于竹港河边(今碧江路159弄58号门前)。墓地俗称“御史坟”,原占地面积1.3万平方米,墓道两旁置有石象等,墓冢封土高约6米。1952年建造电机新村时平除,清理砖室墓四座,盖大石板,糯米灰浆浇

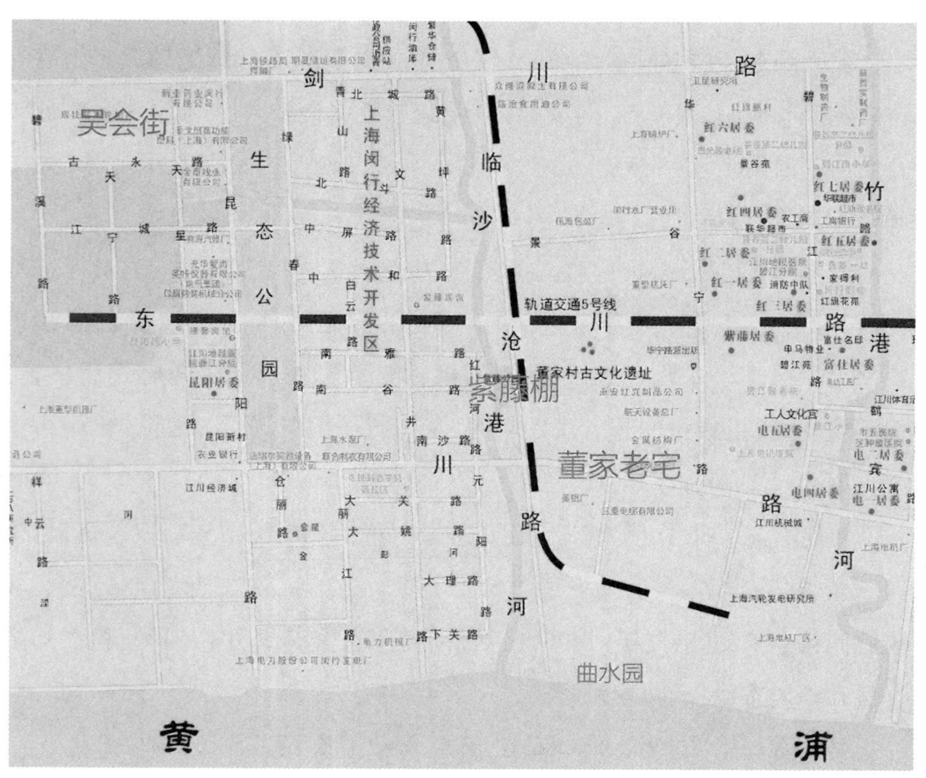

董家老宅位置

筑外椁,砖墓室,出土的董纶、董恬及董恬继室唐氏夫人墓志由上海博物馆收藏。据上海电机厂职工介绍,后又发现董恬墓志铭一块,上刻阴文篆书“明故中顺大夫大理寺少卿董君墓志铭”字样,传为董其昌题写。可惜,后来此石被埋入厂区水洼中。

闵行镇曾为董纶父子立“六经启秀”坊,嘉庆《松江府志》记载:“六经启秀坊、进士坊、世科坊,在闵行镇,为董纶父子立。”

闵行金氏与绵阳金氏是一家

在《明史》第193—194卷中，兵部尚书金献民（字舜举，号蓉溪）被一再提及。清嘉庆《上海县志》明确记载：金献民是“闵行镇人”。

史料称，金氏先祖金通甫，元代时迁徙到江南，由金山县朱泾迁上海县十六保，最终在闵行镇定居。金通甫孙子金亨（字俊五），明洪武三十年（1397）从军赴四川省，“占戎籍于利州卫，家成都之绵州，遂为绵州人”。

金亨的曾孙金爵（1438—1502），字良贵，号蓼猗。国子生，治书经。刚满十岁即“补郡博士弟子”。天顺三年（1459）四川乡试第六名，会试第十四名，以绵州籍于成化五年（1469）殿试三甲二十六名，任绍兴府山阴知县，历官贵州思南知府、广西布政司左参政。礼部尚书刘春（字仲仁）《东川刘文简公集》卷十六录有金爵的墓志铭《广西布政司左参政金公墓志铭》，记载了相关信息。金爵父亲金佑去世后，皇帝于成化十六年（1480）十二月颁发敕封圣旨。圣旨刻成石碑，立于绵阳城东芙蓉村金佑墓前，称“太仆寺丞宰金公墓碑”，俗称“金家响碑”，今幸存，为绵阳市文物保护单位。

金献民是金爵的长子，自幼归返上海，成为上海县庠生。成化十九年（1483）参加顺天府乡试中举人。次年，他考中进士，授行人。弘治年初，选授御史，先后巡抚云南、顺天府，并著风裁。后为天津副使。

弘治十五年（1502）正月，65岁的金爵因病去世。三个月后，金献民“解

职守制”。守孝期满，任正三品的湖广按察使。就在其“亨途方纵步”，“风声益播美”之时，突然栽了大跟头。

正德年初，太监刘瑾操纵朝政，诬金献民“勘天津地不实”之罪，将他与巡抚柳应辰等械系诏狱，削职为民。正德五年(1510)，他重返朝廷，为贵州按察使。正德十五年(1520)，金献民由刑部左侍郎升为南京刑部尚书。不久，因湖广事再次下狱，受罚回到绵州。一年之后，刘瑾又以“浏阳民刘道隆狱谳不实”之罪，处罚金献民。

直至刘瑾伏法之后，金献民出任贵州按察使。嘉靖元年(1522)，世宗即位，召为左都御史，巡抚延绥地区。次年(1523)八月，他担任刑部尚书。同年十一月，调任兵部尚书。在任近三年，金献民依然性耿直，有执持，呈请皇上“敕天下镇巡官预守战之备”，并且一再提醒皇上“用贤纳谏，罢土木，摒玩好”，虽然大多被皇上采纳，但也遭其厌烦。

嘉靖四年(1525)六月初九，金献民称病提出返乡休养。谁知又有奸臣一再诬告，嘉靖七年(1528)五月二十日，金献民被逮捕入狱，后被革职“回乡闲住”，最终气死在家中，卒年82岁。隆庆二年(1568)，复秩，予祭葬，次年追赠太子少保。

金獻民字舜舉世爲十六保閔行鎮人先有戍籍在蜀獻民父爵依金祐於綿州遂以綿州籍成成化五年進士官陝西提學副使獻民成化二十年進士除行人宏治初授御史按雲南順天並著風裁出爲天津副使歷湖廣按察使正德初劉瑾亂政追坐獻民勘天津地不實斥爲民瑾誅起貴州按察使歷南京刑部尚書世宗即位召爲左都御史遷刑部尚書執奏奸黨王欽王銓不宜貸死不納尋晉兵部尚書五星聚營室其占主兵請敕天下鎮巡官預守戰之備且請用賢納諫罷土木屏玩好帝頗采納獻民伉直有執持帝或不能從卒無所徇太監邱福潘傑死詔官其弟姪張欽死以家人李賢承廕賢死復欲官其子獻民先後執奏帝皆不從土魯番速檀滿速兒寇肅州命兼右都御史總制陝西四鎮軍務捷聞還京仍理部事錦衣百戶俞賢中官秦養子也以中旨管事獻民言賢本厮養不宜濫竊名器又言錦衣副千戶李全王邦奇等冒濫論功皆不聽尋引疾歸未幾邦奇訐前尚書彭澤詞連獻民奪職閒住初大禮議起獻民數偕廷臣疏諫帝不悅由此得罪隆慶初贈太子少保謚端簡明史有傳子皐正德六年進士翰林院檢討暐正德九年進士工部主事按褚華澤國紀聞獻民爲綿州人志不宜錄入青浦志又作海隅鄉人今考金氏家譜金氏先有名通甫者由朱涇遷上海十六保閔行鎮世居焉通甫孫後以戍蜀遂占籍綿州經紳皆其孫也父爵者亦通甫元孫也遊綿州依金祐從其籍生一子即獻民據此則金氏爲蜀籍之故始明則有金聰金璋見蜀行

嘉慶上海縣志　卷十二　列傳　人物

《嘉庆上海县志》书影

金献民的两个儿子均有作为，长子金皋，字鹤卿，上海县学生，弘治十四年(1501)举人，正德六年(1511)殿试三甲进士，官至翰林院检讨。历官右春坊、右赞善，充东宫日讲官。因向皇上进言获罪，被贬为荆州推官。致仕后以诗词自娱，著有《谷庵诗稿》。次子金皞，字治卿，正德九年(1514)进士，官至工部主事。

闵行乔氏家族

乔氏家族由来

乔氏祖籍河南商丘。始祖乔玄(字公祖),汉太尉,为东汉梁国睢阳(今河南商丘县)人氏。其第三十三世裔孙乔杞(字子材,号良哉)。元末南下,出任松江府知府。其子乔彦衡(字文信,号持卿)于明洪武年间任鸿胪寺卿,迁于南汇鹤砂里。后分浦西、浦东两支。

据 1932 年乔先格主修的《上海乔氏宗谱八卷本》称:明初时,乔彦衡长子乔镇(字孟安)迁居上海县城,从医,修建宅院称“修仁堂”(乔家路 273 号)。其子孙三代进士,成望族,乔家门前小河呼作“乔家浜”。乔镇长子乔纲迁居奉贤南桥,次子乔纪迁居上海县北桥,后裔迁入上海县长人乡十六保,时称“闵行市”。其他子孙留居上海县城内。

据清人叶梦珠《阅世篇》卷五“门祚”记载:明嘉靖年间前后,乔纪的后代乔懋敬家人生活在闵行老镇。

乔懋敬

乔懋敬(1534—?),字允德,号纯所。明嘉靖十三年(1534)十二月二十六日生。上海县学生，治《书经》，军籍，应天府乡试第九十名，会试第七十名。嘉靖四十四年(1565)中进士后，颇有作为，据《松江府志》记载："授刑部主事。佐漕淮安，漕政肃清。迁员外郎，擢福建按察司佥事。时新被倭难，户口雕尬，诸豪右不奉法难治。懋敬拊循振刷，宽猛相济，疮痍渐复，横暴敛迹。剧盗攻剽闽、广间，势张甚。乃陈破贼状，制府悉以兵属之。乘间击贼，贼败入海。转战至韶州，出奇计，结吕宋直捣其巢，贼渠授首。事平，迁江西参政。方行履亩法，条上均赋便民十余事。会大疫，藩臬多病，懋敬兼摄七道，簿领山积，从容应之，声誉益著。累迁广西右布政。会御史某以微嫌中伤，乃罢归。"终以湖广右布政使致仕。在福建任职期间，撰《古今廉鉴》八卷，是书所载，自春秋季文子至明杨继盛，皆以清操传于世者。前有万历戊寅《自序》。《古今廉鉴》被收入《四库全书》卷六十一史部。

乔岳，乔懋敬曾祖父。

乔穑，乔懋敬祖父。州判官。

乔训，乔懋敬父亲。任宁德县丞。嫡母顾氏，生母胡氏。

乔懋敬有兄长乔维翰，字如京，号临泉，上海监生。成化五年(1469)二甲进士，授翰林院编修。隆庆五年(1571)，任湖北郧阳府通判。撰《筑塘记略》，记川沙筑塘事。

乔懋敬有弟如陵、如阜、如箕、元胤、如斗。儿子乔一琦(1571—1619)，字伯圭，号原魏。与豫园潘家有姻亲关系，因此曾书丹潘允征(字叔久)墓志铭。

乔一琦

隆庆五年(1571)，时任福建佥事的乔懋敬37岁，有一日午间小憩，恍惚之中他忽见宋朝名将韩琦拜于门下，醒来之后，恰巧夫人产子。乔懋敬见儿子"玉质霜眸，状貌魁伟"，与梦里见到的韩琦有几分神似。于是，他给儿子取名为乔一琦，又因韩琦字樨圭，被封为魏国公，索性又给儿子取字伯圭，号原魏，表示韩琦再生的意思。

某日，有一位善于相人的老者看到襁褓中的乔一琦相貌堂堂，感叹说："此子风骨不亚于班定远（班超），然而却未必能入玉门关。"乔懋敬虽然不解其意，但是听老者将其子与名将班超相比，十分高兴。毕竟无论是宋朝的韩琦，还是汉朝的班超，都是朝廷栋梁，曾封侯拜相光宗耀祖。

万历十五年（1587），16 岁的乔一琦为庠生。随入太学，应都试，几番科场失意，于是决意弃文从武。此时，乔懋敬已 50 多岁，叮嘱儿子不可中断科考，却因在外任职，无法照应。

乔一琦与王世贞次子王士骕、无锡籍武举人秦灯是"死党"。万历二十年（1592），三人因募兵抗倭被仇家诬陷谋反而入狱，五六年后才重见天日。此时，父亲乔懋敬因病去世，乔一琦功名不就，难免被人嘲笑，在闵行老镇难以谋生。他在《祭叔父文》中写道："窃念侄倚，常流离困苦，而叔父不同其非笑；又常履险冒危，人皆避之，而叔父不以为嫌疑。"这同族叔父即是乔时敏（字君求），当时生活在上海县城。于是，他只得跟随乔时敏而去，迁居法华镇西三里处高封桥。

就此，乔一琦坚持"工八法"（医学、武术、书法等），他"膂力绝伦"，时人呼其为乔公子。他自幼学习书法，专攻怀素、二王笔法，曾修王羲之书《金刚经》、草书《千字文》石刻。董其昌称之为"生龙活虎"。

万历三十一年（1603），乔一琦终于考中武举人。不久，受委把总，奉命练兵孟河。后升任为辽东广宁卫守备，移驻山海关东之滴水崖，曾书书大字"镇星之精"于石上。

乔时敏万历三十八年（1610）中进士，万历四十年（1612）任仁和县令，后任工部主事。在上海县城内建造了"最乐堂"（乔家路 151 弄 165 号）。乔一琦就长期生活在这里，生下儿子乔恒，曾任南京都督同知、赠太子太傅（学定侯，为宏光时水师总兵官，率众归诚，未几而卒）。

万历四十六年（1618）五月，金兵进攻抚顺。乔一琦升任辽东镇江卫游击，人称游击将军，与金兵激战坠崖自殉，时年 49 岁。

嘉庆《上海县志》卷七记载，乔懋敬、乔一琦、乔桓的墓葬"在龙华北"。乔一琦现存有 18 首诗的草书帖和金刚经石刻收藏于上海博物馆。

闵行乔氏后裔

当年,乔懋敬娶陈氏,继娶张氏。除乔一琦外,必有子孙辈留居在老闵行地区。四百多年来的变迁,暂无确实史料。

乔念椿(1876—1938),名世德,字念椿,以字行,近代实业家、慈善家。儿子乔增祥、乔汉祥。女儿乔剑华,嫁姚惠泉。乔汉祥妻为高平庄范家。孙乔榛(1942年11月17日生),系著名电影表演艺术家,1984年至1986年任上海电影译制片厂厂长。曾孙乔旸,今已成为杰出人才。

乔榛,名增祥,字啸农,乔念椿胞弟。其女乔石琼,为我国航天测量开拓者。2003年夏,在江川路街道的支持下,乔榛以自身的语言文化艺术造诣造福地方的强烈愿望,终将"乔榛语言艺术馆"在浦江路落成开放,为滨江岸线增添一道亮丽的风景。

朱永佑舟山殉难

据清嘉庆《上海县志》记载，明末工部尚书朱永佑为闵行镇人。其父亲朱应旗。

朱永佑（？—1651），字爰启，号文远，谥号烈愍。明天启四年（1624）乡试中举，崇祯四年（1631）中进士，授刑部主事，改吏部文选司主事，他“为人忼爽英俊，笃于朋友之谊，而中无城府，凡交际者，皆力奖借之，顾大节所在，则持之甚固，莫能夺也”。后来，他在舟山抗清斗争中殉难。清康熙《定海县志》、光绪《定海厅志》、民国《定海县志》中都有他的传记。清代著名史学家全祖望《明工部尚书仍兼吏部侍郎上海朱公（永佑）事

嘉慶上海縣志 卷十三 列傳 圭 人物

朱永佑字爰啟閔行人伉爽英駿中無城府崇禎七年進士授刑部主事改吏部明亡從閩唐王進郎中歷太常卿以張肯堂薦監周鶴芝兵屯鷺門嘗遣勇士刺鄭芝龍不果丙戌唐王死又從魯王於翁洲能得諸悍帥心加吏部侍郎丁亥晉工部尚書或笑其講學曰厓山陸丞相非耶 大兵至被執衣冠挺立斫脅死僕負尸出泣曰公生好潔今乃涔涔耶血立止無所得棺火之螺頭門外妾石氏僕顧瑞殉焉 國朝乾隆四十年賜諡烈愍祀忠義祠明史附張肯堂傳華亭志作華涇人誤今參全祖望事狀補

嘉庆《上海县志》书影

状》和清代李聿求《鲁之春秋》，对朱永佑都有比较详细的介绍。光绪《定海厅志》记载：“朱永佑墓在舟山之麓，烈愍死最烈。”1984 年当地文化部门文物普查中，在洋岙公社义桥大队杨梅山左侧擂鼓山麓发现一座明代古墓，现

场有高 1.2 米石狮子一对、石人 6 具，其中一具武官石人像保存完整，高有 2.45 米，肩宽 0.85 米。经考证，墓室主人为朱永佑。该墓葬现在定海的海山公园内。

据史料记载，明崇祯十七年（1644）闯王李自成攻破北京，时任吏部侍郎的朱永佑无奈南归上海故里。清兵南下时，他准备参加松江抗清斗争。不料斗争失败，他只得航海避到福建，后又到舟山。次年 10 月，鲁王监国舟山，建立行朝。朱永佑任工部尚书，兼署吏部事。鲁王行朝在舟山重建，使舟山成为抗清复明的大本营。清廷极为忌惮，于清顺治八年（1651）七月集中兵力，分三路进攻舟山。为牵制清兵，鲁王亲征松江，以迅雷不及掩耳之势攻入崇明，又乘机攻入吴淞口，使清军北路兵马溃败。八月二十一日夜，另外两路清军倾兵袭舟山。经过十天十夜的战斗，守军弹尽粮绝。九月初二，清军挖地道攻入城。“舟山破，永佑病不能起，被执。谕剃发则生，永佑曰：‘吾发可削，何待今日？’则又谕曰：‘文丞相尚有黄冠归故乡之语，先生何执迷不悟？’永佑口占诗，有‘纵使文山犹在日，也应无发带黄冠’之句，请死益力，挺立不屈，斫其肋而死。仆负尸出城……妻女皆死。”“时城中鼎沸，无所得棺（朱永佑）火葬于螺头门外，公家妇女亦多死者，不能得其详也。”朱永佑殉难，妻女皆死。清乾隆四十年（1775），谥烈愍，入祀合葬墓“同归域”和成仁祠（今定海海山公园内）。

朱永佑学养丰富，曾居住于松江城方塔园内，与华亭县名士张肯堂、徐孚远三人被称为松江学派代表人物。其门生朱舜水（1600—1682，名之瑜）与黄宗羲、顾炎武、王夫之一起被称为明末清初中国四大学者和思想家。后来，朱舜水随朱永佑到舟山避难，参加抗清斗争。他多次出使日本、安南（今越南）、暹罗（今泰国）等地借兵筹饷。朱舜水曾想带朱永佑的幼子到海外去，为朱家留存一脉，但朱永佑没有同意。1651 年舟山失守时，朱舜水正巧出使在外。他不愿做清朝顺民，渡海侨居日本教书，声誉广传，被尊为“泰山北斗”。

上海乡绅李林松

耕读人家

清乾隆三十五年(1770)正月十七日,李林松(1770—1828,字仲熙,号心庵)降生在闵行老街的李氏宅院内。李氏家族向为耕读人家,先祖原籍在河南省商丘地区。宋代时,有九世孙李天庆始迁徙吴地,定居在时属华亭县的颛桥镇地区。传六代后,由瑞甫公从颛桥迁到闵行地区定居,据推测此时已是明代万历年间,即这里的黄浦江闵行渡口一带已经形成市镇。再传三代,即有李林松的祖父,说明其前辈在这里已经生活了两百多年。

李林松的祖父李朝泶,字星门。个性沉稳,办事严谨,从不马虎。他勤苦力学,多次参加乡试,但均未得志,终身为贡生。乾隆三十三年(1768),他捐资修葺上海县学新明伦堂,以示报答。

叔祖父李朝宰,字梅客,为监生。母亲不幸双目失明,他"舐之复明",被乡人传为佳话。他心善崇德,每逢天灾之年,总会捐出储粟以赡饥者。明清之际不兴火葬,乡间有无田而火葬者,他便捐田安葬,乡人称颂其为"善人"。道光十八年(1838),他已去世,仍得旌祀松江府孝悌祠,名列地方志书。

李林松的父亲李鹏冲,字钦斋,华亭县学附贡生。他温和文雅,为人宽厚,继承家风,虽无获得显赫功名,却因善医有德,时常乐于济药救命,深受乡人爱戴。

据方志记载，李林松的父辈中有好几位奋发有为者。

叔父李鹏万，字海痴，为监生，善书能画，交游甚广，为沪上知名书画家。

叔父李鹏翰，字翼天，亦能文，以才获任安义县县丞，在任期间有所政声。其子李念祖，字筠卿，为增贡生。

族伯父李枝桂，字健林，李朝宰之子。上海县学诸生，附贡生。为人纯朴正直，热情诚恳，早有文名，还擅长医理，客居京城时，得到朝内不少官僚的关注。乾隆四十年(1775)，迁到松江府城发展，在城北仓桥畔购屋安身，居住了两年。他与姜兆翀(字孺山，号镘佣，乾隆三十五年中举人)为邻，结为文友，每日以课文半篇伴读，不会间断。乾隆五十七年(1792)，以年70以上岁贡生的身份获赐乡试副榜。乾隆五十九年(1794)，他终于考中举人。乾隆六十年(1795)，赴京参加会试，担任国子监学正(教职人员)。嘉庆元年(1796)正月，荣幸地出席在乾隆皇帝宁寿宫举行的"千叟大宴"。著有《澹竹轩草》三卷、《易义粗解》二卷、《李学士诗集笺注》四卷以及《片玉编》《五阵奇方》《伤寒辨讹》《女科识病捷诀》等。他曾为本地洞真道院捐建第三进房，取名锡祉堂，并在堂前栽下银杏一株。其儿子李如龙，字古春，监生，善医，工书。

族叔父李枝源，字天和，号春江。监生。精通医理，治伤寒应手辄效。精研汉末著名医学家张机(字仲景)之书，颇有心得，认为医道无出其右者。著有《医学指要》《内经指要》《痘疹秘诀二卷》等。其子李调梅、李舒亭皆能继承父业。

族叔父李槎源，字德载。为金山卫学诸生，附贡生，入国子监，曾在京城参加会试，可惜未果。能诗文，工汉代缪篆。著有《渔村铁笔》《渔村遗草》《天崇文袖石》九卷行世。

乾隆四十六年(1781)，李林松年仅11岁，50岁的父亲就因病去世。因此，李林松能一举成才，少不了其他父辈的关爱和影响。

初任京官

嘉庆元年(1796)会试之后，年仅26岁的李林松兴冲冲地来到京城，初

任官职为户部主事(正六品衔)。

当时,清廷由大贪官和珅(原名善保,字致斋)把持朝政,经他考核,认为李林松能够认真行事,便将他安排进户部,并叮嘱他要“懂规矩”。然而,李林松认为自己只需按律办事,无需巴结权贵,因此一直没有前去拜谒和珅。

初入京城,李林松并不孤独,族伯父李枝桂在京担任国子监学正,自然会时常照应他。然而,李林松发现他一心驰逐名利,年过70,言行过于迂腐,因此决意要靠自力独行,逐渐彼此疏远。后来,李枝桂不幸被贬,李林松反倒深感遗憾。

李林松个性刚强正直,一向不图虚名,心中崇敬的是那些具有真才实学的长者。几年前,他就听说乾嘉时期代表性诗人袁枚(1716—1797,字子才,号简斋,乾隆四年进士,授翰林院庶吉士,后外调任知县),无意吏禄,40岁即辞官隐居于南京城小仓山随园,吟咏其中,著述以终老。为此,李林松特意前往随园,拜见年已80的袁枚,真诚求教,并赠联云:“真才子必得其寿,谪仙人未免有情。”此联即被袁枚收入《随园诗话补遗卷八》,广为传播。不久,袁枚去世,而他的人格力量仍印在李林松的心中。

嘉庆四年(1799),嘉庆帝即下旨将和珅革职下狱。李林松稍感宽慰。当年三月,李林松有幸结识了新来的户部左侍郎阮元。

阮元(1764—1849),字伯元,号云台,江苏仪征人,乾隆五十四年(1789)进士,由兵部左侍郎调任户部左侍郎。他博学多才,而且比李林松年长六岁,被李林松尊为兄长。

就在户部共事的数月间,李林松与阮元亲密相处,互相尊重,结为知己。当年十月,阮元调赴浙江省出任巡抚,李林松未能随行,但是两人长期保持着密切的联系。后来,李林松还参与了阮元汇刻《皇清经解》(又名《学海堂经解》)的编撰工作。

遭遇无趣

不久,李林松获得了升迁的机会,补为户部贵州清吏司员外郎(即副司长，从五品衔），并兼山东清吏司坐办、河南清吏司事历，尽管日常公务更加繁忙，但他忙而有乐。

嘉庆四年（1799），嘉庆帝命蒋兆奎（1729—1802，字聚五）出任漕运总督，惩戒各地屡禁不止的漕运弊案。蒋总督断言："查浙江之漕截、江南之漕赠，以及他省百姓出资济运者，款目颇多，此皆历年所加之赋，并非运粮之初所定。"他认为整顿漕务，关键是改革陋规，改善漕丁生活待遇，漕运自可节约经费，提高效率。他主张推行"石加二斗"政策，就能杜绝各地"浮收勒索"的现象。而嘉庆帝认为他的意见不妥，要求户部详察。

于是，李林松呈文主张缓行"石加二斗"政策，认为这样做"未得清漕之实，先蒙加赋之名"，朝廷应当施行切合实际的政策。他官职虽小，却据理力争。

想不到，户部详察意见呈上去之后，引发了一场激辩，闹得不可开交。结果，蒋总督为此恼怒万分，辞职不干了。

年轻的嘉庆帝左右为难，不想决断，让事态闹得更僵，户部上下陷入尴尬境地。

李林松生性耿直，但步入官场后一向处事谨慎，生怕有所闪失。而这一次，他仅是有感而发，向权威人士提出了一些从政异见，就引起了如此强烈的反响，实在令他吃惊，也让他深切地感受了官场的不易，政治的无趣。他感到此刻身边最好相处的倒是那位"不识一丁"而有情有义的户部厨师，特意热情地为其撰写了一篇《李厨传》，颂扬这位平凡小人物的德行，讽刺那些"涂饰文貌，澳涊垢辱"的士大夫。

朝廷日趋腐败无能，百姓怨声载道，社会更加动荡。几年中，湖北、四川、陕西、河南、甘肃等地爆发了白莲教起义，朝廷官员更加懒政。

李林松的心也随之冷了许多。他沉默了很久，身边又无人理解，于是他一头埋进书堆之中。

母子情深

李林松在京城任职，李家随之成为闵行镇上最显赫的人家。祖父李朝

案封赠奉直大夫，父亲李鹏冲和哥哥李仙根封赠奉政大夫。李仙根，字澹凝，监生，自幼随父学医，朴实善良，不喜张扬。有个乡妇产后患“羊癫疯”，被他治愈，令众人叹服，名声遂远播。娶姜氏，生一子四女，长子李涛聘，乾隆六十年(1795)举人，候选教谕。

李林松做了京官，长辈们遂忙着为他筹办婚事。

九年前，李林松成为上海县学生员后，母亲抱孙心切，立即为他订下亲事，因怕耽搁科考，才迟迟未成婚。嘉庆二年(1797)十一月，李林松遵从母命，请假回闵行老街，迎娶许爱娥为妻。许爱娥(1769—1800)，字兰征，青浦县人，是乾隆二十五年(1760)进士、浙江道监察御史许宝善(字斅虞)的侄女，其父亲许宝田为候选县佐。

结婚后，李林松将闵行镇上的祖屋和祖墓交给哥哥李仙根守护，而将年过70岁的母亲接到京城亲自奉养。

李林松的母亲唐氏(1729—1811)，华亭县人，为松江府名门闺秀。祖辈唐文献(1549—1605)，字符征，号抑所，明万历十四年(1586)状元，授翰林院修撰，官至礼部右侍郎。逾年在任上去世，赠礼部尚书，谥号文恪。曾祖父唐子锵，字依陶，清康熙十五年(1676)进士，授内阁中书。祖父唐昌世，字存少，明天启五年(1625)进士，官至工部营缮司主事。父亲唐用烜，字素原。唐氏来自大户人家，知书达理，淑德和气。乾隆十九年(1754)，25岁时的唐氏嫁到李家。生养李林松时，唐氏已41岁。而乾隆四十六年(1781)，丈夫去世时，李林松才11岁。李林松被母亲带到松江城内聚奎里生活了数年，受到了外公的栽培和教导。外公再三叮嘱其切记“寻方便，学吃亏”二语，并亲授应举诗文三首。李林松在此看到了唐家丰富的藏书，感受到先辈的功名荣耀，尤其是那一册《唐氏世谱》在其年幼的心头留下了终生难忘的印象，他对母亲表达了立志成才、光宗耀祖的愿望。这些年来，全靠唐氏独立为子女支撑起成长的天地，含辛茹苦，无怨无悔。因此，李林松对母亲极为孝敬，言听计从。

在京城，李林松一家人居住在宣武门外，自设书斋馆，取名“蠒蠹斋”。他整天忙着结交文友，四处奔走，又不善于治家，家中的一切多亏妻子辛勤主持。

老母亲身在京城，还自己动手纺纱织线，保持着简朴的家风。她期盼能早日怀抱孙儿。

可惜，许爱娥原本体弱，数次流产后气血不足，日渐消瘦，好不容易产下一子，即夭折，次年闰月产下一女，又夭折，心情极为郁闷。她劝李林松纳妾，而李林松不从。

李林松与母亲焦虑万分，四处求医。

嘉庆五年(1800)六月初十，许爱娥病情恶化，抱憾离世，年仅32岁。李林松痛心疾首，所撰《亡妻许宜人行状》洋洋洒洒，声声悲哀，字字泣血。

赴广东主考

嘉庆六年(1801)，李林松奉命奔赴广东，出任辛酉科广东乡试副考官。走出京城，顿觉空气格外清新。一路上，李林松感慨良多，撰《出京》诗云：

十载京华梦觉迟，远游心被白云知。
如何扑面黄尘外，又读人间疥壁诗。

李林松来到广东，就被南方的山水感染，又被学子们倾心备考的气氛激荡。他初次担当主考重任，生活便不再像在京城那样松散，面对着学子们的前程，待人处事变得格外认真，唯一不变的是他始终欣赏真正有才华的人。

这一年乡试，来自广东佛山的吴梯(字秋航)脱颖而出，被选拔为广东乡试解元。吴梯对李林松感激不尽，日后始终以忠实门生回报恩师。

来自广东雷州的丁宗闽和丁奇瑄也考中举人，后来丁宗闽出任广西钦州知县，丁奇瑄出任江西安远知县。两人自然感激李林松，李林松也器重他俩，分别题额“文魁”。丁氏后人将李林松的题赠制成牌匾，悬挂在宗祠内，一直传承至今(位于今湛江市雷州市调风镇调铭村，该村列入“中国传统村落名录”)。

在粤秀书院，李林松结识了江西学者汤藩（字价人），时常相聚，把酒论诗，交流甚欢。后来再次相逢时，李林松感叹良多，撰有《试院有怀汤价人》，诗云："把酒论诗在眼前，逢君刚讶鬓苍然。相思不道三年远，一丈红墙隔一年。桂岭孱颜拄杖难，漓江清绝小鱼寒。局中辛苦谁知得，只听民间说好官。"

广东乡试结束时，李林松撰《辛酉广东乡试录后序》，对人才辈出的广东地情做了一番分析。

李林松在广东主持乡试，无奈将老母亲留在京城，心头实在不安。而母亲最为忧虑的是儿子丧妻之痛，忙于攀亲，促其再娶。

于是，第二年李林松返回京城之后，便迎娶祝氏为继室。祝氏是乾隆二十八年（1763）进士、湖广道监察御史、礼科给事中祝德麟（1742—1798，字趾堂，号正塘）的女儿。祝德麟是浙江海宁人，自乾隆五十五年（1790）起，在松江府城"云间书院"担任主讲，因此携家眷住在松江，直至病逝。祝德麟在青浦曲水园中留下的诗碑保存至今。

祝氏知书达理，十分贤惠，嫁进李家即受到婆母唐氏的喜爱。由此，李林松家中又恢复了生机。

嘉庆八年（1803），李林松喜得贵子李尚暻，合家欢喜。

嘉庆十年（1805）六月十九日，又生下女儿李媞，李林松心满意足，步入人生最顺心的境界。

享誉广西

嘉庆十三年（1808），正值嘉庆皇帝 50 岁，全国组织万寿恩科乡试，确定五月初六举行考试。为此，李林松奉命奔赴桂林，出任广西乡试副考官。

在广西乡试考场上，时有同考官黄承吉（1771—1842，字谦牧，号春谷，嘉庆时期扬州学派的代表人物之一）到一个房间巡视，发现地上有一张落卷，拾起一看，觉得卷面"文义精奥古茂"，随即向李林松加以推荐。

李林松收到此卷，极为重视，急忙阅卷。阅罢试卷，连声叫好，转身即与主考官沟通,出榜时果断地将其置于榜首。

被列为解元的这个考生即是汪能肃(字雨人)。因其老家在浙西山阴,寄籍广西桂林应考,原阅卷者以其原籍非广西而拟弃之不用,幸亏被李林松、黄承吉慧眼所识,及时纠正。

消息传开,引起轰动,李林松声名大振。

汪能肃自然十分感激李林松和黄承吉,视恩师为父。嘉庆十四年(1808),汪能肃赶到京城,拜见李林松,聆听教诲。后来,汪能肃因故未能再奔仕途,改归原籍,担任嘉善教谕。但他毕竟有才,工诗擅草书,在当地享有盛名。

广西乡试结束,李林松撰《嘉庆十三年万寿恩科广西乡试录后序》,分析了广西地情。

李林松在广西主持乡试期间,心中始终惦记着家人,撰有《寄家信》,诗云:

食蓼虫心自苦辛,人夸荣遇出儒臣。
四龄女已知离别,何况高堂八十亲。
自裹蚕丝自出头,寄将谰语慰离愁,
太行于我尚青眼,湘水送人无浊流。

自嘉庆十三年起,年过80岁的唐氏病情逐渐严重,家人焦虑万分。当李林松返京时,母亲的病情已难以逆转。

这一年,苏松太道台钟琦、上海知县苏公、教谕方公主持重修上海县学宫。李林松应邀撰写《嘉庆十三年重修上海学宫碑记》。

良师益友

李林松虽身在官场,但对政治争斗毫无兴趣,也难以在户部有所作为,闲暇时仍然热衷于追求学问。自从好友阮元高升调职之后,他更盼望能在

身边找到志同道合者。好在户部的公务不是很忙，而京城内英才会聚，大儒相近，自有志同道合者可以结为良师益友。

为此，李林松将内阁学士、《四库全书》纂修官翁方纲（那时已70多岁）视作自己最亲近的老师。

翁方纲（1733—1818），字正三，一字忠叙，号覃溪，晚号苏斋，直隶大兴（今属北京）人。清乾隆十七年（1752）中进士，授翰林院编修。历督广东、江西、山东三省学政，官至内阁学士。精通金石、谱录、书画、词章之学，书法与同时的刘墉、梁同书、王文治齐名。论诗创“肌理说”，著有《粤东金石略》《苏米斋兰亭考》《复初斋诗文集》等。

同时，李林松常邀请京城文友到自家“蹵蠹斋”来聚会。翁方纲的儿子翁树昆帮他结识了朱鹤年和刘华东。

朱鹤年（1760—1844），字野云，号野堂、野云山人等，泰州人，后列“扬州三朱”之首。

刘华东（1778—1841），字子旭，号三山。原籍福建，因父亲来广东从事盐运，便入籍番禺。嘉庆六年（1801）中举人。他自少“负才仗气”，为文纵横奇诡，不入常套，一如其本人之耿介秉性，称为“文怪”。

李林松与刘华东有不少唱和诗，互相倾吐步入不惑之年的心声。李林松作有《秋日杂诗和刘华东》《咏秋十律同刘三山》等，应景抒情，愁绪满怀，其诗云：

四十惊心岁月过，平生秋气相消磨。
种松自署支离叟，读易难逢安乐窝。
道力未深应齿折，宦机虽悟奈愁多。
及门颇媿侯芭语，壮不如人欲老何。

嘉庆十五年（1810）正月二十六日，朱鹤年在李林松家的“蹵蠹斋”当场绘《毛西河朱竹垞二先生像》，赠宝覃主人，时刘华东、翁树昆、徐梦竹、朱子仁同观。

结识朝鲜金正喜

嘉庆十四年(1809)十月二十八日,24岁的朝鲜李朝金石学家、诗人金正喜(1786—1856,字符春,号秋史)来到北京。他出生于忠清南道礼山郡一个两班贵族家庭,极喜爱中国书画,科举及第之后,立即跟随出使北京的父亲金敬鲁(任冬至兼谢恩使副使)来到中国。在这里,他几经周折,认识了李林松。两人经一番交流,便展纸挥毫,竟然无话不谈,一见如故。金正喜希望他帮忙引见京城最著名的书画家。李林松一口答应了。

李林松即去拜访年已77岁的翁方纲。翁方纲欣然为其题诗。李林松顺势介绍了金正喜的情况。

嘉庆十五年(1810)正月初八,金正喜在李林松的引见下,终于如愿以偿地见到了号称“考证学派艺术家”的翁方纲。翁方纲给远道而来的客人展示了名画《大禹治水图》,并设宴款待,相见甚欢。李林松极为兴奋,当晚撰诗记之:

禁城鱼钥解留宾,添得春明一夜春。
佳客已先人日到,辛盘又被别家轮。
携将莽莽乾坤画,谭彻霏霏前后因。
他日此缘同一吷,未妨眷恋是根尘。

这时,已成为学界权威的好友阮元正巧逗留在北京。李林松就陪同金正喜前去拜见阮元。

阮元一见金正喜,以为“非常英物”,请他到泰华双碑馆,以名茶“龙团胜雪”款待,并让其观赏了稀珍的《华山庙碑》及《泰山刻石残篆》双碑和自己编撰的《山左金石志》《两浙金石志》《积古斋钟鼎彝器款识》等专著,令金正喜眼界大开。

二月初一,因金正喜即将回国,阮元在法源寺为其设宴饯行,邀李林松

和刘华东、朱鹤年、翁树昆、李鼎元(字墨庄)、洪占铨(字凤宾,又字辅阶,号介亭)、谭光祥(字君农,又字兰楣,号退斋)、金勇(字近园)等门生作陪。席间,因彼此语言不通,谈的又多是专业问题,“舌人”(翻译官)难以胜任,所幸金正喜好汉学,略识汉字,因此大家还能以笔写代替说话进行交流。见此情景,李林松十分欣喜,即兴赋诗《赠别海东进士金秋史并示诸旧七首》,其一云:

秋史一奇士,远生东海滨。
春风吹之来,朝夕若比邻。
舌人不能达,劳我中书君。
君书匪今始,囊有楹帖存。
展纸大欢哈,谓我为故人。
纵谈无不有,细琐难具陈。
人生会合缘,咫尺越与秦。
君相至于此,毋乃夙世因。

刘华东也乘兴题签《赠秋史东归诗》于诗册扉页。朱鹤年则即景绘了一幅《秋史饯别图》,以志一时兴会之实况。场面其乐融融,情意绵绵。

金正喜十分赞赏这些文士的才气,又因未曾与诸公以诗会友而深为遗憾,便当即写下《我入京与诸公相交,未曾以诗订契,临归,不禁怅触,漫笔口号》一诗作答,诗云:“我生九夷真可鄙,多愧结交中原士。楼前红日梦里明,苏斋门下瓣香呈。”“化度始自镫蠹斋,攀覃缘阮并作梯。君是碧海掣鲸手,我有灵心通点犀。”“却忆当初相逢日,但知有逢不有别。我今旋足重万里,地角天涯在一室。”“龙脑须引孔雀尾,琵琶相应蕤宾铁。黯然销魂别而已,鸭绿江水杯中渴。”

金正喜此番中国之行,收获巨大,促使其后来成长为19世纪东北亚著名学者、朝鲜“书圣”。

服丧退隐

嘉庆十五年(1810),李家又添了个儿子李尚暲,合家欢喜,唐氏更是笑口常开。

不久,李林松发现母亲病情加重,医师说已是“壮火食气,金水受伤”。他束手无策,忧心忡忡,在书斋中坐立不安,时常无心研读。母亲不适应北方的气候,咳嗽难止,李林松想找个适当的时机,将她送回故乡养病,却总是定不下行期。

嘉庆十六年(1811)三月二十日,是唐氏83岁生日。生日前几天,李林松就亲自筹办寿庆,还精心备好燕乐,要为母亲冲喜驱邪。亲朋好友的贺礼接连不断抬进李府,为老夫人祝寿祈福。李林松一一应酬,忙得团团转。

二十日早晨,李林松亲自给母亲喂了半盅参汤之后,见她闭目养神,转眼已沉睡,便放心去张罗寿庆事务。

谁料想,待到午时,未等家中燕乐奏响,唐氏心力衰竭,竟然撒手归天而去。

李林松顿时惊呆了,连声自责没有始终相伴在母亲身边,错失救护良机,以致无力回天。他不由忧虑重重,当初一口包揽了奉养母亲的职责,如今母亲身亡异乡客地,回到故乡该如何向兄嫂和族人交代呢?

李府上下哭声阵阵,满门悲伤。

跪在母亲灵柩前,李林松泣血撰写《诰封宜人例晋恭人显妣唐太恭人行述》,铭记母亲恩德,自责未能尽足孝道,决意率全家从京城千里扶柩返回家乡。

于是,李林松含泪惜别恩师好友和京城生活,匆匆踏上了归乡之途。

回到闵行老街,李林松闭门不出,静心反省,耳边哥哥李仙根怨声不绝,他也只是默默认受。

当年十月十九日午时,李林松与兄长李仙根一起将母亲葬在三十二图往字圩父亲的墓地内。事毕,他含悲撰写了《诰封宜人先太宜人归祔志》,留

传子孙。

冬去春来，李林松依旧难消伤感，整日无语，闭门不出，悄然在家服丧守孝。

转眼，将近三年的服丧期满，但李府内外依旧是静悄悄的，李林松仍然未出远门。按理说，朝廷官员归乡丁忧，为父母守制27个月，已尽孝道。令乡人不解的是，李林松并没有动身返回京城述职，而是决意辞官隐退，从此不再出仕，留守在闵行老街。

时常有门生询问李林松：为何不再复出？

李林松则笑而不答。

门生只知他“淡于荣利”，却不知其“安民济世之志实未曾一日忘”，更不知其十多年官场经历中的甜酸苦辣。

当时，李林松年仅43岁，正年富力强，前程锦绣，为何做出这样的人生选择呢？想必是因为他的性格使然。

一是李林松11岁丧父后，与母亲相伴30年，虽尽孝心，但母亲身亡异乡客地，引来兄长的无尽怨恨。为此，他一再自责，难以解脱，决意留守家园，陪伴父母亡灵。

二是李林松为官15年，已厌倦官场的纷争和腐败，向往世外桃源般的平静生活。当初外公早就叮嘱：出门要“寻方便，学吃亏”。何况，嘉庆十八年(1813)10月，京城发生“癸酉之变”，天理教剑指北京。李林松认为此时再去京城生活，恐难以太平。

三是李林松一向崇尚隐士名家的风骨，决意就此辞官，可以潜心治学，多出成果。何况，他刚应邀主纂《上海县志》，感觉正符合自己的口味。

李林松早就欣赏诗人袁枚40岁即退隐的风骨，如今自己追随先辈，自然不会感到有什么遗憾。于是，夫妻俩拖着三个年幼的子女告别官场，开始新的生活。

纂修上海县志

李林松在家服丧期间，上海县知县王大同(字是之，号炎峰，山东乐陵人）找上门来。

只因《上海县志》自康熙二十二年（1683）纂修后，乾隆十五年（1750）、四十八年（1783）一再续修，“然皆递仍旧稿，殊多复衍挂漏”。何况，上海地区社会经济发展正日益加快，已经史无前例地展现出“江海之通津，东南之都会”的宏大景象，甚至连“洋行街”都已经在上海滩崛起了，盛世来临，抓紧修志。嘉庆十七年（1812），上海县知县王大同决定重修《上海县志》，因此亲自延请李林松担任主纂。

李林松对今后的生活尚未拿定主意，只答应参与修志讨论。

而王大同对修志极为重视，造足声势。嘉庆十八年（1813）正月，他召集全县公职人员及举人、贡生、监生前来聚会，大有“庇同广厦，寒士欢颜”之势，收到了集思广益之效。

为此，李林松深受鼓舞，答应承担主纂《上海县志》的重任。自乾隆十二年（1747）起，官府开设了两艘便民船，从闵行镇赶赴上海县城，只消“一潮水”的行程就到了。而李林松为了静心修志，决定还是暂时迁居到上海县城去。

同族兄弟李念祖（字筠卿）对地方文史有兴趣，便跟随李林松同行，希望通过参与纂修县志，长些见识。

然而，不久王大同突然奉命调离了上海县，刚刚开头的修志工作停滞不前。随后这一年内，上海县知县一职竟由周右、陈文述、方佐、卢焌、叶机等五人先后接任，虽都是读书人，与李林松常有交流，但无心关照具体修志事宜。

而李林松办事极为认真，既然答应主纂方志，就真当大事干了。他遍搜诸史及各省通志、各府县志，以及私家撰述诸书，详加校补。他擅长文学，力图革新，重订志例40则，体裁分类、纂稿核订，都较为认真，材料收录也较充实，于旧志多所辨证。忙了一年，始撰成初稿。

李林松在修志过程中十分重视各历史时期某些地理现象的考订和复原，尤其是他来自上海城郊，对长期被修志者忽略的城郊各地的诸多历史课题做了深入的考证。例如，他对明洪武六年（1373）建于“横沥东二十一保”

（闵行镇河东街）的黄浦巡检司署沿革做了专题考证，并撰写了《上海县黄浦司巡检创建公署记》。

其间，居住在浦东闸港地区的“上海县城隍”秦裕伯后人对祖传的《淮海宗谱》进行重修，并易名《秦氏重修家谱》，邀李林松作序。李林松引用著名文学家陆深（字子渊，号俨山，上海人）《豫章漫抄》之言对相关史实进行辨证，确认秦裕伯为上海县人氏，并欣然撰写《秦氏重修家谱序》，阐明观点，并坚持将秦裕伯及其父亲作为上海人列入《上海县志》“人物篇”。

李林松对民生民俗极为关注，在“风俗篇”中称：“上海原称淳朴，后渐士文而浮，民贫而商富，城市慕苏扬余风，而乡颇蹇。”他特意收录了元代著名诗人王冕（字符章）的《江南妇》诗，反映本地百姓令人心酸的生活处境。

修志之余，李林松撰写了一组《沪渎竹枝词》，记载上海城乡独特的风物和乡情，诗云：

濒海岩疆近五茸，辎车亲与驻花封。
金虀玉脍寻常语，可识云间陆士龙。
春申江上水滔滔，西接吴淞泊万艘。
东海一重门户在，莫矜七发赋秋涛。
城隅东望赤城霞，烟火如云扑万家。
犹惜平原山势少，金轮一笔矗龙华。
物产前朝数顾谈，遗笺剩绣冠江南。
至今落笔烟云后，尚有金针暗度堪。
肇嘉浜曲接方浜，种得桃园水蜜香。
可惜铁沙经割隶，不曾考古说高昌。
木棉曾庆闵行丰，并被天移记道宫。
巨口鲈鱼今不见，白鲫来跃水当中。
东乡麦子尽人嘲，万顷黄云是乐郊。
但得催科人不至，冬舂米又绿荷色。
满城箫鼓一时喧，海舶频来天后尊。

白昼滩前知浪静,醉歌归已近黄昏。
学宫巍焕冠天文,一阵惊飚为策勋。
怪得近来科目盛,青箱原不让河汾。
吴歈原属故园禽,乡土终惭大雅音。
倘有郎中能别赏,试来泓下听微吟。

此外,李林松为好友施承梁(字子香)母亲祝寿编了一组《闸港棹歌》,生动地描绘了黄浦江畔闸港地区的人文风情。

嘉庆十九年(1814)秋,嘉庆《上海县志》纂修完稿付刻,统分疆域、水利、赋役、建置、职官、选举、人物、艺文八志以及志余、叙录二门,中附五十六个子目,共十六册。对于水利、兵防、田赋等要务的材料收录较为充实,有关疆域沿革、山川形势、往哲遗徽、风土胜概等尤为加详。嘉庆《上海县志》凝聚着李林松的心智才华,被历代历史学家称作"上海县志承前启后的佳作"。

偶尔,李林松会邀几位老友到隔壁豫园去小饮,放松一下心情。事后,赋诗《重九前二日偕友小饮古豫园桂花下示孙漱厂》,流露了他真实的心境,诗云:

志馆丛残乍欠伸,偶携胜侣访比邻。
小山有赋能招隐,秋梦无痕已醉人。
我慕林泉迟入道,君今描画亦伤神。
眼前多少公荣辈,谁配凌烟特写真。
相逢难得眼俱青,是处秋光似画屏。
扑面凉风禁酒力,谈心隐语质山灵。
出原无意游方罢,人到中年乐倦听。
客散主翁休苦寂,一轮还浸桂花厅。

四年后,《上海县志》刊刻本终于正式问世。

在这几年里,松江府知府宋如林(字仁圃)主持重修《松江府志》,李林松

应邀参与其中，成为五位协纂者之一。李念祖始终相随，为采访员。

吾园雅集

自清嘉庆十八年(1813)起，李林松在吾园设局修志。

吾园，位于上海县城西南半陵泾，原为邢氏桃圃，引种露香园水蜜桃百株。嘉庆二年(1797)，由光禄寺典薄李筠嘉(1766—1828，字修林，号笋香)收购，为母亲建坊城，改为园林式庄园。园内有带锄山馆、红雨楼、潇洒临溪屋、清气轩、绿波池等，楼中吉金贞石、碑帖书画，无所不有。他生平喜爱藏书，并亲自校勘，所居慈云楼藏书至6 000余种，数万卷。嘉庆八年(1803)，在苏松太兵备道李廷敬的支持下，李筠嘉在吾园内创办"书画会"，邀书画名家到此雅集，觞咏之盛为沪上之冠。李廷敬，字景叔，号宁圃，直隶沧州人，乾隆四十年(1775)进士，授翰林院庶吉士，自乾隆五十六年(1791)起，前后十任苏松太兵备道，备兵沪上，性情豁达，乐成义举，崇尚风雅，海内名流争相归之，留下大量墨宝。因此十年来，吾园的书画雅集能长盛不衰，享誉沪上。

李林松在吾园与文友们相交甚欢，心境一下子好转了许多。嘉庆十八年(1813)七月，正是水蜜桃成熟的时节，吾园雅集又举行了，群贤毕至，高朋满座。李林松所撰《癸酉七月吾园即事》描述了盛会风情，诗云：

乐寿堂虚五亩槁，海上诗人殊未老。
踟蹰一竹一石间，斟酌千花万花好。
从来花事但清娱，春华秋实谁兼欤。
若使桃花皆薄命，胡然仙种出元都。
主人种桃在桃国，尚宝西园近城侧。
桃户环居数十家，万桃拥出春风力。
佳名水密擅清甘，密叶轻遮夏日炎。
几度雷声新绿迸，几枚星影嫩红粘。

主人名园有深意，浯溪唐堂非其例。
人人自以为吾园，暂得何曾娱独自。
红雨楼前酒正温，绿波池上鱼能戏，
从此买春小有天，不然逭暑全无地。
凉馆桃笙竹有波，芰花能舞鹤能歌。
一林特送风云态，百戏真偿主客图。
罢饮花前发微叹，往代风流今不见。
老铁会作龙湫吟，王孙亲染鹅溪绢。
此乐经今五百春，舞褢歌扇岂无人。
桃花一熟三千岁，欲问前爟迹已陈。
吾辈相逢聊作达，吾生多愁莫愁绝。
兹游难得今年花，再过仍看古时月。

李林松又作《吾园即事五排二十八韵》，诗云：

吾爱吾园好，人宜人柳偕。
晞阳寻纸扇，熟径趁芒鞵。
望隐层层堞，行穿曲曲街。
入门攀箨粉，步磴拾松钗。
是日逢高会，尤堪惬素怀。
红情荷作镜，绿意水之涯。
静植能移槛，佥名各注牌。
军持陈棐儿，佛钵咒清斋。
粲者衣千缕，鬈然发一絧。
眼明都似洗，尘净不须揩。
瀺灂鱼心乐，离褷鹤梦佳。
四弦聆楚曲，双桨问吴娃。
啅叶风前雀，连陂雨后蛙。

停云迟栗里，补石竚灵娲。
不速群贤至，同时一笑谐。
零星评竹树，放浪到形骸。
昼永仍无暑，谭多偶近绯。
博徒群斗蚁，湢室小旋蜗。
乔木连邻圃，缁衣入我侪。
主人余兴剧，宾谦逐宵堠。
罢戏邀联袂，开尊坐及阶。
渐令灯替月，共引酒如淮。
拇战人人将，肴烝一一皆。
间闻次公醒，险作伯伦埋。
醉指星横汉，归如手撒厓。
冷香犹省识，盛事费推排。
已嗷绥山颗，才滋月窟荄。
菊篱如再约，芳讯莫教乖。

在吾园，李林松结识了当时尚未出名的周中孚。

周中孚（1768—1831），字信之，号郑堂，浙江省湖州府乌程县（今吴兴市）人。嘉庆元年（1796）参加乡试被选为拔贡生，他的学问获得时任浙江学政阮元的赏识。嘉庆六年（1801），阮元在杭州府治孤山创建了“诂经精舍”，周中孚即去拜师。在这几年间，许多同年早已仕途大进，而他却在乡试中屡遭挫折。为了谋生，他应聘来到上海替李筠嘉编辑《慈云楼藏书志》，因此在吾园与李林松相识。周中孚才华出众，尤其擅长目录之学。此时，他正在利用协助整理李筠嘉私人藏书的机会，仿照《四库全书总目》撰写其代表作《郑堂读书记》。

李林松与周中孚，同为阮元的门生，两者人生经历却相差悬殊。但是，李林松不以身份识人，认可周中孚是“朴学者”，经常虚心地与他探讨学术，得益良多。

修谱有感

清嘉庆十九年(1814),李林松纂修的《上海县志》完稿之后,想到应当重编自家的《李氏族谱》。

流传于闵行的《李氏族谱》,始辑于乾隆四十七年(1782),可惜过于简略。嘉庆九年(1804),族中有人修订过一次,当时李林松在京城供职,未曾过问此事,如今细细一阅,深感旧谱存在众多不足之处,应当用心再重修。

于是,李林松静心对闵行李氏家族的现状和未来,认真地做了一番思考,感慨万千。

李林松认为,入清以来李氏家族增添了数十户,“皆森森能自立者,今孳生,虽犹昔,而其气似孱(软弱)焉,不终日,岂果世为之耶。”他真心地希望族人和子孙能够争一口气。

李氏家族源远流长,延至李林松这一代,在本地颇具名望,但并不富足强盛,未显张狂,也无土豪气味,始终讲究祖宗传下的忠诚古朴之德,敦厚宽大之气。族人重文轻商,大多热衷教书育人,从医济世,没能享受奢华生活,也没多少家财地产传给子孙。李林松了解乡亲疾苦,关注地方公益,因此甘以一技之长为家族争气,为故乡做贡献。

李林松不由在《重修李氏族谱后序》中,以李氏闵行支“八世孙”的身份言道:“族无问大小阀阅,而凌夷会不及蔀檐之清白也。今制无世官,吾邑又居潮汐进退之地,大率无百年不变易者,且夫盈虚消息,亦天行矣。必谓某甲家宜世富不宜贫,宜世贵不宜贱,则必将有人焉宜世贫贱乎哉。惟夫兢兢然守祖宗忠厚之德,惇大之气,毋斫其根,以贻后人。稍扩其识,毋视目睫,顺受其正,以俟厥命,则庶乎其可矣。”

借力行善

清嘉庆二十一年(1816),龚丽正(字暘谷,又字赐泉,号暗斋,浙江杭州

人，名士龚自珍的父亲）来到上海，他由安庆府知府升迁为苏松太兵备道，署江苏按察使。本地人士得知，新来的上海道台与李林松是同科进士，便问他："道台是怎样一个人？"李林松笑答："与我一样的，纯粹是个读书人。"

20年前，李林松在京任户部主事时，龚丽正为内阁中书，彼此时有交往。二十年来，龚丽正步步高升，李林松并不妒忌，龚丽正著有《国语注补》《礼图考》《两汉书质疑》《楚辞名物考》等著作，因此在他眼中的龚丽正依然是个追求学问的人。

既然同为"读书人"，有事想必好商量。李林松想到，闵行镇上的聚龙桥已严重破损，乡人过往多有不便，急需重建，但连年遇灾，乡人身陷贫困之中，自己也无家财可捐，而不率先捐资便难以发动各界聚力。于是，他出面求助上海道台龚丽正，希望借官方之力促成石桥重建。

这一招果然有奇效。开春之后，上海知县叶机奉道台大人之命，亲自动员各界出力，很快就启动了聚龙桥重建工程。

当年十月，为庆贺龚丽正50岁生日，李林松送去贺礼，并附《苏松太道龚暗斋同年丽正五十寿序》赠予老友，既畅叙旧情，又表示谢意。

至嘉庆二十二年（1817）五月，聚龙桥重建工程终于竣工。李林松喜出望外，乡人也再次看到了李林松的号召力。随之，李林松撰写《闵行镇重建石桥碑记》。

在聚龙桥重建时，乡人向李林松提议镇南黄浦江畔的武帝阁也该重新再建了。嘉庆二十三年（1818）春夏时节，本地连遭天灾，乡人更盼望得到神灵的保佑，自然想到了最为仗义的"关老爷"，因此呼吁重建已废弃的武帝阁。

于是，李林松又借力发挥，促成善举。武帝阁顺利重建后，闵行全镇共欢。这里地处南北大街之首，俗称"佛阁弄"，阁楼向南突出建有飞檐屋顶的望江打唱楼，成为江滨一景。事成后，李林松欣然撰写了一篇《重建武帝阁记》，乡人立碑纪念。

聚龙桥和武帝阁的重新修建，使闵行镇上焕然一新，也使乐施行善之风日益弘扬。这一年，镇上李氏宅院的西邻人家遭受火灾，一夜之间成了一片废墟。当时，李恒（字坤成，李于岛孙子，庠生）质直好施，慷慨捐地助其建屋。乡人齐声赞扬,纷纷前来建屋为邻,后来这里竟然形成了一条新街,人称“新西街”。

沾馥堂九老会

闵行镇之东自古有莺窦湖,乡风古朴,享誉四方。明宣德二年(1427)进士、朝廷兵科给事中蒋性中(字用和,号检庵)告老返乡,自称“乐耕公”,与乡民情同手足,不论其富贫贵贱,均以乡情为重。他曾邀集当地八位高龄且有所作为者,每逢月初来到家中作画赋诗,共饮同欢,人称“莺湖九老会”。为此,后世文人赋诗赞颂,传为佳话。

一天,族兄李春帆来找李林松,议论乡间见闻,聊及当年的“莺湖九老会”,两人不由感慨万千:“乐耕公”美德“距今四百年矣”,后人理应仿效,重塑古朴乡风。李春帆时年67岁,平时嗜好诗、酒、弈,为人豁达,他说:眼前李氏族中有三老,镇上另有六老,不妨也来一个“闵行九老会”。

李林松自然应声赞成,认为不仅可以同欢一乐,而且此举也可以弘扬敬老之德行,改善乡风民俗。

于是,李春帆拜托李林松出面操办,并主张届时到其新迁入的沾馥堂去聚会。

清嘉庆二十三年(1818)正月初九,八位老者按约来到李春帆家宅的沾馥堂相聚。李林松屈指一算,九位老者合计竟有600多岁。来的李氏族兄有73岁的李如龙(字古春,李朝宰儿子,监生)和62岁的李念祖(字筠卿,李鹏翰儿子,增贡生)。其他有80岁的孙观澜、71岁的倪伴云、66岁的金晓山和62岁的张蔼如。73岁的何朴斋和70岁的何雪舟是亲兄弟,其族祖何守愚曾参加过“莺湖九老会”。

李林松时年49岁,论年龄属于“小弟弟”,排在末座,这一刻却乐呵呵地担当起主持人的角色。只见老友相聚,谈古论今,情深意长,自然一醉方休。

事后,李林松特撰《沾馥堂九老会记》和《诗六韵》描述这次盛会,也记载了自己的感叹:

九人六百廿四岁，例古高年皆少年。
环顾农星稍落落，偶来夜坐犹便便。
曲师市隐闲栽菊，棋客书佣惯擘笺。
对宇二难还继体，我宗三友亦随肩。
未纡青紫乡风朴，略别酸咸土物鲜。
醉眼观眺无不可，会闻饮者全其天。

易园不易

辞官归乡后，李林松不再外出谋求新路，决意守在家中做些学问，计划实现进一步研究《易经》的夙愿。李林松虽曾为朝廷京官，见过大世面，回到地方上依然颇具声望，但是他一直甘于清静，未图钱财，保持着俭朴的传统生活习惯，始终没有享受奢侈生活的欲望。

眼看返回故乡已经7年，年已48岁，家中儿女也已长大，李林松才想到应当改善一下自己的居住环境。

李林松的家宅，位于闵行老镇南北大街122弄内，地处留桥弄东端南侧，东靠北街，西至留园，南邻竹荫庄，北沿留桥弄，宅院占地约有3 500平方米。

清嘉庆二十三年(1818)，李林松利用居屋后面的2 000平方米空地，自己设计进行造园建设。他没有新建多少楼屋亭阁，而是着手改善室外的生态环境，在园里补栽了不少梧桐、竹子、柿子树、桃树、枣树、杏树、桂花树、柳树、芙蓉等花木，而空隙之地则栽种葱、韭菜、菘(即白菜)、蔓菁(即芜菁)等蔬菜，满园生机盎然，又能乐享口福。

李林松家中原有五楹居屋，称作“仓楼”，筑围墙三丈许。此时，李林松将围墙拆除了，居屋功能也做了些调整，这里既设有祭祀先祖之地，又为子女安排了他们的小天地，重点是为自己安置了一个可静心做学问的书斋。

至当年年底，易园内外面貌一新。

就此，家人将面东的三开间两层楼房改称为“西楼”，登楼南称“独睨江天”，北为蠹蛑(读曰忡融)室，可凭栏远眺黄浦江上的樯帆。楼下大厅为怀古堂，南称“无名之朴”，北称“地僻日夕佳”，堂宇轩敞，雕梁画栋，为待客场所。后园围矮墙，有太湖石假山一座，间植秋棠玉簪花卉。北侧有面南平屋三间，一向为佃农居住，重修后取名“虚舟一系”，这是李林松专用的书斋，屋前植牡丹、芍药，台阶前后夹两株芭蕉，室内有联云：“此地有山何用买，斯人不出也无妨。”门前碎砖径道三折，通月洞门，门之石额为“西舍”。两侧砌有高五尺的波浪形围墙，墙东南有三角亭，亭额“翰萼”，前有红梅，后有菊花，以及樱桃、海棠、榴杏等，隙地以虞美人补种。月洞门外有一丈余小池，朱鱼游泳于柳荫荇藻间。旁有一茅草亭，石坪石墩，为对弈之所。亭之北有一小门，门楣上书有“易园”两字。另设“犹得住楼”，是子女们读书咏诗之处。与西楼间有房廊相连，碧栏似桥形翼，廊后有数十竿凤尾竹，十分清静。

易园南侧有张氏竹荫庄相邻，修竹千竿。一条羊肠小道，向西可至母子泾，柳下可安坐钓鱼。北为祖坟地，遍植冬青。

有访客询问李林松：你喜欢研究《易经》，因此将家园取名为“易园”吗？李林松却予以否认，回答说：那样做就是“将以萝薜易簪缨”，以显示自己的地位。我的本意是“屋弗侈取诸易构者，卉木取诸易植者，水与石取诸易致者，故其为园也。亦一览而易，尽唯易成，故易久也。或曰是畦也，易而园安，知不易而畦邪。易园易，易畦亦易。不唯省，子今日劳亦以省，他日不知夫何人之劳”。

其实，并非李林松故弄玄虚，《易经》中的“易”含有三个含义：“变易”“简易”“不易”。因此，此园改建完毕，他特意撰写了一篇《易园记》传世，以示心迹。

女儿李媞以《易园即景》为题赋描述自己的感受：

溪水环篱石径斜，只求幽隐不求奢。
几丛我树遮吟树，一带邻家似我家。
春雨催齐三亩荀，新诗题徧半园花。
登楼只见江波急，谁肯中流早系槎。

补撰《周易述》

《周易》即《易经》，是中国传统思想文化中自然哲学与人文实践的理论根源，是古代汉民族思想、智慧的结晶，自古被儒门奉为圣典，列为六经之首。注释《周易》，是历代文士追求和体现学问的重要途径。

汉学吴派（苏州学派）代表人物惠栋（1697—1758，字定宇，号松崖，江苏吴县人）的《周易述》是乾嘉时期最具代表性的易学著作。其家族三世传经，被赞为一代佳话。

李林松自年轻时就喜爱钻研《周易》，早年与江藩一起师从惠栋。江藩（1761—1831），字子屏，号郑堂，晚号节甫，阮元曾聘他任丽正书院山长。后来，他由京师前往岭南，被聘为《广东通志》纂修官。当初，惠栋撰《周易述》未完成就逝世了，因此缺少自《鼎》至《未济》十五卦及《序卦》《杂卦》两传。江藩为其做了补撰，形成《周易述补》四卷。

这时，李林松参考江藩的成果，继续为惠栋的《周易述》做补撰，形成《李氏周易述补》五卷，并刊印自刻本。其征引博于江藩，但不如江藩那样严守师法，与荀爽、虞翻之说已远。例如：归妹六三“归妹以须”，虞翻曰：“须。需也。初至五，体需象，故‘归妹以须’。”李林松则谓：“女兄为须，须有才智之称，《楚辞》：‘屈原之姊。’”《李氏周易述补》第五卷为《读易述札记》，订正了惠栋的不少讹误，颇见心得。

李林松专心著述（徐有武绘）

后来,惠栋的《周易述》和李林松的《周易述补》一起被收入《雅雨堂丛书》,由乾隆年间两淮盐运使、德州卢见精刻,校勘精严,字迹俊秀。收录丛书的《周易述》,当年由李林松通篇句读,朱笔批校,还留有钤印及长篇墨跋。人们通过李林松倾心研读《周易述》时所留下的笔迹,可领略其《周易述补》成书时的思想流变。

由此可见,李林松经术深邃,尤精汉学,还擅长训诂文字,考订名物制度。著有《星土释》三卷、《礼云》二卷、《中庸礼说》、《大学古义私述》、《通韵便览》、《古文尚书辑》、《读诗序札记》、《大戴礼记存》、《仪礼经经》、《易园集补遗》、《五代杂事诗》、《鸦片说》、《策目策底》、《来远楼初稿》、《乡党注》等,以及供子弟们阅读的《论语说》《经说》《说字解文部首急就篇》《易园四书文》《易园课草》《课草补遗》《易园试帖》等。

五十感怀

清嘉庆二十四年(1819)正月十七日,是李林松50周岁生日。

为此,元宵节未过,家人就在新修的易园怀古堂内悬挂起李林松的画像,按本地风俗为其筹办寿宴,准备邀请宾客,热热闹闹地庆贺一番。

然而,李林松极力阻止。他想到是,虽说父亲去世已经40年,母亲去世也已经9年了,但是自己的言行一切应以报答父母为重,何必求个虚荣。因此,他告诫家人说:“鲜民之生,不如死之也,久际此而欲延接宾客,为酒食会,可谓无人心,即世俗所尚,诗词颂祷,相与作面谩,亦甚无谓也。”家人只得作罢。

后来,因此李林松默默地撰写了一篇《五十征花小引》,用以庆贺自己五十岁寿诞。他祈望家中易园内的花卉草木茂盛,为自己祝福,“舍下辟所居后三亩许为园,读《易》其中,间莳众卉,春雨初过,草心竞芽,或有尺寸之树,无名之花,随地所茁,随手所采,草本、木本,寄生、蔓生之属,有惠我者皆拜而受之。有花子可种,花秧可移,泥裹纸缄而至者,拜而受之。品无论贵贱,候无论迟蚤,数无论多寡,皆生意之可观者也。夫朝菌不知晦朔,其自视也。

欲与大椿比寿，风疾暴雨，数千百年蔽牛古木，或一旦摧折为薪。而小草延其旁，方欣欣有向荣意，而况于漆自伐而桂自蠹者耶，将毋世之。所谓天寿者，观于此而可悟也耶。《诗》不云乎，'勿翦勿败，召伯所憩'。松将求诸君子之所憩者耳"。

李林松处世一向低调，但绝非自私怕事的庸才文人。道光二年（1822）五月，飓风施虐，上海县学宫的不少建筑毁损。为不影响学子们的学业，学宫急需及时修复，上海县知县许乃来（字榕皋）向社会求援，得到同仁堂朱增沂等乡绅的捐资支持，立即组织重修了学宫正殿两庑，并新建奎星阁学门。秋八月，新知县武念祖上任，修复工程继续实施，使学宫面貌蔚然一新。知县要为朱增沂等扬名，却引起一番争议，李林松领着正在县学读书的儿子李尚暻挺身而出，极力支持朱增沂的善举，维护正义。事后，他特撰《道光二年重修上海县学记》，记载此事。

这一年，位于老镇北端的度门寺也着手重建。住持僧道芳历经艰辛，在刚遭旱灾而四乡歉收之年，仍集得善款二千多缗，得以动工重修度门寺。次年，工程竣工。道芳僧的义举轰动了闵行镇，使李林松深有感触，认为此事"弗可以不记"，挥笔特撰《重修度门寺记》，并促成立碑纪念。

金华修志

清道光三年（1823），应浙江省金华县知县黄金声之聘，李林松赴金华主纂《金华县志》。

黄金声（1778—1824），号讱斋，广西宾州上林人。嘉庆二十五年（1820）中进士，授金华县知县，充浙江乡试同考官。

金华县隶属金华府，地处浙江省中部，自秦王政二十五年（公元前 222）建县，因其"地处金星与婺女两星争华之处"得名金华，简称"金"，古称"婺州"。黄金声认为，金华县原有旧志，但已不合时宜。早在康熙三十四年（1695），金华知县赵泰甡增修王治国原纂《金华县志》十卷，只因当时《明史》尚未颁定，胜国遗忠未诏表扬，诸家著述各书多未刊出，其伪阙当是正，而且至今相距已有120多年,县志必须重修。

黄金声极为赏识李林松的为人和才华,通过关系,硬是将他从上海请来修志。

李林松来到金华之后,居住在金华府规模最大的丽正书院(由南宋丽泽书院与明代崇正书院合成)内,十四五岁的小儿子李尚暲随其到金华就读。他广交文友,了解地情,研读史料,静心考证。凭借以往的修志经验,进展顺利。

黄金声将李林松尊为兄长,处处细心关照,对其修志事宜自然不会放松。他白天忙于坐堂理政,晚上时常赶来商议修志,还亲自动笔改稿,以致积劳患病,咳嗽难止。

道光四年(1824)二月二十七日,黄金声突然得知母亲逝世的噩耗,顿时大哭失声,竟然当场气绝身亡,年仅47岁。

李林松闻之大惊失色,含悲为其撰墓志铭,深表哀悼。

为了不辜负黄金声的重托,李林松坚持不懈,细心完成了《道光金华县志》十二卷的纂修任务。

在金华县修志期间,李林松远离尘嚣,没有杂事缠身,因此心静气顺,文思敏捷,使他有机会集中精力纂辑《星土释》,终于又完成了一重大学术成果。古时以为山川之精,上应星辰,故以星宿分主九州地域或诸侯封域。这些地域或封域即称"星土"。李林松的《星土释》卷首刊有《天地球合图》《地舆经纬图》等数张地图资料,均有解说,录有相关的朝廷诏书和御制诗并注。书分三卷,卷一为《星土源流异同》,卷二为《诸家辩说》,卷三为《星土释说》,附录为《诸说》。《星土释》是李林松的代表作之一,被后人列为汉学重要著作。

关注水利

水是一切生命的源泉,是人类生活和生产活动中必不可少的物质。在人类社会的生存和发展中,需要不断地适应、利用、改造和保护水环境。为此,地方水利建设自古成为有识之士热情关注的话题。

李林松一向关注上海地区的水利建设，在纂修《上海县志》时，特意增加了《水利志》的篇幅，不仅记载了上海地区海、浦、江、支水的具体情况，还收录了“历代治水诸绩”“古今治水议略”等重要内容。他认为，以往旧志“夸张邦故者，指吴松江为《禹贡》三江之一，犹袭宋明旧说”，因此纂修时做出详辨。强调吴淞江、黄浦水利关系民生大计。同时，他还花了不少精力研究、阐述本地水利建设问题，洋洋洒洒地撰写了《吴淞江议》《吴淞江非禹贡三江之一辨》等文章，对吴淞江流域发展史和历代水利工程做了深入的历史考证，史料翔实，言之有据，向当局者提供了治水方略，也为后人留下了重要文献。

清道光四年（1824），李林松得知张师诚再次调任江苏巡抚。张师诚（1762—1830），字心友，号兰渚，浙江归安（今湖州）人。乾隆五十五年（1790）进士，改庶吉士，授编修。嘉庆元年（1796），任山西蒲州知府，后历任雁平道、河南和江苏按察使，迁山西布政使。嘉庆十一年（1806），提升为江西巡抚，次年调任福建巡抚，其间发现并提拔了名士林则徐（字元抚），被传为佳话。

闻听张师诚计划在上海地区大兴水利，李林松即挥笔撰写《致江苏中丞张兰渚师诚书》，为其献计献策。他结合在纂修《上海县志》时所掌握的上海兴修水利的历史经验和地方人士的各种呼声，提出吴淞江虽经“嘉庆二十三年大濬，而今已中埂浅淤，漕艘不复可运，浙水不能畅流”。建议重点“濬江黄渡、野鸡墩等处，凡为青浦、嘉定、上海接壤之地，形如竹节门槛者法宜加倍，挖深则土方之数宜议增。其东入上海境者，素系流通，今无浅搁，但捞挖浮沙而已，土方之数议减。以减抵增，约略相等，则与所估土方之数无甚悬殊，不致浪费币项。上次工价稍浮，然照河工例价则似太损，或宜参酌用中”，并对建闸选址、筑坝方法等提出了自己的意见。张师诚对李林松的治水建议颇为重视，在实施濬江工程时尽力予以采纳。

倡立先棉祠

明清时期，家庭手工棉纺织业是本地乡人赖以生存的重要途径，也是地方经济社会的重要支柱。

幸有宋末元初的黄道婆(1245—1330),传授棉纺织技术,泽被故里,造福一方。李林松感到黄道婆这样的先贤,应当列入官方“秩祀”。清道光五年(1825),李林松等14名本地士绅以乌泥泾黄道婆庙在乡间,地方官不便祭祀为由,禀请上海县知县在县城之内建立黄道婆专祠,以利官员出场主持岁祀,促进地方敬仰先贤。

上海县知县许乃大(字榕皋)收到李林松的来函,极为重视,特遣名士徐谓仁(字文台,号紫珊)筹办此事。

道光六年(1826)十月间,江苏巡抚陶澍来沪,李林松等士绅趁机游说推动,终于促使事情得以落实。于是,官府出资收买了上海老城厢吾园的一部分土地,黄道婆专祠在吾园内破土动工。道光七年(1827)三月,专祠内外设施全部建成,占地约2 600平方米,建有大殿三楹,殿前还有一个戏台,正式取名为“先棉祠”。

当年四月,在先棉祠举行首次祭祀之后,知县许乃大和李林松等士绅联名向朝廷递交了将官祀黄道婆列入祀典的申请,“遵部议从先棉例,春秋崇祀,规制廓增”。从此,每年四月官方“秩祀”的规矩逐渐形成了。后来,吾园改建为龙门书院,祠屋由书院兼管。

这一年,当初在主考广东乡试时就结识的好友汤藩(字价人),时任江安督粮道,负责安徽全省粮务。他赶到上海,交涉运粮事务,因人脉生疏,遇到了诸多麻烦,便给李林松来信,求教对策。李林松即发出《答粮道汤价人书》,毫无保留地详细通报自己所了解的上海官场情况和粮运行情,并寄上手头阅过的几卷《上海运备采》,供其参考。

此外,李林松在晚年对上海地区及其故里的建设发展仍然颇为关心,一再呈文给地方父母官参与议政,或为当政的好友献计献策。他对河防、漕运、社仓、赈灾等方面提出了一系列可行性建议,先后撰有《吴淞江岁修议》《重浚竹冈议》《漕政议致江浙两中丞》《浚江修闸议》《开泖议》《简易便民义米法议》《海运驳船议》等,对地方建设产生了重要的影响。

家有才女

李林松继室祝氏生有二子一女，他们童年时代的启蒙教育主要由祝氏承担。

祝氏来自浙江省海宁县，娘家为望族，而且在海宁向以家教有方而闻名四方。为了扎实地培养子女，她特意将弟弟祝万青（字华史，别署意华生，善书）接来担任家教塾师。

李林松的女儿李媞（1805—1829，字安子，自号吏香），自幼天赋聪颖，在母亲和华史先生的精心栽培下，10 岁知文章，13 岁工刺绣，14 岁学音乐，15 岁解吟诗，她读书过目成诵，尤喜诗词，文才出众，令闵行老街上的一群老夫子齐声叹奇，称其“诗才高逸如郊岛”（唐代诗人孟郊、贾岛合称）。

李媞在 12 岁那年冬季的一个下雪天，触景生情，挥笔写下一首五绝《咏雪》：

呵冻咏飞花，推敲何太苦。
不及谢庭人，一语留千古。

可是，华史先生尚觉不满意，当即命题《糊窗》，要李媞写一首七律诗。李媞不甘示弱，沉思片刻，便提笔写道：

缕缕寒吹故纸开，罗纹新向小窗裁；
天如此补应无恨，风为全遮不进来。
好贮炉香留客坐，难分雪月费侬猜；
却怜小妹偏多事，刺破疏棂欲瞰梅。

华史先生吟诵几遍，禁不住提笔连连加圈，还特意向李林松夫妇报喜称赞。

李媞热爱生活，自幼十分喜爱家乡风情，时常见物抒情，写下了一系列诗作。其中，所作《桃花》诗云：

流水重杨拟若耶，绿阴深处小桥斜。
春风不识谁家女，独立溪边自浣纱。

如此一个多才多情的姑娘，自然赢得人们的喜爱，也招来一系列麻烦。

李林松有个京城同僚是安徽省桐城人，见李媞不仅貌美伶俐，而且富有才气，便前来为其儿子方传烈托媒求亲。

李林松认为此事“门当户对”，未曾深思熟虑，就一口答应了这门亲事。

然而，李媞不愿意远嫁。她少有抱负，仰慕巾帼，叹息自己“身世可怜为弱质”，“冲天徒有英雄志，读史常思忠孝名”。还撰《呈家大人》诗云：“寂寂柴门镇日关，吟诗须静奕须闲。杜陵老去犹忧国，彭泽归来肯出山。倦把申江收眼底，醉携《周易》注窗间。旁人漫说家庭乐，不信年来鬓亦斑。”

李林松则以桐城是文学之乡规劝女儿，见她心中不快，便暂且将此事搁置了。

李媞远嫁

不久，因桐城方家一再催促完婚，李林松尽管难舍爱女，但自己已年迈体弱，难以继续护佑女儿，更为了成全亲家美意，便匆忙为女儿操办了婚事。

李林松家教甚严，乖巧的李媞不敢违抗父命，只得收起自己的夙愿，任凭命运排布。

道光七年(1827)二月间，李林松将女婿引进家门，隆重地在闵行镇上为女儿女婿举行了婚礼。

然而，李林松万万没有想到，这桩仓促而成的婚事竟断送了女儿的前程。李媞的丈夫方传烈人又呆又蠢，且性格孤僻，极为暴戾，婚后不久即视妻子如仇敌，暗里施虐。

李媞为此愁肠百结，却回天无力。她将居室取名为“犹得住楼”，并赋诗自悼：

慵折花枝对镜簪，可怜生不作宜男。
早知翰墨今无益，深悔诗书昔细探。
廿载劬劳非易报，半年食性未全谙。
回思膝下承欢日，几度人前泪强含。

为了顾全父亲的脸面，李媞一直忍受着丈夫的家暴，脸上始终不露半点怨色。

而李林松观念守旧，又过于自信，以为小夫妻俩相安无事，也就没有留心女婿的言行。

于是，在五月间，李家人忙忙碌碌，欢欢喜喜地为李媞送行，让小夫妻俩一起到桐城去安家立业。

旅途之中，李媞默默撰写了20余首诗，其中有句云：“二十三年膝下憨，燕分巢去恨非男。”“离怀伤尽一回头，何日山塘更放舟。多少泪珠弹绿水，可能流恨到长洲。”“碧海青天可奈何，今生无计遣情魔。莲心未及秋心苦，烛泪焉如别泪多。”“记辞亲日戒挥毫，心血从今莫再劳。何故锦囊笺又满，可知借景写牢骚。”

李媞远嫁到安徽桐城之后，心中更加有苦难言。夫家也算是一门望族，但公婆过于乖张，难以侍候，加上丈夫愚笨无知，李媞深感度日如年。然而，她无可奈何，只得以诗词寄情，无声地思念父母和家乡，排遣无尽的忧愁。

在桐城，李媞写下了大量诗词，直抒胸臆，诗境幽怨，吐词悲凉。有《望家书》诗云：

自离慈母膝，镜里鬓何如。
难缩千程水，惟凭尺素书。
苦无双鲤至，倏又产年余。

况是前番札，曾云病未除。

《虞美人·九日敬怀家大人》云：

秋风触我思亲意，愁对黄花醉。
年年种菊为谁芳，总遇花时客里度重阳。
倩谁翦欲愁如许，欲诉花无语。
凭楼凝望碧云山，此际登高何处系轻帆。

还有《怀竹孙弟》云：

身世谁怜早岁孤，风尘扶母走长途。
池塘春早连天碧，为问行人得句无。

《忆易园四首》诗云：

院北风摇柳，墙南雨润花。
谁知中有客，一见一思家。
春雨连宵后，苔痕上砌来。
故园红共紫，可对素帏开。
落落柴门里，萧萧竹径中，
呢喃双燕子，应觅主人翁。
浓极桃花色，原因泪染成。
偶将风信算，时已近清明。

此外，李媞心中怀念最多的是已嫁在苏州的表姐黄香崖。她俩时常互寄诗作，交流心思。其《酷相思·寄香崖姐》云：

一样春光人两地，消受者无穷味。
为相思彊说相逢易，书至也将人慰，书去也将人慰。
小印云笺红豆字，不尽缠绵意。
看朝来瓶内梅憔悴，问桃也曾开未，问李也曾开未。

《丑奴儿令·雨夜无寐怀香崖姐作》云：

关心飒飒敲窗雨，响到更阑。
听到更阑，明日双鱼寄又难。
愁凭梦诉偏无寐，入户轻寒。
透幕轻寒，一穗灯花红晕残。

《两同心·生挽香崖姐兼自挽》云：

死有同心，生难如意。
在他乡，料定埋忧，到此日，何须流涕。
碎瑶琴，以报知音，相逢容易。
兹去共求上帝，频怜兰契。
永无分，风雨双魂，休再坠，莺花大地。
指尘环，笑问多君，盟言可记。

到桐城三个月之后，李媞实在忍无可忍，只得向父亲发出信函，相告桐城实情。谁知，又有重大变故。

悲情惊心

清道光七年（1827）八月十九日，中秋节才过去三天，李林松在家中因病逝世，终年57岁。后来墓葬于十六保三十二图。

山水相隔,更是令人悲哀。家中报丧的书信几经周折,直到仲冬月才送到李媞的手中。而李媞告之桐城实情的信函尚未送进家门,父亲便病故了。

李媞匆匆返回上海家乡奔丧,一路上失魂落魄,体力难持。途经苏州时,她只得暂息一阵,并顺便去拜访"一样伤心双薄命"的表姐黄香崖,并同游名园狮子林。她不由吟诗《狮林偕香崖姊晚步》云:

一丘一壑总凌空,闲与同怀入此中。
诗境果然须曲折,文心如是便玲珑。
欲题石壁无佳句,爱听松涛待晚风。
坐久不知天又暮,回看树杪夕阳红。

李媞与黄香崖志趣相投,又都遭遇婚后生活不畅的命运,两人一向关系密切,时常赠诗互诉衷肠,私下早已成为生死之交。

道光八年(1828)年初,李媞终于赶到闵行家中。面对父亲亡灵,李媞满腹悲哀,又有苦难言。她的《迈陂塘·归宁有感》云:

痛儿家,庭前严父,驾云已返蓬岛。
辛勤一载修书手,几册天文成了。
秋未杪,有弱女,归宁命薄乾坤小。
世情曾饱,觉万事空花,浮生若比,斩欲俗缘好。
微回首,也晓北堂姑老,调羹岂乏人到。
让他新玉田忙种,可奉白头色笑。
江淼淼,差可幸同怀,未化相思鸟。
抽身及早,把海样深愁,山般闲恨,尽似落花扫。

除夕之夜,李媞含悲泣血撰成《祭先大人文》。

因桐城方家一再促归,李媞于道光九年(1829)五月,辞别母亲、兄弟返回桐城婆家。

当再次途经苏州城时，李媞又去探望表姐黄香崖。黄香崖因与后母有芥蒂，心头愤懑难平，李媞与她同悲共愤，哭得像个泪人。

五月二十七日中午，李媞陪表姐同游狮子林解愁。可是谁也没想到，游园途中黄香崖竟然纵身投入池塘自尽。

李媞眼见表姐如此性烈，更加悲哀情涌，竟然也随之投水自沉。可惜她当时年仅25岁。

李媞生前创作了无数诗篇，精选后仍有300余首，有心汇辑成《犹得住楼诗词稿》三卷。她诗才高逸，哀婉动人，尤擅长律。那些以物言志、清新脱俗的诗作，不少被收入历史文学典籍，有的至今仍被世人传诵。

二解元回报恩师

李林松笔耕勤奋，有感即赋诗，有事即撰文，一生撰写了大量诗文。他生前整理出《易园文集》四卷，《易园诗集》二卷，《易园词集》一卷，皆抄写工整，留给子孙。

李林松的遗愿没有落空。他的儿子始终将他的遗著视作传家之宝，每次离家避难都随身携带，终未受损。更为可喜的是，清道光十八年(1838)，李林松的忠实门生吴梯为回报恩师，竟以一人之力刻成了《易园诗文集》。

吴梯，字秋航，广东佛山顺德人。七岁为文，有才气，嘉庆六年(1801)，广东乡试获解元称号。可是之后的九次会试，均未成功，后来由“大挑”(落榜举人中选拔人才)出仕，以方略馆誊录议叙，选为山东省蒙阴县知县。道光二年(1822)调到潍县，又回任蒙阴，后调至沂水、禹城等地。道光十年(1830)，升胶州知州。十二年(1832)又回任胶州，提升为济宁直隶州知州。他博通经史，能文善诗，与张维屏、黄玉衡等七人并称粤东“道光七子”，著有《岱云初编》《岱云续编》。

当年冬季，吴梯刻成书版之后，有心约请同为李林松门生的汪能肃(字雨人)为恩师的诗文集作序。

汪能肃当年在桂林得到李林松的器重，获广西乡试解元名誉，时任嘉善县教谕,颇具名望。这些年来,他与恩师一直保持交往。嘉庆二十二年(1817),曾专程赶到闵行镇上拜见李林松,听恩师讲述“汉宋绪儒得失,古今治术利病”,记忆犹新。如今,眼见吴梯已为恩师刻书,兴奋地接连撰写了《李心庵先生传》和《易园诗文集序》。他对李林松的诗文颇有感想,在序言中做了如此评价:

> 师之诗未曾学唐学宋,但所见所感积于中,溢而为文与诗耳。以所见为文,则我自有文,无借古人之文。以所感为诗,则我自有诗,无借古人诗。古人之诗,古人由我出,非我由古人出也。何以能然于经学、经济,有寔得故也。若名心太急,不俟其有寔得而辄为之是,胸中本无文与诗,而欲为文与诗,非剽窃则无以为文与诗矣。

《易园诗文集》流传甚广,影响深远,终于未负李林松的千般苦心和人生夙愿。

李尚暲夫妇的文友情愫

家道中落

李林松去世时，小儿子李尚暲年仅 17 岁。

李尚暲自幼聪敏好学，长期与姐姐李媞相伴，也喜爱吟诗习义，文词洒脱而不拘法度。14 岁即成为上海县学生员，每应郡试、乡试，皆名列前茅。后随李林松在金华修志馆就读，在远离家乡的日子里，父子相伴情深意浓。父亲病逝后，他在母亲的关照下，更加刻苦勤勉，博通经史百家。

因父亲去世，家道随之中落。清贫的生活，使心地善良的李尚暲对民生的感受更加真切了。清道光十三年（1833），23 岁的李尚暲撰《癸巳即事：棉农叹》，足见其十分同情家乡父老的辛劳和痛苦。

李尚暲喜爱书法，学欧阳询，精于篆、隶，擅长铁笔，作有《优盍罗室印谱》。

道光十六年（1836），与李尚暲极为交好的族兄李椿英年早逝。为此，道光十七年（1837）六月，李尚暲（时年 26 岁）将李椿的 200 多枚刻印辑成《静怡居印存》二册。

当时，本地洞真道院住持凤来仪（字古明）亦善篆隶，尤其善绘蔬菜图，乡人争相前去求画，哪怕是小小的一幅，也十分珍惜。李尚暲与凤来仪志趣相投，结为知己。

墓庐避难

李尚暲曾以国子监生的身份,先后五次进京赴考,可惜都没能如愿,家境也日趋清贫。

此时,时局开始大动荡。

清道光二十二年(1842)四月十八日,李尚暲从山西太原返回上海。几天后,结集在长江口外的 27 艘英国军舰又向吴淞进犯。水师提督陈化成(字业章,号莲峰)亲自指挥开炮迎击。五月初,陈化成率队坚定守卫在孤立无援的西炮台阵地,在激战中壮烈牺牲。

消息传到闵行镇上,李尚暲急忙将母亲、妹妹送到浦南亲戚家。十二日中午,忽闻镇上四处哭喊声震天,他急忙出门打听,方知有"弗莱吉森号""麦都萍号"两艘英国军舰沿黄浦江驰来,已逼近闵行镇。乡人闻讯惊恐万状,全镇上下男女老幼都逃出家门,奔到野外避难。

李尚暲心乱如麻,随手整理些衣物和数卷父亲的著作,随着人群向北逃难。奔到 3 000 米之外,见一墓园内有空屋,他便躲了进去,熬过一天一夜才敢出来张望。

英国军舰沿黄浦江在闵行渡一带来回巡游,乡人眼睁睁看着他们耀武扬威,生怕其登岸抢掠。只见英国军舰继续向松江城驰去,因大张泾港太窄,又驰回了闵行。次日,军舰又欲驰往苏州,又因泖湖水浅而重新返回闵行。第三天,军舰又向西游弋 9 000 米到达得胜港,随后调头折回,扬长而去。乡人还是心神难安,担忧兵灾降临,却又束手无措,只得弃家避祸,漂泊异乡。

好在战火并未蔓延,而时局又发生了重大改变。

七月二十四日,清廷与英国签订《南京条约》,这项中国近代史上第一个丧权辱国的不平等条约,使上海被迫开放为通商口岸。

八月初,眼看事态平息,避难的乡人才陆续返回家中。李尚暲惊魂未定,回家即撰写了一篇《墓庐避燹记》,倾吐心中怨恨。

道光二十三年(1843)九月二十六日,上海道台宫慕久宣布上海正式辟为商埠。年底,英国驻沪领事馆在黄浦江边建立。

这一年,李尚暲将名门才女钱韫素娶进了家门。

钱韫素(1817—1895),字定娴。出生于秀水(今浙江嘉兴)书香世家,为刑部尚书钱陈群(1686—1774,字主敬、集斋,号香树、修亭,康熙六十年进士)的玄孙女。父亲钱景文,字芸封,生于闽峤(福建别称)并在此任官。母亲裘氏早逝,她由乳母抚育长大。自幼诵习《毛诗》《礼记》《尔雅》等经典,善于赋诗,当父亲吟诗时,她竟然能依韵和作,令人称奇。因家学浸润,文才卓越,所赋诗词均非空谈无根之作。恪守祖传家法,仿效祖辈"南楼老人"之意,自号"又楼"。她迟迟未婚,25岁才嫁入闵行李家。

钱韫素不愧为名门之后,为人豁达,办事干练,通经史文辞,兼精医术,又善草书,时常摹写唐代书法家孙虔礼(字过庭)《书谱》帖,尤擅长画花卉,得其祖辈"南楼老人"(陈书)之法,堪称女中豪杰,文坛奇才。然而,她嫁到闵行镇后并没有刻意显露才学,一心为妻、为母、为媳,唯一没有放弃的是诗词。

钱韫素不仅极尽人妇之职,而且以超凡的文采,与丈夫成为闺中文友。夫妻俩苦中作乐,经常在伴读、绣余、离别时以诗词唱和,直抒胸臆。

道光二十三年(1843),李尚暲新婚宴尔,却要赴京应试,妻子心中百般滋味,遂撰《竹孙应京兆试北上赋诗赠别》送别,盼夫君"知否计程情切切,平安早报数行书",并表示"但能志愿似前人,梁孟相依岂厌贫"。李尚暲即赋诗答赠妻子云:"怅望天涯临镜慵,寒衣欲寄苦无从。万金一纸书能达,即当稿砧梦里逢。"

不久,女儿李莲汝(乳名"花田")出生了。

道光二十七年(1847),儿子李邦黻也出生了。

患难夫妻

李尚暲再次进京赴考,还是无果。为了维持生计,他只得离开家乡,依靠人脉关系四处充当幕僚(俗称"师爷"),以求菽水养母,而家事全靠妻子操劳。

于是,李尚暲奔波于河北、河南和山西晋阳等地,数年间很少回家乡探亲。

钱韫素嫁到李家之后,一向聪慧贤淑,持家有道,妯娌之间和睦相处,尤其深得婆婆祝氏的信任。李尚暲十分感激妻子"能代晨昏侍膝前,无烦挥泪镇情牵",欣然说道:"有妇如此,我无虑矣。"

清道光二十九年(1849),李尚暲再次奔赴晋阳地区,谁料途中遭遇水灾,只得返回了闵行镇。

此时,家中母亲祝氏也病情恶化,不久离世。李尚暲庆幸"天阻此行",不然难尽孝道。于是,他安心服丧守孝,在家闲居了几年。

咸丰三年(1853),李尚暲又游到山东省聊城县,充当知县李肇春(号稼卿)的幕友,正逢太平军进攻聊城。次年,他又目睹李肇春守城身亡的全过程。为此,他撰写《聊城县李公传》,记述所见所闻、所感所悟。

李尚暲长年幕游在外,夫妻之间不断有书信往来,而且写信时必定附以诗文酬答,互相慰勉。中秋之夜,李尚暲感叹"乡思名心两共牵"。而当他赠诗称:"一枕莼鲈秋梦醒,乡心惟剩杜鹃知。"妻子回信欣然和云:"亭亭瘦骨临秋水,只有孤山梅影知。"

咸丰七年(1857)二月十九日,李尚暲年仅14岁的长女李莲汝患急病早逝。夫妻俩痛心疾首,各为亡女撰写了一首600字的《哭花诗》,哀悼女儿,诉说心声。

咸丰八年(1858),李尚暲在浙江杭州一带充当幕友。他虽人在外乡,身边始终带着一册《李氏族谱》,那是嘉庆十九年(1814)父亲纂修的稿本。他随身带着族谱,既可时刻不忘乡土情义,又便于随时查询祖传人脉。

一天,李尚暲翻阅族谱时,猛然想到此谱重修至今已44年了,自己理应继承家风,随着岁月变迁及时予以续修。于是,李尚暲雷厉风行,立即以易园怀古堂的名义静心再修《李氏族谱》,将谱中序、凡例、世系、先世述、考证、诰敕、传、墓表、行述等逐一做了补正和充实,刊印后赠给族人、好友。

咸丰兵灾

清道光二十一年(1841)10月1日,英军出兵侵占了浙江定海。四年又九个月之后,经定海军民浴血奋战,才夺回国土。咸丰九年(1859),李尚暲在兵部尚书陈晴舫所属部下充当幕友。仲冬时节,他与秦端(字彦华,秦裕伯裔孙,闸港人)、王载之(字家佐)等好友同赴定海,实地了解战况。

这天,李尚暲来到“成仁祠”,得知墓葬义士之中竟有闵行同乡人朱永佑。李尚暲极为震撼,撰写了一篇《游定海记》,详细记录了朱永佑之辈的事迹。

随后,李尚暲他们又在定海实地了解战备情况,撰写了一篇《定海兵乱记》。

当年7月1日,李秀成部陆顺德率领的太平军攻克松江镇后,挥师东进。次日,其先锋跨过上海、松江两县界河女儿泾上的中渡桥,直奔闵行镇西沙港畔的紫藤棚镇。乡绅黄焜率闵行团练在紫藤棚抢先占据桥头堡,予以阻击。太平军数次冲杀未果,不得不收兵撤退。

然而令人揪心的是,尚为“儒童”的李林松孙子、李尚暻之子李金诏,因战乱而死。消息传来,李氏家族悲痛难抑,可是谁都束手无措。

李金诏不幸遭难,但幸留有儿子李维清(字右之)、李维华(字蘅斋),李氏家风得以延续。

易园挽歌

随着阅历增加,李尚暲愈加不想再融入阿谀谄媚的幕客群体,自然难以继续得到幕主的重用,只得无奈地退返闵行镇上,另谋生计。

就此,李尚暲决意摒弃世故,足不出户,远离街市尘嚣,整天卷不离手,醉心校研群经,多至数百种,还忙于整理编辑父亲遗作。每次逃避战乱时,他总是贴身保护着家族宗谱和父亲遗作,绝不舍弃。其书斋先后取名为此木轩、汉瓦砚斋和优盋罗室，“优盋罗”一词出自佛经，指青莲花、红莲花。他又有“素不肉食，惟以酒自娱”的习惯。

李尚暲守着数千册祖传藏书，独自投入笔耕生活。可是，家中渐无收入来源，钱韫素更加苦心操劳，无奈之下常以典当珍贵琴书等维持家计。

至清同治七年（1868），易园已破败不堪，而李家无心亦无力修复，只得改为菜地。而李尚暲心中仍十分怀念儿时的岁月，触景生情，感慨万千，便挥笔撰写了一篇《易园后记》，细数当年易园别致的景观，缅怀父母双亲的恩德，感叹昔日风光不再，沧桑岁月实在无情。

同治九年（1870）正月二十日，李尚暲在易园旧屋中因病逝世，终年61岁。

李尚暲奔波一生，历经风雨，最终没有给子孙留下多少家产，父亲留下的易园没有扩展，反而日渐破旧，然而他坚持继承家学，笔耕不断，为后人留下了《优盋罗室诗古文钞》二卷、《此木轩年号纂补正》《优盋罗室印谱》《汉瓦砚斋杂录》《青莲书屋诗稿 · 杂文 · 诗初稿》《磊溪唱和诗》《种红豆馆诗余》《酬应诗》等宝贵遗作，体现了他独特的人生价值。

李尚暲去世时，兄长李尚暻已年近70岁，担任同治《上海县志》纂修局参访员，为修志搜集整理了大量资料。同治十一年（1872），新编的《上海县志》刊印问世，李氏家族中李朝宰、李桂枝、李鹏万、李林松、李尚暻、李尚暲等均被录入人物篇。

子孙延续

李尚暲去世后的25年间，李家全靠钱韫素持家操劳。为改善贫困的家境，她以一己之学，走出家门担任“闺塾师”，用教学所得负起养家重任达10余年。地方绅宦刘松严、叶观等“诸宦侯为子女择师，先后争迎之”。她降帐授徒，开课讲学，为人师表，桃李满门，学生中不仅有闺中淑女，也有庙庵女尼，并曾以代课老师的身份教导男弟子，这在当时社会中是极为罕见的。

浙江平湖的木业商人范祝嵩（1840—1917，字云鄂，号遯夫），为避兵灾，

清同治二年(1863)侨居在闵行地区行商。此人为诸生,书法宗董其昌,尤喜诗词,妻子月宣夫人也擅长诗文。他俩在闵行镇上生活了50多年,与钱韫素年龄相差不小,却相见恨晚,乐于以文会友,互相有不少诗文往来。钱韫素与月宣夫人不单有“翰墨宿生缘”,两人还“肝胆相见”,“闺阁同心”,情如姐妹。范祝嵩享年78岁,是沪上知名书法家。

李尚暲与钱韫素之子李邦黻(1847—1912),乳名登儿,字梯云。年幼时,母亲曾以《题竹》诗教导他:“独抱干云志,亭亭翠玉森。宜师君子德,直节更虚心。”

李邦黻见母亲过于操劳,仍难解家庭贫困,便弃学经商,以求改变命运。同治二年(1863)夏,李邦黻正巧路遇北桥镇上的名师孙啸琴(1805—1877,字华清)。孙啸琴一向器重他,见其弃学经商,便直言劝说道:“儒家子弟不应当废学啊!”李邦黻不由深为感动,决定回家重拾学业。他寻访名师,曾从学于浦东名师顾谦(1832—1897,字敦礼,号厚斋,川沙九团人)门下,又与闵萃祥(字颐生,松江人)一起受业于名师张文虎(字盂彪,号天目山樵,南汇周浦人)。

同治八年(1869),22岁的李邦黻考入上海县学,后在敬业书院受业,师从著名学者钟文蒸(字殿才,号子勤)。在上海县学,李邦黻与马桥荷巷桥顾言(字丹泉)、塘湾钱家塘钱维翰(字亮卿)为同学,交情笃深。李邦黻撰有《诔钱亮卿兄》,赞叹相交20多年的友情。李邦黻与同学于鬯(字醴尊,号香草,周浦人)相善,多有往来。

后来,李邦黻娶钟文蒸的侄女钟馥媛为妻。钟馥媛比李邦黻年长2岁,爱好文艺,虽然李家清贫,而她出自名门,但依然事姑尽孝,艰辛相夫,以贤淑闻名。

可惜,同治十二年(1873)秋,钟馥媛突患痛风病,百般医治不见效,于次年六月二十一日去世,年仅25岁。

后来,李邦黻再娶继室姚其慎(1850—1926),字忆仙,南汇县周浦镇人。她也喜爱诗词,作品清新婉约,略与其姊姚庆相等,有《春柳》诗云:“似我经春腰瘦损,为谁作意态翩斜。”

从此,李邦黻与姚其慎一起在闵行镇上授徒讲学,生有一子五女。可惜,家贫事事难如愿,“料峭春寒二月时,无端花发折连枝”,儿子李达吉夭折仅半个月,小女也患上痘疮,不治身亡。婚后10年间,家中竟然先后失去了一子三女。姚其慎不由连声悲叹:

家不安宁三载来,一双泪珠落泉台。
爱根难割愁难遣,回首伤心更可哀。

姚其慎以诗抒怀,作品不少。后来,幸存的诗作被家人辑成《六宜楼诗稿》。

甘做徵士

古人将学行并高而不出仕的隐士称赞为徵士。因此,李邦黻被人们尊称为“李徵士”。

步入中年后,李邦黻倾心从事文献研究,坚持笔耕,著述颇丰。他注重研究《周礼》《仪礼》《礼记》,尤其偏爱宋儒语录,躬行实践。他倾心钻研《春秋》,辑成《春秋谷梁经比事》二卷,还辑唐代诗人卢仝《春秋摘微》一卷,被收入《南菁丛书》。还撰有《周易拾补》,呈送学使王先谦,得刊入《续经解》中。他精于《说文》,又撰《切韵启蒙》二卷及《尔雅·释官释亲注》二卷。

李邦黻教授生徒前后达40余年,教法会,通经史,归本修身。所辑《东莱博议集评》二十五卷,刊行后作为生徒课本。

晚年,李邦黻取“反身”之义,自改字号为肙叟、肙僧。他淡泊名利,深居简出,衣食节俭,而每当酒酣耳热谈论起家国大事时,便皱紧眉额,满脸深忧。尽管家境贫困,他坚持以保存家中藏书为己任,有空就与友人一起整理。依靠设塾施教家境稍有好转后,便量力资助族中无后者和更贫困的亲属。

清光绪二十一年(1895)四月初十,钱韫素病危,李邦黻夫妇束手无措。

而老母亲弥留之际仍仔细处理好家事,随后闭目做合掌状,安然而逝,享年78岁。

光绪三十四年(1908)八月六日,年已62岁的李邦黻仔细整理曾伯祖李枝桂、曾叔祖李槎源、祖父李林松、父亲李尚暲、母亲钱韫素和自己的著作书目。随后,将父亲的《青莲书屋诗稿》《优盋罗室诗文钞》和母亲的《月来轩诗稿》合辑成《优盋罗室月来轩诗集》,并请晚清著名学者杨葆光(字古酝,号苏庵)题署,顾莲(1841—1910)作序,并辑录华亭文学家闵萃祥(名颐生)的《李竹孙先生夫妇家传》和著名学者于鬯(字醴尊)的《李府君夫妇合传》。

宣统元年(1909),《优盋罗室月来轩诗集》刊印传世。如此相敬相爱、互珍互重的夫妻合稿,成为江南文坛的传世佳话。

这一年,上海道台推举李邦黻为“孝廉方正”,送吏部考察后,赐六品章服,可授以知县等官及教职。而李邦黻固辞不受,仍闭门不出。次年又获证书,但他仍“称疾不赴”,甘做徵士。

民国元年(1912)的冬季,李邦黻带着种种遗憾,在家中悄然逝世,终年66岁。

姚其慎晚年与嗣子李右之、儿媳吴履娱相守度日。1926年,姚其慎逝世,享年76岁。

姚其慎像

竹冈黄氏家族

黄家河圈

据《上海竹冈黄氏宗谱》称，竹冈黄氏裔孙源于楚相春申君黄歇的幼子黄穗。南宋时，自河南汴梁（今开封）迁入上海地区，始迁祖为黄文亮，三世孙分迁竹冈和北桥等地。五世孙黄凤岗（1468—1538）娶王氏，定居“竹冈西”，即上海县十六保四十二图。明嘉靖年间形成村落，因南、西、北三面都有河道，遂称“黄家河圈”。清道光年前后，竹冈黄氏人才辈出，尤以“文蔚堂”“素安堂”“学古堂”子弟出众。不少族人迁居到闵行镇上。

1924年，《上海竹冈黄氏宗谱》正式出版。黄宗坚、黄宗麟、黄公锡、黄艺锡、黄申锡合力建造黄氏宗祠，特邀朱寿朋（1868—?，字锡百，号曼盦，1903年进士，时任代理外交部条约司司长）撰《竹冈黄氏宗祠记》。

400多年来，黄氏家族繁枝散叶，“黄家河圈”不断拓展，拥有上百户人家，位于马桥乡紫兴村南部，东邻竹港河，西至华宁路，今为红旗新村及周边地区。1950年属紫冈乡竹溪村。1961年按方位分为东黄、南黄、西黄、北黄四个生产队。后来，南黄为紫兴村第一村民小组，西黄为第二村民小组，北黄属第三村民小组，东黄属第九村民小组。20世纪80年代，大部征地动迁。

黄家河圈位置图

靠竹港河自古有五棵银杏树，1958 年被砍伐。

黄　琮

黄琮，原名琳，字昆发，号二乡，别署春申江上人，竹冈黄氏第十四世孙。为国子监附贡生，授修职郎。他嗜酒好书，博览群经。曾师从青浦朱家角名士王昶（字德甫，号述庵，乾隆十九年进士，官至大理寺卿）。

黄琮善诗，年轻时与李林松常有唱和之作。他从黄家河圈素安堂迁到闵行老镇北街后，自建“蜗庐世德堂”，家中亭榭竹石，布置井然。他喜作擘窠大字，为自己的颐素斋题额“卷石山房”。李林松常来颐素斋拜访，对好友的悠闲生活十分赞赏，特作《太湖石歌为黄二乡作》《题卷石山房》等，诗云：“买得一隅山，置之山房里。莫作卷石看，须弥亦芥子。”又作《黄二乡以缾酒见饷索和吃烟诗二首》：“非曰人皆醉，其如我未尝。怜伊虽小草，竟尔荐馨香。觞滥传由马(闽人始制烟者),膏煎戒自黄(乡前辈唐堂先生著有烟戒)。如何海外国,犹说返魂方。”

一天,黄琮见李林松老是皱着眉头,便问为何?李林松脱口而出:“苦哉!”但又不想细说。黄琮见他心事多,也不再多问,回头忍不住写了一首《忆心庵》,诗云:“两眸才一定,君便识吾心。别后应垂念,云山梦里深。”后来,黄琮又有《长相思寄心庵》诗云:“长相思,天在涯,譬彼鸟兮牖户相依,饮啄相期昔已惯兮,今乃非一凌云路飞。一趁夕阳栖云路,邈兮夕阳迟,长相思,无已时,长相思,有几时。”春申阁落成,黄琮即作《春申阁题壁二首》。著有《颐素斋诗稿》《蜗庐杂咏》《大观园图说》《金刚经注释》。《闵行诗存》录其诗20首。

黄家锟

第十五世孙黄家锟,字晋藩,号谈生。且耕且读,著有《竹冈诗抄》,尤以《北俞塘杂咏》和《申浦归舟》《筑耶遗址》《冈桥紫藤》《沙脊棉花》《马桥晓市》等“晚清申江十景”闻名。

黄步瀛

第十六世孙黄步瀛,号云楼,居黄家河圈学古堂,俗称“南黄”。家贫,训蒙度日。晚清处士,晚号“古冈老人”,寿至八旬。著有《学古堂吟稿》十二卷、《良田集诗抄》二卷。《闵行诗存》录其诗11首,其中《沙冈藤花歌》流传甚广。

黄宗坚

黄宗坚(1854—1943),字冰如,竹冈黄氏十九世孙。清咸丰四年(1854)六月二十四日生于黄家河圈文蔚堂。祖辈以务农起家,因设塾、恤贫,两次

受褒扬。曾祖父黄汇南(1775—1827),字汇江,号奠川,太学生,素本安贫,克俭克勤,创基立业,处世平和,治家有法。祖父黄橙(1810—1886),字荫亭,号石君,授修职郎,议叙八品。喜书法,晴耕雨读,不问外事,淡于荣利。父亲黄兆勋(1823—1867),又名熉,字杏园,号寅伯,廪贡生,授文林郎,候选教谕。文辞典丽,书法犹媚,著有《绮香室诗稿》。母亲蒋淑英(1830—1864),字绣余,为明代进士蒋性中(字用和,号检庵,莺窦湖人)十三世孙女,侍候翁姑极诚敬,家务之余不废文史,诗词婉约,书法娟秀,著有《绣余漫草诗稿》。同治三年(1864)病逝,年仅35岁。

黄宗坚

黄宗坚10岁丧母,15岁又丧父,因此长期靠务农谋生,从而积累了丰富的农业生产经验。他认为,农业是恒业,务农必须要有恒心。他还认为,水利与农业盛衰息息相关,兴修水利匹夫有责。

同治十二年(1873)组织疏浚竹港河时,黄宗坚慷慨地捐钱1 400吊,表达自己的心愿。

步入中年,黄宗坚常年日晒雨淋,饱经春风秋霜,使他成为一个与众不同的"农夫"。人们看到黄宗坚"精神强固,腰脚尤健,黎明即起,巡行陇亩,手戒珠,口佛号,声琅琅,震远近,虽寒暑,不辍曩"。"布衣草履,与田父野老课晴雨,话桑麻,兴之所至,行数十里不倦。"(秦锡田《乡先哲冰如黄君传》)

上海开埠后,失去纺织之利,因此棉花产量减少,质量下降,市郊农民生计日窘。黄宗坚深以为痛,有胆有识地主张以徐光启的《农政全书》为指导,遵循科学原理,探寻改良途径,尤其对植棉过程中的辨土、选种、勤锄、摘头四个环节,做了深入研究。他强调种棉"土宜第一",主张根据棉田地势的高低,土质的肥瘠、坚松以及前茬麦、豆、菜收获的迟早等不同情况,因地制宜做出相应安排。棉株要长势旺盛,选种则务精务纯,若是精选每百斤籽棉可出絮45斤的良种，杜绝混入出絮34斤的劣种，1亩岁收就可增钱1 000文。棉田勤锄，不仅要除杂草，更重在松土，以适棉性。雨后棉田浮泥冲净浸水，土质益坚硬，尤宜急锄、深锄。棉株摘头，最为切要，棉株直干易长，横枝难生，宜于三伏晴天时摘去棉头，以防其徒长。一经阴雨，枝叶丛生，黄花随之怒放，结铃则多。棉茎矮短，离地近而得力足，棉铃饱绽，可增产三分之一。在实践中，他还深感种庄稼时施肥、锄田，过犹不及，必须顺天时、察物性而以人力调剂之。应特别注重风雨变化、寒暑递更的推测，以防灾害。他还提倡在棉田内夹种油菜。

黄宗坚的实验取得成效后，与顾言（1843—1914，字丹泉，荷巷桥人）等好友合作，广泛动员乡民仿效，切实抓住辨土、选种、勤锄、摘头四大环节，推广植棉新技术，使本地棉花的产量和质量都有所改观，乡亲们随之收入大增。

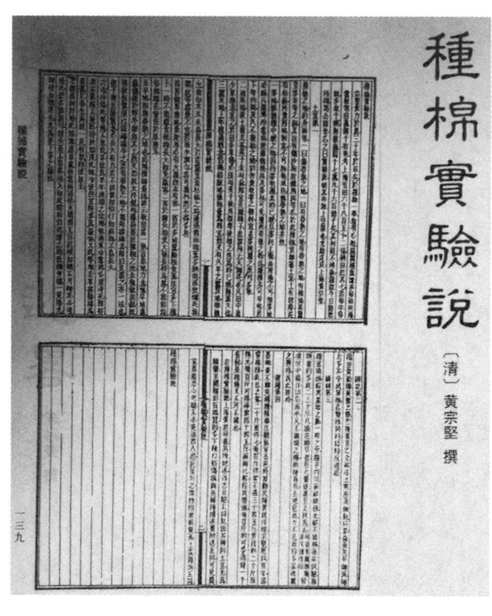
種棉實驗說

〔清〕黃宗堅 撰

《种棉实验说》书影

黄宗坚发现“上海有田六千八百五十二顷，棉田居其七。若每年每亩多收千钱，则岁赢四十七万九千六百余千矣”。于是，他有心将这项“种田经”推广出去，造福天下。

光绪二十四年（1898），黄宗坚根据自己30多年的生产实践，撰成《种棉实验说》一文，发表于上海《农学报》第26册（1898年4月出版）。光绪二十六年（1900），上海总农会将此文增订成书（石印本），使该书广为流传，成为农科经典之作。1910年，农工商部为倡导棉业改良编订的《棉业图说》，其中大部分参考了《种棉实验说》。2002年，《种棉实验说》被收入《续修四库全书》。

光绪三十年（1904），黄宗坚与侄儿黄申锡（字谱蘅）等倡办竹溪小学。

光绪三十三年（1907）春，上海尚无实业学堂，上海县知县将社会捐资交给顾言，托其负责谋划。为地方培养农艺人才，顾言抽调部分资金，筹备在

闵行镇西外滩创办一所中等农业学堂。

宣统元年(1909),27 间农校教学用房建成,顾言立即延聘教师,广招学生。

地方上自行创办农艺专科学堂,当时实属首创,为此各界对闵行农校寄有厚望,但选谁来主持教务呢?顾言心中早有打算。他对老友黄宗坚极为器重和信任,见他积累了丰富的农业生产经验而长期未被重用,就亲自登门,特聘他出任闵行农校经理(即教务长)。

黄宗坚时年 55 岁,不负使命,亲自策划建造校舍,为购置图书、理化仪器、教具等四处奔走;为培育乡邦科学种田人才,日夜操心,不辞劳苦。

宣统二年(1910)二月,上海县中等农业学堂正式开学,先办预科,学生不收学费。时有校舍 27 间,建有农事试验场,为上海地区第一所农业职业学校和第一个农学研究实践场所。

1912 年(民国元年)春节,因闵行镇上爆发警民冲突,农校被毁只得停办。1914 年,闵行乡自治公所组织社会各界积极捐款,在农校原址重新建造了两楝校舍。当年秋季,重新开学,改名为“上海县立乙种农业学校”,俗称“闵行农校”。黄宗坚继续主持农校教学工作,业绩显著。

1919 年 11 月,黄宗坚获得刻有“大总统特奖农业讲演所纪念”字样的墨盒。

黄宗坚年过八旬后,双耳开始重听,无奈在家静养。1937 年 11 月,侵华日军占领闵行镇,上海县立乙种农业学校被迫停办。黄宗坚满腔悲愤,难以清静,为避战乱随儿子躲到上海城区生活。

1940 年,黄宗坚年已 86 岁,耳聋眼花,回想近百年来遭遇的咸丰兵灾、1924 年苏浙军阀混战、1937 年上海沦陷,感慨万千,撰写《冷叟避难述怀》诗云:“生平三值红羊劫,屈指而今未百年。人说耳聋还是福,炮声动地得安眠。闾井为墟百室空,家山咫尺路千重。斡旋残局儿孙事,指望长途绝处通。泰岳游归谒孔陵,古稀意气尚飞腾。而今又隔十余载,腰脚蹒跚叹未胜。伤心冢子遽游仙,暮境颓唐剧自怜。晨起巡行宣佛号,思量唯有学参禅。”陈行名士秦锡田与黄宗坚交情笃深,特意唱和诗云:“无端遍地起烽烟,

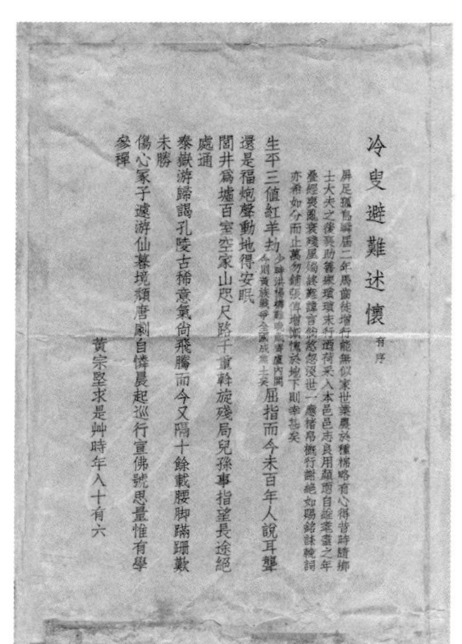

冷叟避難述懷 有序

屏足孤島僻居二年爲畫徒增行能無似家世業農於種棉略有心得昔時隨鄉士大夫之後襄助善舉瑣瑣末行猶荷采入本邑邑志良用顏恧自維衰耄之年叠經喪亂衰殘屋漏語難諱言悠悠忽忽沒世一應賭帛概行謝絕如賜銘誄輓詞亦希如今而止萬勿鋪張倍增慚愧於地下則幸甚矣

生平三值紅羊劫（少時洪楊構亂晚歲寇虜內鬨今則黃禍戰爭全區成焦土矣）屈指而今未百年人說耳聾還是福炮聲動地得安眠

閭井爲墟百室空家山咫尺路千重斡旋殘局兒孫事指望長途絕處通

秦嶽游歸謁孔陵古稀意氣尚飛騰而今又隔十餘載腰脚蹣跚歎未勝

傷心冢子遽游仙暮境頹唐劇自憐晨起巡行宣佛號思量惟有學參禪

黄宗堅求是艸時年八十有六

黄宗坚《冷叟避难述怀》诗

遁跡淞南已二年。心静不嫌尘市闹，黄粱一枕夜安眠。”“飘然尘世地行仙，老去风流顾影怜。只恨治聋无社酒，声闻寂诚且逃禅。”

1943年，黄宗坚在康定路872弄涵仁里逝世，享年89岁。秦锡田为其撰写《乡先哲冰如黄君传》。

黄艺锡

黄宗坚次子黄艺锡（1878—1953），字润书，清光绪四年（1878）生。光绪二十四年（1898）为上海县学增生。光绪二十六年（1900）为庚子科廪生。后入京师大学堂（北京大学前身）师范速成科深造。1903年12月21日，被管学大臣张百熙选派赴日本留学，学习年限定为七年。次年初抵达日本，先入弘文学院师范科补习日语和基础学科。1908年，30岁时由东京第一高等学校升入东京帝国大学农科大学农艺专业科。

黄艺锡

1911年，黄艺锡毕业归国，参加学部全国留学生会试，获得农科举人学衔，任农商部佥事。1912年11月起，历任化验、土壤、统计各科科长，农林司第一科科长、农事试验场主任、文官甄别委员会委员。1917年9月，担任北京政府农商部农林司司长、糖业改良委员会会长，林务研究所所长，棉业处处长技监厅帮办、技师甄别委员主任、实业代表会议会员、实业行政会议会员。1923年2月去职。

1924 年 3 月，再任农商部农林司司长。1927 年去职。

1922 年，黄艺锡与张宗祥（字阆声，号冷僧，时任浙江教育厅厅长）等集资翻刻《东坡先生和陶渊明诗》四卷，流传甚广。

当时，黄艺锡居住在北京西直门内北草厂钱筒子胡同一号，好友万勖忠（1882—1947，字勉之，号万圆主人，贵州省贵筑人）时任农商部主事兼中央农事试验场园艺科主任，居住在新街口大七条胡同七号，所居相隔不远，两人都喜欢养花，闲暇之余，经常研讨、切磋园艺，甚是投机。1924 年冬，万勖忠著《花卉园艺学》，黄艺锡为之作序。

1926 年，曾主政农商部的张謇去世，黄艺锡特作挽联："学术在三百年魁儒巨士以上，曰新民，曰生财，重实行不重清谈，勋业显江淮，宜得蔡邕作碑，马迁作传；经济著亿万里英雄豪杰之间，若保邦，若济世，尚古道兼沿新法，声名驰湖海，应与安定比德，文正比功。"

1932 年 1 月，黄艺锡以自己莳花养菊的经验，撰写我国最早的种菊专著《菊鉴》，收有释名、分布、种类、栽培法、种菊月令、各月行事表、旧种及新种一览表等。另著有《棉衡》。

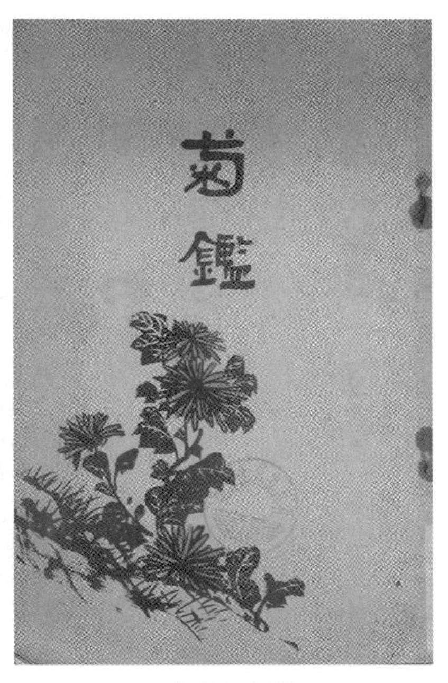

《菊鉴》书影

1933 年，黄艺锡离京返乡。经好友陶昌善（曾任农林部农务司司长）介绍任我国驻日大使馆新任商务参赞张新吾的秘书，4 月 23 日同赴日本。1935 年，返回上海，担任上海县款产处主任、民国《上海县志》审阅员，为《闵行诗存》和《云间杂识》撰《跋》。1936 年春，在闵行镇北街外重建宅院，人称"黄庐"。

抗战爆发后，黄艺锡陪父亲在上海城区避难，后在法租界拉都路（今襄阳南路）购屋定居。1939 年 5 月 15 日，黄艺锡与黄蕴深、黄申锡相邀秦锡田到酒楼叙饮，秦锡田当场赋诗叹云："垂老投孤岛，相邀上酒楼。精神都矍

黄艺锡印

1923 年 3 月黄宗坚赴京探儿时合影

铄，情话转绸缪。莫惜春归去，翻愁客滞留。加餐各努力，伫看复神州。”

1951 年，黄艺锡客居青岛好友处。1953 年返沪，因肺病在家去世。

黄艺锡娶颛桥北街周钺（字铁铮，1913 年当选江苏省议会议员）之女周静珍为妻，1914 年周静珍因病逝世后，又纳其妹妹周静芝为继室。

黄蕴深

黄蕴深

黄蕴深(1873—1953),字蕴深,又作云荪、云僧,号懒云,别署浦江野史,以字行。清同治十二年(1873)八月十九日,出生于黄家河圈文蔚堂西宅,为竹冈黄氏十九世孙,与黄宗坚为堂兄弟。父亲黄兆熙(1846—1893),号菘园,国学生。性高介绝俗,不求闻达。喜花木,宅有"满芳园""桐荫轩"。母亲徐氏。

黄蕴深自幼生活在闵行老镇,受业于马恩培(字柳江,号矍翁)。光绪十九年(1893),科试上海县庠生,后为附贡生。他多才多艺,擅隶书,工绘画,能诗词。因父亲死于庸医误诊,故潜心研究中医,竟有所成,虽未正式挂牌行医,但远近闻名,乡里病者有请必到,且从不收酬金。

光绪二十三年(1897),24岁的黄蕴深跟随顾言、李祖锡等长辈担任"闵行局董",为地方事务奔忙。

光绪二十九年(1903),30岁的黄蕴深留学日本,入弘文学院速成师范科进修。光绪三十二年(1906)8月入东京法政学大学速成科第五期,次年5月毕业。读书之余,他经常与来自马桥的金庆章(1873—1946,字静初)在江苏留日学生同乡会活动相聚,彼此结下了革命友情。后来,两人先后担任中国驻朝鲜仁川领事。

宣统二年(1910),37岁的黄蕴深在日本法政学校毕业后回国。10月3日(九月初一)学部组织游学毕业生考试,黄蕴深成绩列中等,钦赐法政科举人。担任过松江地方审判厅推事(从六品),后调在外务部授职主事、佥事,人称"七品小京官"。

1912年(民国元年),黄蕴深出任中国驻朝鲜仁川领事,后升任汉城副总领事、代理总领事。其间,他在《经济杂志》刊发《英国之国家信用》等文章。

1917年,黄蕴深调回北京,担任外交部主事,兼中央防疫处主任、俄文专修馆馆长。曾获三等嘉禾章和外交一等章。

第一次世界大战结束时,参战各国于1919年6月28日在巴黎签订《凡尔赛和约》。黄蕴深为中国代表团文牍科长,在参与捍卫国家主权的外交斗争中增长了才干。

1926年,黄蕴深荣获"大总统特奖"、"敬宗睦族"额和绿绶褒章。

1913年4月,黄蕴深由吴修源、高旭、金庆章介绍,参加了在我国近现代史上产生过重要影响的资产阶级革命文化团体——南社,社员编号为374。1916年《南社丛刻》第十八集刊发了他的《游朝鲜闵妃墓》《赴友人席招韩使侑酒》《题亚子汾湖归隐图》《无题四首》等七首诗作。

1927年,黄蕴深由钮永建推荐,出任江苏省民政厅第二科科长,同事称其"应兴应革,奉行惟勤"。

1929年7月,46岁的黄蕴深奉命出任吴县县长,8月5日到任。当时,吴县城区刚被划出建立苏州市。次年4月,江苏省政府复呈国民政府决定取消苏州市,与吴县合并。5月16日,黄蕴深率吴县政府接收苏州市政府各机关,原苏州市区域范围成为吴县的三个区。

然而当时偌大的吴县,却没有一个共用的室内大会场,召开大会要去借用基督教青年会礼堂。黄蕴深感到有失中国人的体面,便倡议在苏州玄妙观后面建造中山纪念堂。他率先捐款,响应者众多,纪念堂于1930年落成。苏州的金门,又称"新阊门",是在城墙上新开的。1931年元旦,黄蕴深主持举行落成典礼,为提倡尊重女性的风气,还鼓励夫人吴品仙率先动手启开金门。

吴县地情复杂,急需广泛调查,编纂出一套新志书。黄蕴深安排跟随自己到吴县工作的闵行同乡乔啸农(名增祥,字啸农,以字行)担任吴县县政府社会调查处主任,专职编印《吴县》铅印本(调查时期自1929年11月起,至1930年6月止,全书50余万字)。

1930年冬季,黄蕴深创办《吴县》杂志,聘乔啸农为编辑主任,举凡政治、

1931 年元旦金门建成开门仪式

蕴深自十八年八月摄篆以来以吴县辖境寥廓社会复杂不有调查专职将散漫无稽莫能究诘于文化之开通实业之展布政治之刷新建设之计划以及其他丛杂事项殆难足因时制宜因地致利之良果爰是遵令设立社会调查处委裔君增祥主持其事荜路蓝缕创始匪易周咨博访既勤且慎阅时半稔纂成各项调查表凡四十种以及其他记载文字数十篇纲举目张罗列靡遗足资政治实业建设教育等种种事业进行与治理上之参考其重要可知焉惟是社会进化日有变迁调查手续亦须随时随地斟酌损益匪可以胶守成见谓得是已足致社会情形日出不穷而我所以求之者反失精要庶乎其可也今者第一次编纂告成将专刊行世尚愿裔君暨诸同事继续努力俾调查成绩与年俱增则勤求治理者益将有取乎此

黄蕴深　书于吴县县政府

黄蕴深手迹

实业、建设、教育等，皆灿然罗列。次年春季，纂成《吴县》续编，题作《吴县城区附刊》（黄蕴深修，乔啸农纂）铅印本。此外还有《留园思补楼藏书目录》

等书籍,向世人全面介绍苏州城内的情况。

黄蕴深主政吴县的两年内,尽心尽责,开创新风,赢得各界好评。但是,因县市合并时,苏州市政府移交债务达十八万三千余元,“责重事繁”,这笔债务实在太沉重。1931 年 7 月,黄蕴深以“乞归休养”为由提出辞职,于 8 月 2 日正式交卸。

1931 年 12 月 1 日,黄蕴深和好友朱孔文一起被调到钮永建主管的考试院铨叙部任秘书。1933 年 7 月 22 日,黄蕴深调离,返沪后出任上海县地方款产经理处主任、新华银行闵行办事处主任、江苏省教育经费管理处科长、民国《上海县志》审阅员等职。

黄蕴深半生在外奔波,却始终对上海县及闵行镇怀有深厚的乡土情结,不忘收集地方文献。

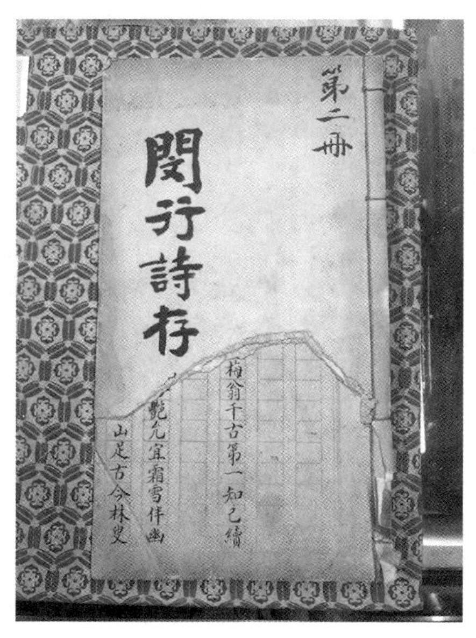

《闵行诗存》书影

1923 年,黄蕴深在祖父黄橙续修族谱的基础上,再三考核,延续世表,编纂《上海竹冈黄氏宗谱》三卷,次年正式出版石印本。

1935 年秋,黄蕴深经过七八年的收集,整理出大量闵行镇及周边地区(当时同属闵行乡)元、明、清到民国时期文人创作的古近体诗,辑成《闵行诗存》二册准备出版。因忙于赴南京任职,他只得将其交给黄艺锡、黄申锡协助校对和补充。为了收集得更广泛些,他赶到邻县图书馆查阅相关诗集,却因馆藏文献不能外借,就请人花了一个多月时间全书抄录,到手后选用了一两首。最终精选出 790 首,并为 86 名诗作者逐一撰写小传,辑成四卷由瑞华印务局铅印线装本发行,为后人留下了极为难得的地方文献史料。著名爱国人士、《吴县志》总纂、曾任徐世昌内阁教育总长的张一麐(1867—1943,字仲仁,号公绂)和留日同学、时任金坛县县长的朱孔文(1874—1951,字书楼,三

林塘人)应邀撰写了序言,言辞真切,赞赏有加。

黄蕴深本人的作品却一首也没有收入《闵行诗存》。他著有《金阊骊唱集》《壶盘小传》(1934 年铅印本)等,有一首《西湖岳庙题壁》诗传世,值得一读:“忠奸不并立,试披宋家史。半壁江山危,十二金牌至。矫诏不愿违,共事毋宁死。从容就义时,先及女与子。冤狱三字沉,权奸斯得志。正气振乾坤,庙貌屹屹峙。吾怪好事人,熔铁跪于此。生前常反对,死后岂顾视。徒使古英灵,触目怒发指。若谓激劝人,继起奸臣炽。若谓暴其颜,顽然岂知耻。白铁有何辜,臭累千万世。胜地留忠魂,乃容乱贼趾。从此好河山,瑕玷挂人齿。”

1937 年,黄蕴深与秦锡田、乔念椿、施养勇等成立了重建上海邑庙(城隍庙)董事会。

1946 年 3 月 30 日,上海县临时参议会在闵行镇成立,黄蕴深被推举为参议长,主持上海县的战后恢复重建。

4 月 7 日,钮永建以“宣慰特使”身份视察上海县闵行镇,在闵行中心小学与黄蕴深等地方绅商座谈时,叮嘱大家“咬紧牙关,任劳任怨”。黄蕴深果真任劳任怨,为重建闵行老镇而努力。

1947 年 2 月 8 日,为筹集建设资金,因抗战爆发而停业的浦海商业银行正式复业,总行设在留桥弄口(老镇南北大街 137 号),黄蕴深亲自出任银行经理。

1949 年,黄蕴深迁居苏州养老。1953 年病逝,享年 80 岁。

黄蕴深娶吴品仙为妻,生有天锡、高锡、地锡、厚锡四个儿子。地锡、厚锡兄弟娶本镇夏家允辉、允欢姐妹为妻。

黄申锡

黄申锡(1882—约 1965),字谱蘅,竹冈黄氏二十世孙。清末附贡生。祖父黄焜,字允升,号韫生,居素安堂。清候选县丞。喜金石书画,收藏甚富,可惜 22 岁英年早逝。父亲黄宗翰,字墨林。处士,性喜好舍。精数理,工

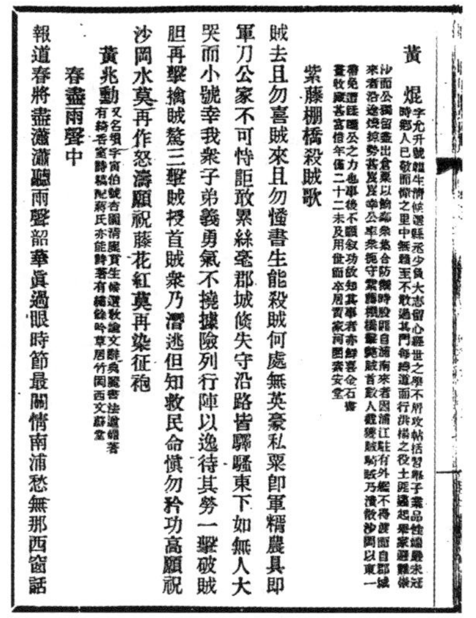

黃　焜

紫藤棚橋殺賊歌

賊去且勿喜賊來且勿懾書生能殺賊何處無英豪私粟卽軍糈農具卽軍刀公家不可恃距敵累絲毫郡城倏失守沿路皆驛騷東下如無人大哭而小號幸我衆子弟義勇氣不撓據險列行陣以逸待其勞一擊破賊胆再擊擒賊驁三擊賊授首賊衆乃潛逃但知救民命慎勿矜功高願祝沙岡水莫再作怒濤願祝藤花紅莫再染征袍

黃兆勳

春盡雨聲中

報道春將盡瀟瀟聽雨聲韶華眞過眼時節最關情南浦愁無那西窗話

《闵行诗存》书影

绘事。

光绪三十年(1904),22 岁的黄申锡助叔父黄宗坚创办竹溪小学,并长期在校当教师。

宣统二年(1910)秋冬之交,江苏省下令组织地方自治,闵行老镇成立乡议、董两会。“权舆经始,无尺寸凭借”,只是借务敏学堂 10 余间校产作为议员、议事、董佐的办公室,号称“乡自治公所”。黄申锡才华出众,此时以附贡生的名分,被推荐为湖南候补知府,可惜直到清王朝崩溃也没有获得上任的机会,而闵行人均认可他的名望,认定他是个杰出人才,推举他作为乡公所的实际工作者。

1912 年 4 月,江苏省颁布暂行市乡制。6 月,闵行乡自治公所改组,设议事会,下辖闵行、吴会、荷巷桥、沙冈 4 个镇。推举议事会议员 12 人,由朱承鼎任议长,30 岁的黄申锡任副议长,李祖佑继续任乡董,长子李显常担任乡佐。

黄申锡

同年 8 月,上海县议事会成立,闵行乡推举黄申锡、李右之、董炳章三人为县议员。李右之为后起之秀,任上海县议事会副议长。黄申锡还担任上海县参事会参事员(七人之一)。参事会设在上海县公署,每月开会一次。

1913 年 1 月,黄申锡当选为江苏省议会议员,同时辞县参事会职。2 月,第一届省议会开议。

5 月 19 日,江苏省第一届议会在南京举行第一年第一次临时会。会议议决《筹办全省道路案》《提倡公园案》《提倡教育

博物馆案》和《民国两度江苏省地方内务、行政费预算案》等议案。

11 月 4 日，江苏省第一届议会在南京举行第一年第二次临时会，议决议案八件。然而，12 日国务院奉袁世凯令，取消各省议会国民党籍议员，并追缴其证书。

1914 年，身为前议长的黄申锡与乡董李祖佑、议长朱承鼎、议员马恩培等人，以闵行镇北度门寺基地，建造乡公所办公楼。

同年，黄申锡在黄浦江西外滩长源木行东侧兴建花园住宅，主楼面南，五开间两层楼房，建筑风格中西合璧，极为时髦。庭院内遍植花木，占地 2 000 多平方米，取名“蘅村”，俗称“黄家花园”。

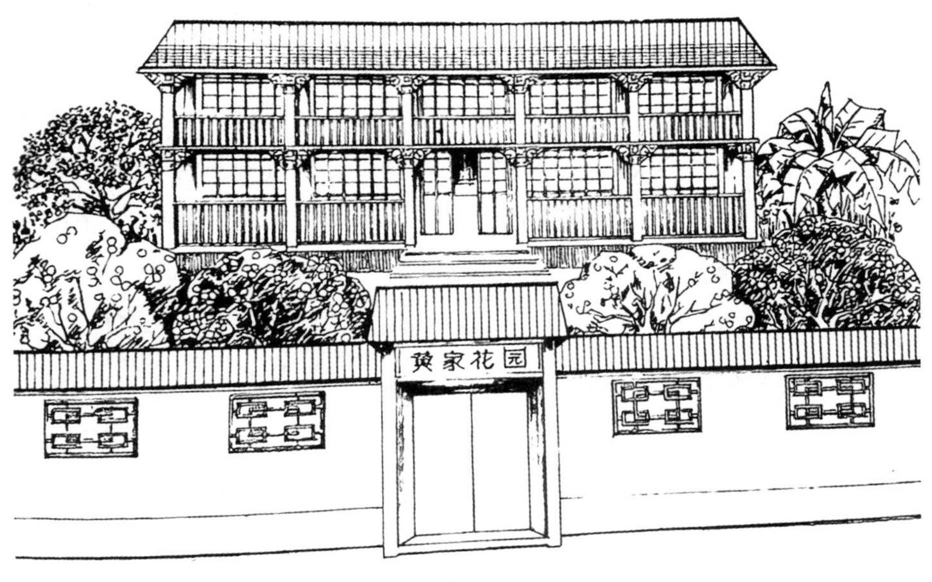

黄家花园

“二次革命”爆发后，上海地方自治夭折。时事纷乱，动荡不止。黄申锡为求一方平安，在政局多变的情况下费尽心机。

1916 年 10 月 1 日，江苏省议会复会，黄申锡与沈周、秦锡田、顾镜清等出席。

1917 年，黄申锡与沈葆义、李祖佑等捐资在闵行镇横沥河东购地造屋，创建广慈苦儿院，收养社会孤贫孩童。

同年6月，黄申锡与沈周、秦锡田、朱祥绂、顾镜清等向国会提出《维持上海求新厂紧急动议案》，要求政府维护民族工业、干预求新厂被收购一事，提出或由政府继续担保，或归华商收购，绝不能卖给外商。

1918年10月10日，黄申锡出席江苏省议会第二次改选会议。

1920年，江苏省议会反对虞洽卿在上海开办的证券物品交易所。黄申锡在省议会上率先发言，认为证券物品交易所是“国中极大赌场”，“以定期买卖为名，营买空卖空之事业，开办甫经数月，上海之商民因而自杀者有之，因而破产者有之”。指责其未经农商部正式批准，竟公然开业于公开市场，是违法的，提议省议会咨请农商部将证券物品交易所撤销，停止其全部营业。11月初，江苏省议会正式决议咨请省长公署责令证券物品交易所自行取消，并通电农商部要求停发其营业执照。于是，证券物品交易所在《申报》《大公报》上对黄申锡进行攻击。黄申锡不甘示弱，公开反击。双方唇枪舌剑，震动上海滩，黄申锡随之声名大振。虞洽卿亲自赶到北京，找熟人打通关节。黄申锡闻讯致电农商部，要求彻查示复，以释群疑。结果，虞洽卿买通农商部要员，蒙混过关。黄申锡由此看清了农商部腐败的本质。

1921年春，黄申锡协助李英石联络上海、南汇、奉贤、松江四县绅商，发起筹建沪闵南柘长途汽车股份有限公司。当年5月，黄申锡出任筹备处副主任，邀集沿途各乡图董组建“征地委员会”。在他的主持下，购地涉及上千户人家，迁移坟墓800余座，有力推进了沪闵公路修筑工程。

民国10年(1921)八月，黄申锡第三次当选江苏省议员。

1924年3月，江苏省公署批“上海县举办清丈事出民应即照准”。清丈筹备会选姚文楠为总董，秦锡田、黄申锡、刘增祥、胡人凤为董事，各市乡议董也同时选出。随后成立清丈局，第一区为闵行、马桥、北桥、塘湾、颛桥、曹行，由黄申锡主持，组建清丈队伍，轰轰烈烈地将本地田产家底摸清核准。可是到了1927年6月，因上海改称特别市，突然宣布各乡暂停清丈事务。黄申锡正年富力强，因遭此变故而气恼成病，不愿再抛头露面。

1939年，为避战乱，黄申锡与秦锡田、黄蕴深、黄艺锡等均暂居上海城区。3月26日，他们同赴酒楼叙旧，感叹人生。

1947年,黄申锡65岁时又生贵子,友人齐贺。

1951年,黄申锡随女儿黄蔓耘去香港定居。1965年前后,黄申锡在香港逝世。

黄蔓耘与俞振飞的艺坛情缘

京昆艺术大师俞振飞(名远威,字涤盦,号箴非)的感情经历丰富。原配范品珍为俞父所定,1923年春拜堂成亲。三年后,大家闺秀陈佩贞因拒做军阀张宗昌的侍妾而投奔俞振飞,为其二房。后来,陈佩贞又嫌其清贫,另嫁他人。1936年,黄蔓耘走进了俞振飞的情感生活。

黄蔓耘(1901—1956),西黄家河圈人。父亲黄申锡。

黄蔓耘出自书香门第,聪慧好学,受到良好的国学教育,诗、书、画均有造诣。

这一年春天,黄蔓耘随丈夫到北京,执教于女子师范学校。因酷爱京剧,她随京剧大师王瑶卿习艺,不时以票友粉墨登场,以"听枫舍主"的艺名闻世。不久,结识了正与著名演员程砚秋搭档的小生演员俞振飞,两人一见如故。当她得知俞振飞刚到北平,居处尚无着落时,便将北京家中一排五间中式平房借给他居住,还张罗其饮食起居。后黄蔓耘正式拜俞振飞为师,毅然从艺。

黄蔓耘与丈夫陈树红感情一向不和,离婚后遂与俞振飞结为伉俪。

就此,黄蔓耘相助俞振飞在北京推广南昆,博得了内外行家的一致好评。她自号蔓耘馆主,专工旦角,常演《刺虎》《思凡》《赠剑》《跪池》等剧目,同时代表俞振飞洽谈演出费用、安排演出,并帮助他戒除了抽鸦片烟的陋习。

1940年初,黄蔓耘随俞振飞移居上海,结识昆剧"传"字辈,相互切磋演技。承朱传茗、沈传芷等指点并同台演出,艺术更臻成熟。

1947年,黄蔓耘回闵行娘家时,发现在家中做长工的17岁"割草团"阿田(丁葆田,1930—1983年,北桥乡石桥弄人)聪明伶俐,对书画尤具悟性,就将其收进戏班。阿田虚心好学,心灵手巧,不久就担任舞台台长,并在黄蔓耘指导下学会了戏装设计。从此,俞振飞的全部戏装均由阿田设计,并由黄蔓耘亲自绘制图样后,再请人在戏装上加绣,赢得了京昆界广泛好评。

1950 年 12 月应马连良之邀,黄蔓耘与俞振飞赴香港合演《断桥》,后定居香港,不久黄申锡、丁葆田等也随他们移居香港。

俞振飞与黄蔓耘

在香港,黄蔓耘主演《思凡》时,俞振飞亲为擫笛,一时被传为佳话。大画家张大千观看其演出和绘画后,甚为赏识,于 1952 年欣然收其为入室弟子。

1954 年初,俞振飞夫妇在香港的生活日趋艰难,负债度日,而在准备返回上海时,却听闻黄蔓耘父亲被称作闵行镇“恶霸地主”,生怕返乡遭罪而犹豫不决。后经中央领导亲自过问,并做出妥善安排,俞振飞夫妇才于 1955 年 4 月离开香港,8 月回上海定居,再显艺术风采,声望日升。

丁葆田始终追随左右,被称为“戏装设计大师”。

1956 年 8 月,黄蔓耘因患肺癌不治去世,终年 56 岁。

黄申锡仍留在香港。1962 年,俞振飞再赴香港演出时前去拜访岳丈。此后数年,黄申锡谢世。

1954 年俞振飞和黄蔓耘在香港联袂演出

晚清举人夏其钊

夏其钊(1846—?),字元颖,号秋田,生于清道光二十六年(1846)七月初七。原籍湖南洞庭,先祖于顺治初年迁居闵行镇,已传七代。父亲夏纯祚,号云坡,议叙八品职衔,母亲范氏,娶妻彭氏,家居佛阁弄西滨浦,为闵行镇上望族。在老西街建造夏氏宗祠,有房七开间三进,祭田百余亩。

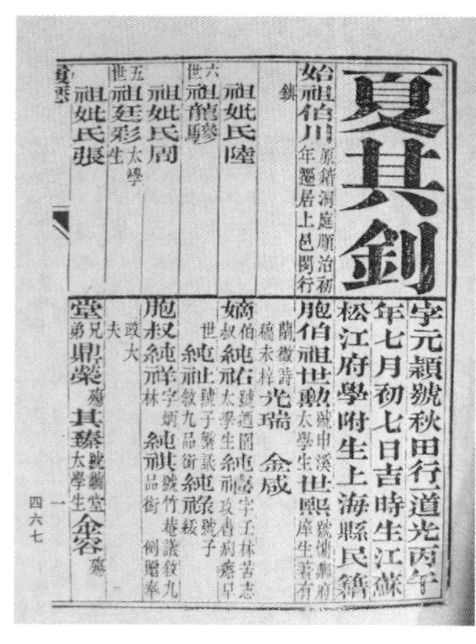

夏其劍
始祖伯川 原籍洞庭順治初年遷居上邑閔行鎮
祖妣氏陸
六世祖簡驂
祖妣氏周
五世祖廷彩 太學生
祖妣氏張
字元穎號秋田行道光丙午
年七月初七日吉時生江蘇
松江府學附生上海縣民籍
胞伯祖世勲 太學生 世熙
光瑞 金咸
嫡伯叔純佑 太學生 純禧
世叔純祉
胞叔純祥 純祺
堂兄弟鼎榮 其臻 太學生 金容
四六七

夏其钊乡试朱卷

夏其钊年少时遵父命习商,而他却乐而求学,他师从李荣滋(字畹香),谙音律,精医理,工吟咏,又乐于行善,特意将书斋取名为“风月双清楼”。著有《风月双清楼诗抄》。

同治十三年(1874),夏其钊跟随李荣滋在闵行镇上创办保婴总局。他俩又与顾鸿序(字秋园)、陈继蕃等倡集捐资购下小祇园,创建普安善堂。光绪三年(1877),普安善堂建成,松江知府杨永杰奖其“乐善不倦”匾额。

光绪元年(1875),夏其钊已 29 岁,终于在乡试中获第九十名举人。中举后,受聘靖江县学教谕,却以目疾不就,留在本地执教。

在闵行滨江春申阁南面，建有奎星阁，又称“文昌庙”。光绪元年，夏其钊见其年久失修，便动员李祖锡等青年学子捐募重建，并立碑纪念。次年四月，楼阁落成，呈六角形，颇为壮观。乡人纷纷登阁观赏黄浦江全景，成为地方名胜。

光绪十六年（1890），时任闵行局董的夏其钊和吴会书院顾言等集议呈请上海县衙，要求疏浚年久淤塞的横沥（闵行镇至春申塘段）和母子泾。新到任的知县陆元鼎（字春江，号少徐）以兴修水利为先务，于十一月十一日亲自主持工程开工。十六保、十八保、二十一保的数千名民工投入疏浚工程，夏其钊、顾言等担任“综理”。当年十二月下旬，顺利竣工并获陆知县嘉奖。

可惜，妻子彭氏患癫疾，夏其钊20年服侍未倦。晚年，他自己又双目失明，处境艰难。

夏其钊曾与李荣滋同游上海县学宫，作《步李畹香先生重游泮水诗原韵》，感叹人生：

文章经济亘无穷，冀北从来马不空。
四皓何曾受羁绊，皤然鹤发却颜童。
百年泮水几重游，岂屑徒为章句囚。
一代纯儒能济国，功成名遂复何求。
文采风流是我师，击钟寸草任嘲嗤。
飞来一曲钧天奏，信有蛟龙出听时。
我来申浦驻游缰，犹恋儒冠不自量。
十载春风培小草，愿随桃李侍门墙。

在夏其钊的影响下，闵行夏氏家族子孙大多不再以经商为主，族内人才辈出。

1913年2月，夏金初在老镇西街夏氏宗祠第三进房内开办夏氏女子初等小学校。

在此基础上，1918年夏建藩（字桂初，南京江南高等实业学堂毕业）创办振华女子小学校。不久，夏建藩北上求学，成为中国科学社物质科学组社员。

夏建安(1889 年生，字慎初)成为西医师，在上海八仙桥建慎初医院。1925 年 11 月，他参与发起成立上海医师公会。1928 年，他与汪企张等创办《诊疗医报》月刊，由上海诊疗医报社发行。1933 年，夏建安著《性病学》。

上海解放初，闵行夏氏家族有 11 房后人。

闯世界

清光绪三十二年(1906),上海县商会闵行商务分会成立,商界人士一致推选朱承鼎为首任会长。

朱承鼎,字理卿,约生于同治元年(1862),先世自南汇新场迁居闵行,遂占籍上海县。父亲42岁时才生下他,因此自幼受宠,师从名家。光绪十三年(1887),朱承鼎经科试进入上海县学,15岁考中秀才。虽家境贫困,但他少负大志,好读有用,文宗韩,诗宗杜,画学米,书学苏,兼长公牍文字。他终日手不释卷,对地方应兴应革事宜时有思考,并罗列在书页上。其诗文典丽而有根底。他本想苦读求得仕途,但偏偏屡试不中,不由痛苦万分。

在茫然之中,朱承鼎突然对中医学术产生了浓厚的兴趣。于是,他勤下功夫,一口气博通《灵枢》《素问》《难经》《伤寒论》《金匾要略》等医书。他自幼性敏而静,通过几番精研脉理,竟然治病辄应手愈。而且他为人豪爽,在镇上行医不计较酬劳,顿时声名鹊起。因此,四乡赶来求诊者日益增多,每日有数十位。

朱承鼎依靠医术,开辟了一条宽阔的谋生之路。但是他不甘心仅在闵行镇上混日子,决意要到上海滩去闯荡一番。他选择上海城区老城厢南部繁华的也是园地区，在那里租房挂牌行医，坐堂当起了郎中先生。

当时，花花绿绿的上海滩无奇不有，维新变法思潮正在风起云涌。朱承鼎感到十分新鲜，不由得关注起时事，天天阅读报刊，被康有为、梁启超等维新派人士的言论所打动。于是，他变得激情四射，挥笔拟就一篇上皇帝书，还草拟了一篇向李鸿章献策的长文。

然而，时局变幻莫测，戊戌变法转眼就失败了，光绪皇帝被软禁，康有为之弟康广仁被杀，康有为逃往法国。

初出茅庐的朱承鼎惊呆了，只得将写好的文章无奈地束之箧中。光绪二十六年（1900），他写下《庚子时事》诗云：

仰首长安道，烽烟满目惊。
圣君危累卵，上相失钧衡。
南北分持局，东西互逞兵。
素餐诸衮衮，何以答升平。

不久，朱承鼎从上海滩返回闵行镇，积极投身地方自治变革，护乡图强。

办实事

朱承鼎担任闵行商会会长之后，天天奔走在闵行老街上，协调数百家商铺业主，合力为地方公益办实事。

清光绪三十三年（1907），闵行乡议事会推举朱承鼎任闵行镇乡董。由此，他致力主持地方自治，推进公益建设。

朱承鼎注重实际，大胆地以税书经手的诸多弊窦为由，禀准代理上海知县王念祖，将官契改归绅办，并于光绪三十四年（1908）元月在闵行镇开办官契总局。

然而，1912 年刚步入民国，闵行老镇突发意外事件。春节期间，镇上发生警民大冲突，社会顿时一片混乱。朱承鼎眼见单靠商会的力量难以控制

局面,立即联络各方,与警兵统领进行交涉,才平息了事件。

当年6月,闵行乡议事会改组时,朱承鼎当选为议长。在他的主持下,闵行乡的地方自治被列为“江苏全省模范”。

朱承鼎不负众望,针对闵行商界的实际情况,一再向上海县公署提出改良地方商业管理的方案,大多得到采纳。1913年《上海公报》第九期接连刊登了《布告据闵行乡议长呈改良茶捐请出示晓谕》《布告据闵行乡议长呈改良公益税请出示晓谕》《布告据闵行乡议长呈预防火患办法请取缔示禁》等文告,可见当时政府通过一系列措施维护了当地中小商家的经营权益。

闵行商务分会逐步发展,成为地方主要管理机构,于是便需要扩建办公用房。1912年11月,闵行商务分会利用普安衍善堂划让的300多平方米土地,用银二千六百余元,建造办公楼。开张之日,镇上的头面人物欢聚一堂,特意合影留念,为后人留下了一份难得的图像资料。这里也是全镇商家业主们平时休闲、交际的首选之地,人称“闵行商会会所”。

忧兴亡

1914年3月,上海县公署委任朱承鼎为闵行乡副经董。1920年3月,乡董李祖佑卸职后,由其接任。在任期间,朱承鼎认真制定地方规划,凡办团防、设商会、兴学校、筹自治、濬河救荒等章程,皆由其亲自主持,一丝不苟。

当时,上海英租界当局拟将越界筑路延展至闵行地区。朱承鼎立即联合上海县地方人士,公开表示抗议,维护主权。

朱承鼎为民族兴亡而深怀忧虑,曾写下《世局》诗云:

世局真教百变哀,天心人事两相催。
众生梦梦余烦恼,大陆沉沉只劫灰。
触处危机忧莫释,横流沧海势难回。
填胸块垒知多少,且把兴亡付酒杯。

57岁生日时，他又写下28首《生日杂忆》诗，回顾人生路，感叹自己“所志所学，百无一成，而遭际困难，饱尝世味，有为人所不及知者”，尾诗云：

小园花放几株梅，却为生辰对酒杯。
醉罢高吟聊慰藉，待看春色十分来。

当时，辛亥革命先驱李英石无心再从政，退隐在闵行镇上，眼见家乡发展遇到机遇，便挺身而出支持朱承鼎。同时，他发起民间投资筑路，创办了“沪闵南柘长途汽车股份有限公司”，经营上海城区至闵行地区的长途客运业务，一举成为全国首创的商办长途汽车运输线。

1924年7月，62岁的朱承鼎功成身退，从此埋首于横沥河东的蒿隐庐书斋内，陶醉于年轻时所喜爱的医学和诗文。生前著有《蒿隐庐诗稿》《伤寒述义》等，《闵行诗存》录其诗61首。

热心公益的李园堂兄弟

清末,地处黄浦江畔的闵行老街已成为上海城郊首镇。镇上李姓人家特别多,大都分属“易园李氏”“李园李氏”“竹冈李氏”等家族。李园李氏家族是书香门第,李祖佑、李祖锡是闵行镇地方自治的“门面”。

李祖佑与李祖锡为李园堂兄弟,相差9岁,同为清末民初闵行镇上的“头面人物”。据李祖佑与李树则等续修的《上海松江陇西李氏宗谱》记载,南宋时先世李守溪自河南迁松江华亭县泗泾镇,五世祖李少泉迁到华阳桥,七世祖李顺初(太学生)于明崇祯十六年(1643)迁居闵行镇,遂占籍上海县。李祖锡与李祖佑为第十三代。李氏家族在闵行镇西新街建有养素堂,人称“李园”。这里原为李氏宗祠,清光绪年间在镇东戚家桥附近重建李氏宗祠,堂额曰“务本”。

李祖锡

李祖锡(1853—1917),原名毓琛,字子莲,号永怀、祉联,生于清咸丰三年(1853)三月。父亲李荣棣(字古唐,号少亭),因咸丰三年团防军功归部选用。母亲为张氏。咸丰十年(1860),李祖锡随父亲避难到通州,仍每日坚持阅读,不以乱离而废学。同治十三年(1874)以县试第一,拨入松江府学,补为增广生。

光绪元年(1875),李祖锡与夏其钊等青年学子捐募重建奎星阁。

光绪十一年(1885),李祖锡以乡试第十三名考中举人,取得副贡生的名分。从此,在家设馆授徒16年,其中在黄家河圈馆竹冈黄氏8年。同时,李祖锡还经理普安衍善堂,出任闵行局董,组织办团防、疏浚河道、重建老街启秀桥等公益事业。

光绪二十八年(1902),49岁的李祖锡与40岁的李祖佑、59岁的顾言一起捐募银洋八百余元,在闵行镇西南积谷仓处创设务敏学堂。

同年五月,米价奇昂,每石要售银洋八元,难民抢米事件不断发生。李祖锡为此深感忧虑,撰文呈请上海知县汪懋琨下拨谷息每亩四十文,补贴购米平粜,以慰民心。上海知县采纳其言,通详准行。

同年,李祖锡支持20岁的小儿子李英石自费赴日本留学。

光绪三十年(1904),李祖锡又安排次子李显常(字镜海)集资组建敏航轮船局,使闵行至上海县城始行轮船客运,开创了闵行镇经济社会发展的新局面。

李祖锡在光绪十三年(1887)就获得候选县学教师的身份,可惜没有机遇,只能就地执教候选,直到光绪三十一年(1905)六月,江苏省震泽县(后并入吴江县)急需一名县学训导,李祖锡虽年已52岁,不惜离乡远行受聘,八月正式赴任。科举废止后,又延聘他出任震江高等小学校长。李祖锡恪守传统美德,强调修身养性,亲著《修身范》书刊,供学童们诵读。可惜他积劳成疾,年仅57岁就身患中风,突然病倒在职位上。而他的小儿子李英石刚从日本留学回国,获得武举人名分后,转赴武昌谋求发展,无法照料父亲。于是,顾言帮助李祖锡辞去教职,送他回家乡养病,交给其二儿子李显常(时任闵行乡公所乡佐、敏航轮船局董事长)照应。

宣统元年(1909),上海县中等农业学堂(简称“闵行农校”)在闵行镇西外滩建成,李祖锡病情初愈,出任闵行农校监督(即校长)。

民国元年(1912)春节期间,闵行镇爆发“警民大冲突”,闵行农校校舍全部被毁。6月,闵行镇议事会改组,李祖佑继任乡董,李显常为乡佐。李祖

佑、李祖锡全力支持顾言重建闵行农校。当年秋季，农校开学，改名为“上海县中等农业学堂”，继续由李祖锡主持校务。

1913年农历三月二十八日，为李祖锡60岁生日，儿孙们为其筹足寿宴款，亲友们纷纷送来祝寿礼金，而他却把这些都捐去赈灾了。此时，他眼见家中盆兰盛开，不由心潮起伏，往事浮现，欣然挥笔撰写了《六十初度自述十二章》，反省自己的人生。其中，忆及在家设馆16年时感叹云：

传经一室媿元亭，几辈车因问字停。
同学少年都奋志，簪花插帽舞衫青。

忆及协办吴会书院，创团防，浚河道，借籽种等经历时，感叹：

三十余年逐世尘，枌榆义务历艰辛。
寸心差可盟秋水，一任头颅白发新。

忆及创办强恕学堂、务敏学堂时，感叹：

徒手经营学界开，乡僻亦为国储才。
殚精劳思不我憾，所愿规模次第恢。

忆及近10年的经历时，则感叹：

垂老才为一县师，媿无教术足匡时。
相期同学诸年少，东亚横流合力持。
考察频番志气雄，扁舟已遍五湖东。
青毡何解家山梦，赢得春风到处同。

最后一章云：

司马曾传自序篇，平生历史溯从前。
惭予未定千秋业，且向崦嵫迅着鞭。

7年来，李祖锡带病忙于农校教务，终旧疾复发，于民国六年(1917)十月十八日去世，享年69岁。生前著有《异文捃略》《经义类编》《修身范》《青琅诗文集》《青琅随笔》等。

李祖佑

李祖佑(1862—1933)，字蕉轩，晚号适叟。清同治元年(1862)五月二十八日生于通州，因此乳名"阿通"。幼年就读于马桥吴会书院。光绪十年(1884)，为松江府学庠生。

父亲李荣滋，字树九，号畹香、心兰，生于嘉庆十三年(1808)正月。道光十七年(1837)，创捐施棺并置义冢田，咸丰二年(1852)重修镇北广明庵时改为衍善堂。光绪元年(1875)又捐地建造"闵行仓"。曾率乡人前往吴淞江南滨虞姬墩(俗名"野鸡墩")一带参与疏浚吴淞江工程，见"垒土犹列，濠河未堙"，以《虞姬墩》为题赋诗云："楚汉纷争一旦休，美人香骨遂斯留。不驯吕雉老无耻，孰若王前完节优。""吴淞江浒水汤汤，如听虞兮歌断肠。赍恨千年余杀气，佳城壁垒又沙场。"祖父李恒，字坤成，号厚栽，为松江府学庠生，乐善好施，嘉庆二十一年(1816)遭西邻火灾，捐出房基地建造新西街，里人便之。

光绪三十三年(1907)，上海县劝学所下设24个学区。西南乡闵行、马桥、颛桥、北桥镇为联区，李祖佑担任联区劝学员。

宣统二年(1910)秋冬之交，闵行乡成立议、董两会。李祖佑被推举为闵行乡乡董，兼上海县劝学所协董。

民国元年(1912)6月，闵行乡议事会改组，李祖佑继任乡董，李显常为乡佐。该年，李祖佑全力支持顾言在闵行镇创建上海县中等农业学堂。正巧李祖锡因病从震泽县返回家乡，就推举他主持校务。

1914 年 3 月,上海县公署委任李祖佑为闵行乡经董,朱承鼎为副经董。

1920 年 3 月,李祖佑卸去闵行乡经董之职。其主持乡政 10 年间,推进了公益、教育事业,支持农田水利工程,贡献甚巨。

1929 年,李祖佑与李树则等续修《上海松江陇西李氏宗谱》(不分卷,四册,石印本,我国河北大学、日本、美国皆有藏本)。

1933 年 9 月 18 日,李祖佑病逝于李园故居,享年 72 岁。秦锡田为之撰“行状”,评价极高:“君者可谓知本者”,“禀性诚笃,孝于亲,恭于兄,信于友,忠于社会。自奉薄而待人厚,持躬严而驭下宽。故人皆爱而敬之,尊而亲之”。

辛亥革命功臣李英石

弃文从武

清光绪七年九月十二日,李英石(名显谟,以字行)出生于闵行镇新西街李园养素堂。

父亲李祖锡中举后,长期在家设馆授徒。李英石自幼受到父亲的慈爱和严管。少年时,父亲每月送其在马桥镇上的吴会书院会课,师从顾言(字丹泉),结识了不少好友。母亲严氏来自书香之家,其娘家兄弟均是太学生,因此也指望自己的儿子个个学有所成,眼看大儿子、二儿子学业平庸,便特别疼爱小儿子,盼其早日成才。

光绪二十二年(1896),15岁的李英石考入上海县学,成为一名秀才,李氏家族合家欢喜。

李英石聪颖早慧,虽说个子不算高大,但肩宽体壮,长得十分结实。他不喜欢“死读书”,闲暇时好谈兵事,娴习马术。每当夕阳西下时,游丝一鞭,驰骋于长林丰草间,是他最痛快的时刻。日长月久,他立下了尚武报国之志。

而父亲对李英石寄托厚望,急切地盼望他通过科考,走向仕途。于是设法通过纳捐,为他获取了附贡生的名分。

转眼间,李英石年满20岁了。

光绪二十二年(1896),清政府派出13名学生赴日本留学,开启了中国近代史上赴日留学的时代新潮。随之,各省督抚相继派遣赴日留学生(称“官费生”)。

光绪二十四年(1898),闵行镇上的项文瑞(字莲生)考入日本宏文学院师范科。光绪二十八年(1902)年初,镇上的黄宗麟(字蕴深,号懒云)和黄艺锡(字润书)正在力求赴日留学“官费生”的名额,而且已有眉目。他们是李祖锡的门生,也是李英石的伙伴。

一向好胜的李英石显然落伍了,他虽也擅长舆地、帖括、词章之学,但不屑于此,不想随同他们去攻学文理科。他闻听日本有出色的军事学校,擅长培养新式陆军人才,因此极想前去留学,却一时寻不到谋求“官费生”的途径。

于是,李英石决意投笔从戎,由于家境宽裕,索性自费赴日本留学。母亲为之忧心忡忡,不想让儿子远行受苦。而父亲虽对他的理想知之不深,但仍支持他赴日留学的志愿,希望他早日成才。

李英石要自费赴日本去留学,这一破天荒的举动,顿时轰动了整个闵行镇。

逼迫革命

在谋求自费赴日留学的旅途中,李英石遇到了同样热衷学习军事的吴稚晖。

吴稚晖(1865—1953),原在上海南洋公学任教,1901年3月到达日本,与最要好的学友钮永建相聚在一起,同习日文。在那里,钮永建有幸结识了孙中山先生,几次议论反清斗争策略,使吴稚晖逐步接受了革命思想。当年12月,钮永建经孙中山推荐,回国奔赴广州帮助筹办广东武备学堂,而吴稚晖忙于帮助自费生赴日留学。

吴稚晖能言善语,又去过日本,熟悉相关途径,李英石自然认其为“老大哥”。

清光绪二十八年(1902)7月初,李英石与蔡锷(原名艮寅,字松坡)、胡汉民(字展堂)等7人,跟随吴稚晖汇聚上海港,一起乘邮轮前往日本留学。

李英石刚满21岁,与同行者大多初次相识。一路上,同行者激情四射的言论和举动,也使他热血沸腾。

经过4天多的航行,他们终于到达日本。

当时,报考日本陆军士官学校,先要入其军事预备学校(成城学校)学习一年。清廷生怕中国留学生赴日留学后加入反清队伍,因此照会日本政府并约定:凡是中国自费学生要进成城学校,必须要由清政府派驻日本公使具函保送方可。

于是,李英石与蔡锷、许嘉澍、钮瑗、孙揆均、顾乃珍、刘钟英、吴慕良等9名苏浙赣自费留学生,前去拜见清公使蔡钧(字和甫,浙江仁和人),请求其保送他们去成城学校学习。但是,他们的要求遭到蔡钧的故意阻挠,推说必须先由学生原籍的官府出具保证。

眼看马上就要开学,而李英石他们手头没有来回的路费,怎么办?只得找"老大哥"帮忙。

吴稚晖得知后,急忙发动自己熟悉的留学生,为他们每人找了5位担保人。

可是,蔡钧耍花招,不以公使馆的名义制作保证书,却直接将他们的担保书派人送往日军参谋本部,敷衍了事。

眼看难题无法解决,大家急了。

7月28日上午,李英石与吴稚晖等26人赴公使馆请愿。而公使蔡钧依然刁难,拒不理会。

此日,天气炎热,时过中午,还不见公使出面,李英石他们饥渴难忍。等到下午3时,公使仍不见踪影,李英石他们横下一条心,不解决问题就不走。直到晚间7点30分,蔡钧才摆足排场,勉强出来接见。吴稚晖忍气吞声急忙趋前,屈膝长跪于蔡钧面前,逐条陈述求见理由。蔡钧虎着脸,严斥他们:"纯是目无纲纪,无理取闹。"李英石他们毫不示弱,唇枪舌剑,据理驳斥。蔡钧理屈词穷,拂衣而去。日本警察蜂拥入室,抓走了吴稚晖。

于是,李英石他们在公使馆门口集体静坐示威,持续数日不散。

8 月 5 日,公使蔡钧恼羞成怒,指控他们为“革命党”,竟然下令动手抓捕。李英石他们群情激愤,怒砸了公使官邸的陈设。

蔡钧喊来日本警察,扣押了在场学生,并以扰乱治安为名,限他们 24 小时内离境。

吴稚晖愤懑不已,写下绝命书:“信之已死,明不作贼,民权自由,健邦天则。……孔曰成仁,孟曰取义,亡国之惨,将有如是。诸公努力,仆终不死。”还沿途喊叫:“士可杀,不可辱也!”

李英石深受感动,决意陪同吴稚晖奋战到底。

此后,吴稚晖、李英石等被押往横滨码头,遣送回国。

此时并非“革命党”的李英石,遭受如此打击,心中的革命思想反而由此引发了。

初学军事

李英石壮志未酬,千方百计寻找新的途径。经父亲指点,他想到去找上海滩名士李平书。

李平书(1854—1927),初名安曾,更名钟珏,号瑟斋,出身医学世家。光绪年间,先后署广东陵丰、新宁、遂溪知县,湖北武备学堂总稽查、提调。清光绪二十九年(1903),转任江南制造局提调,兼任中国通商银行总董、轮船招商局董事、江苏铁路公司董事。他主持一系列社会改良活动,创建民族实业,在上海颇具名望。

李英石知道,李平书与父亲曾为同榜贡生,互称“同年”,年轻时交往密切。又因李祖锡年长一岁,李平书称其为“宗兄”。而李英石要比李平书年轻 27 岁,即借父亲的声誉前去拜见“叔父”。

李平书一向不忘老友旧情,闻讯立即答应帮助李英石找寻报考军事学堂的门路。

不久,经李平书推荐,李英石顺利进入由两江总督张之洞在南京城北三牌楼创办的江南陆师学堂。这里的入学者文理通顺，能知大义，由德国教习讲授兵法、行阵、地利、测量、绘图、算术、营垒、桥路各种功课及马、步、炮兵种阵法。

江南陆师学堂总办俞明震（1860—1918），字恪士，又字启东，号觚庵，是一位识才善教者，其学生成才者甚众，如国学大师王伯沆、作家鲁迅等。俞明震几经观察，认定李英石是个将才。于是，李英石在陆师学堂的生活可谓如鱼得水，不仅学到了丰富的军事知识，还受到了正规的军事训练，也增强了从军报国的信念。

光绪三十年（1904），李英石又转入金陵将弁学堂。虽说这所学堂号称“以忠君爱国为本原”，但是李英石感兴趣的是这里的尚武精神，因此深感志满意得。

在这里，李英石结识了一个又一个真正的“革命党”。他在《民立报》1912 年 8 月 5 日刊发的文章中提道：“六月某日，入师室，见客衣冠朴陋，目并注类傫然塾师者在焉。叩之，则英士陈君也。”这是他与陈英士（名其美，以字行）的首次意外相识。

从金陵将弁学堂毕业之后，李英石急忙返回上海，希望父亲继续资助他赴日留学。

兄弟异见

李祖锡娶严氏为妻，生有三子二女，长子李显澄（1865—1904），号景伊，太学生，娶马桥乡俞塘村钮世慎（字荫谷）长女为妻；二子李显常（1871—1917），初名显清，字镜海，县学庠生，娶国学生董翼如次女为妻；三子即李英石，在父亲 28 岁时出生。

李英石的两个哥哥天性率直，不慕荣显，无意走仕途，便懒于去科场拼搏，始终守望在闵行老街上，以儒学为业，陪伴父母，虽无大作为但日子过得安安稳稳。李显常的一首《装绵》诗，尽显了他的才华和情趣，诗云：

一窗冷逼耸双肩，在笥征衣欲衬绵。
酒暖金樽空座上，裳缝玉剪促灯剪。
严风吹淡三更月，阴雨频添百尺泉。
寒到君身情自急，闺中红豆两心牵。

李英石却人小志高，生性豪放，胆子也大，一心尚武从军，行侠取义。然而父亲李祖锡并不赞赏，他主张实业救国，希望子女们在家乡创业，为民造福。

清光绪三十年(1904)，李祖锡帮助二儿子李显常在闵行镇上集资组建一家内河轮船公司，取名“敏航轮船局”。

自从李祖锡应聘到苏州府震泽县去担任县学训导后，家中暂由二哥主持家政。

李英石回到家，眼见二哥创业有成，颇为兴奋。家人见他英姿勃发，激情漾动，甚为宽慰。然而，当他提及打算再次赴日本留学时，家人顿感不安，认为不妥。

李英石慷慨陈词，胜似演说。家人目瞪口呆，无言以对。偏偏父亲在外谋职，家中缺了权威人物，如此大事不好定夺。母亲含泪叮嘱，苦口相劝。二哥一言不发，漠然冷对。

李英石自有主张，脾性爽直，不肯轻易退却。

对于李英石醉心于戎马天涯的志向，李显常一向不以为然，此刻明确表示难以相助。

兄弟俩话不投机，自然无法商议赴日留学的事项。

骏马奔腾

于是，李英石只得再去找叔父李平书。

李平书正在主持上海城厢内外总工程局，实施大规模的现代化市政建设，深切感受到青年人才的重要性。他一向偏爱老友子弟，如今看到李英石经过军事学堂数年培养,更具豪气壮志,自然十分赞赏。于是,他再次热情地出手相助,为其做赴日留学的担保,通过南京好友,很快就争取到了“官费生”的名额。

清光绪三十二年(1906),李英石终于如愿,以官费生的身份考入日本官立东京振武学校(原名“成城学校”),接受留学预备教育。

在这里,李英石接受军训并学习日文,他不怕严酷的考试,但对于教学中的日本军国主义论调,不敢苟同,只能“隐忍不发”。

数月后,李英石以“士官候补生”的身份,被分派到驻扎在兵库县姬路市的日本陆军基层部队实习,授予一等兵军衔。

经历数月磨炼,李英石有了几次升迁,获得下士军衔,并参加了姬路市的骑兵联队,与心爱的战马相伴。

一天,李英石特意拍摄了一张“戎装骑马照”邮寄给父母亲,并挥笔题词宣称:

> 谟儿二十有五,入日本姬路骑兵联队,实受军事教育。乘骏马策之以道,纵横驰骤,髀肉不复生,得其所哉。小子于是乎欣然矣,强国必先强身也。

光绪三十三年(1907)12月,李英石以军曹(中士)军衔进入陆军士官学校第六期步科(骑兵科)。当时,在日本学习文法科的上海学生不少,而专攻陆军科目的只有李英石一人。

因此,李英石甚为自豪,撰文向《苏报》投稿,畅谈“武力革命为救国之道”。

当时东京是中国热血青年的大本营。李英石利用课余时间,参加了留日同学的一系列聚会,还结识了黄兴(字克强,号庆午、竞武,孙中山先生的至交)和宋教仁(字钝初,号渔父,时任同盟会中部总会总务干事)等中国革命同盟会主要成员。

李英石的革命思想日益增强,希望加入同盟会。然而,同盟会人员认为李英石曾经殴打过清公使蔡钧,在日本容易被指认为革命党徒,目标过于显

露,因此力劝其暂勿入会,以免招惹官方侦知而勒令其退学。李英石理解大家的好意,行事也更加谨慎。

光绪三十四年(1908)12 月,李英石从日本陆军士官学校毕业后,按规定,以“见习士官”的身份回到姬路市的骑兵联队再次实习了半年多,获少尉官衔。

次年暑期,李英石以陆军士官的身份回国。

辛亥前夜

清宣统元年(1909),李英石随同留日毕业学员回国,奔赴武昌城,被编入新军营。两江总督张人骏(原字健庵,改千里,号安圃)器重李英石的文才武略,推荐他担任新军书局军事书籍编译长。在那里,他与新军第八镇内的革命组织“振武学社”建立了联系。

在武昌工作了十个月之后,李英石又被张人骏召回南京,加入新军陆军第九镇,来到江宁城关。

宣统二年(1910),李英石隐蔽革命者身份,参加清廷部试,获得“钦赐武举人”的名分。

李英石为人真诚,办事干练,熟悉军事,又精于骑兵战术,被陆军第九镇统制(首领)徐绍桢叹为“奇才”。于是,徐绍祯任命他为第九镇马标第一营管带(即骑兵团营长)。

徐绍桢(1861—1936),字固卿,出身官宦之家,祖籍浙江钱塘。他怨恨清廷政治的黑暗,是个立宪派人士,主张改良主义。因此,他重视新军官兵的思想文化教育,注重吸收知识青年入伍,有心打造一支文武兼备的新型军队。

李英石遂与步兵管带张承樵(字蓬生,湖北枝江人)密切合作,发展组织,并一起说动徐绍桢附和赞同革命。徐绍桢被李英石的大义所感染,视为知己。

李英石娶妻生了两个女儿后,总盼有个儿子,于是纳妾求子,企望生活过得更加美满。

然而,革命的暴风雨悄然来临了。

宣统三年(1911)10月10日,武昌新军第八镇工兵营带头起义。消息传到上海,极大地鼓舞了革命党人的斗志,决心策划江苏、浙江、上海的武装起义,响应武昌。

徐绍桢正观望着时局,鉴于无法与武昌取得联系,情况不明,一时不敢行动。10月25日(农历九月初四),他指派李英石以红十字会会员身份秘密奔赴武汉,计划通过原有人脉接近第二军军统冯国璋(字华甫),探明实讯,以利决策行动方案。

此时,南京的时局已变得十分严峻,车站、轮埠布满了清廷密探,正在疯狂搜捕革命党人。若从南京直接奔赴武昌,必将引人注目。徐绍桢不想让李英石冒此风险。

10月27日,李英石不得不乔装悄悄来到上海,等待时机再转道潜往武昌。

第二天,李英石有幸遇到了好友黄兴,并通过他与陈英士、宋教仁、杨谱笙(名兆銎,以字行)等同盟会主要成员见面,将计划做了通报。

然而,几位同盟会成员都不以为然,希望第九镇参加他们谋取建立南方军事根据地的行动。黄兴早就赏识李英石的才干,而且是上海本地人,因此极为热情地劝说他留在上海,参与组织领导军事力量。陈英士说:“上海为南数省扼要之地。上海即举,则长江一带迎刃而解。你不用再往武昌去了。”

李英石认为此说有理,立即将同盟会的建议以密电请示徐绍桢。

徐绍桢迅速回电,同意李英石留驻上海,担负第九镇与上海革命势力的联络任务,并与负责南京起义的张承槱互相策应。

于是李英石留在上海,受李平书之邀,任上海商团军事教练,助其按照新军编制重整商团力量,提升军事素质,进入备战状态。同时,他通过“军国民联合会”,动员已回国的士官学校同学来沪组团参加上海起义。不少同学积极呼应,蒋志清(即蒋介石)即为其中之一。

好友聚力

当时,上海地区有中国同盟会中部总会、光复会上海支部和上海商团公会等三方革命力量。同盟会、光复会主张尽快发动武装起义,但是自身缺乏军事实力,而上海商团公会是一支较有实力的地方武装,会长李平书时任上海县地方自治公所总董,在上海颇具号召力。因此,同盟会成员极想和李平书及商团合力发动起义。

李平书以及自治公所议员们大都还不了解那些革命党人,认为自己的责任就是保护地方人民的利益。同盟会与李平书经过多次协商,增进了解,议员们才同意今后彼此尊重,避免产生矛盾。随着形势发展,他们感到一场风暴即将来临,于是李平书每夜都在南市救火联合会秘密召开会议,商量应对措施。议员们各怀心事,七嘴八舌,大多主张“要革命,但不要流血”。

正当李平书举棋不定之际,李英石来到了他的身边。

李英石当即表示,愿为叔父效力,回报师恩。李平书眼见侄儿学有所成,又视野开阔,满怀激情,便决意重用李英石,以解困境。

而李英石明白,自己的使命并不局限于整合商团力量,他关注的是整个上海滩。正巧,他在与同盟会的联系过程中,遇到了同乡钮永建。

钮永建与李英石是远房亲戚。李英石家的大嫂是钮永建父亲钮世章的亲侄女,两家父辈时有往来,他俩又同为赴日留学生,但近十年来总是失之交臂,未曾共事。如今,两人有幸相聚,共谋伟业,自然贴心贴肺极为投缘。钮永建1895年入湖北武备学堂,1903年在日本留学时组建学生军,1905年加入中国同盟会,跟随孙中山先生走南闯北,搏击在革命洪流中。不久前,钮永建从国外潜回广州,又奉命来到上海,此刻通过李英石,代表同盟会与李平书共商大计。

10月下旬,钮永建和李英石每天晚上都会来到武昌路贞吉里李平书寓所,讨论时局进展,密议起义方案。大家都是上海本地人,满屋乡音传递乡情,共同为光复上海迸发着激情。同盟会的起义主张,终于得到了李平书及商团力量的全力支持。

同时,钮永建又将光复会首领李燮和介绍给李英石,使三方革命力量结成起义联盟。

然而,烦心事也相随而至。李燮和趁机邀请李英石加入光复会,而同盟会得知消息,忙劝说李英石加入同盟会。李英石左右为难,就找钮永建商量。钮永建认为,这次革命能否成功还很难说,为避免牵累李平书,让他留待万一起义失败能做一个收拾残局的人,就劝说李英石暂时不要参加任何政党。谁料想,这一个好心人的“小聪明”,给李英石以后的人生道路招来了一连串烦恼。

商团司令

清宣统三年(1911)11 月 1 日上午,上海 23 个商团在南市“九亩地”演武场举行有 2 000 余人参加的检阅典礼,公开身份为“兵科举人”的李英石应邀担任总检阅官,与全体商团人员见面。“九亩地”位于老城厢西北角露香园路一带,邻近法租界,在嘉庆年间为驻军演武场,近几年建成极为热闹的游乐场所。

李英石时年 30 岁,办事有魄力,又善用兵,常骑马出行,颇具大将之风。他在台上即席阐述军事观点和介绍经验后,大家都很钦佩。

商团各单位负责人兴高采烈,当场公推李英石为上海商团临时总司令,统一负责指挥教练,还出资买来一匹赤褐色阿拉伯高头战马赠送给李英石,让他骑马指挥作战。

此前,上海各业商团之间组织涣散,各自为政,加之人事复杂,派系间成见较深,不能团结一致。李平书有意通过这场检阅典礼,统一思想,加强指挥。见李英石的出色才干获得公认,李平书心里也就踏实了。

为了掩护起义的意图,李平书对外宣称:“上海商团为了更好地保护地方治安,邀请第九镇军官来沪加强商团训练。”李英石虽任商团临时总司令,但发布命令则用“民军代表”的名义。当时,商团总司令部下辖六个分团,即

沪学会商团、商余学会商团、沪西士商商团、商业体操会商团、商业补习会商团和闸北商团。其前身是青年人发起组织的体育会，团员大都是青年工商业从业人员和学界人士，具有强烈的爱国热忱，但参加活动主要是希望通过学习军事强身健体，掌握新式武器的战斗本领，当国家需要时为民族效力，并没有“反清革命”的意图。

当天晚上，同盟会、光复会和商团三方力量的代表钮永建、陈英士、李燮和、李平书、李英石等紧急聚会，根据武汉和南京信息，决定当机立断，改变行动方案，将原议“上海视南京举动而定进止”改为“上海首先发动，苏杭继起响应，随即进攻南京”。

11 月 2 日，为了增强商团作战经验，实授功守战术，李英石在南市斜桥集合全体商团成员，举行野外大演习。他骑马亲自指挥，讲解“攻易守难”的军事思想，鼓励大家做好殊死一战的精神准备。通过这场演习，商团士气大振。

然而，江西传来信息称，武昌战况不利，汉阳可能失守。

三方代表都感到在上海发动起义已经刻不容缓。当天晚上，在自治公所召开秘密会议时，与会者多数同意，决定携手合作，于第二天下午 3 时在上海南市和宝山、闸北同时发动起义，主攻目标为江南机器制造局。三方一致推举由李英石担任军事行动指挥官，具体组织和指挥军事行动，对外称作“民军代表”。

上海光复之役打响前夕，有一批上海本地热血青年匆匆赶到李英石的身边。来自新军第九镇的闵行镇上人李卓民(1885—1940)，又名植民，字犹龙，号倬云。少年时就读于上海龙门书院。光绪三十二年(1906)离家奔走，先后毕业于南京两江师范学堂法学科、安徽武备学堂(时称“安徽陆军小学堂”)。宣统二年(1910)，他毅然从武，投奔新军第九镇，得到徐绍桢的器重，担任教练官。宣统三年(1911)，他奉命赶赴上海协助李英石。其父亲李培禧(1838—1911)，字应龙，号在田，祖籍浦南李家阁，为竹冈李氏十九世孙，是明末松江抗清守城英雄李待问(字存我)的后裔。李卓民是其 48 岁时所生，父子关系极好。宣统二年(1910)十月十四日，李培禧因气血亏耗去世，享年 72 岁。

因李培禧与李祖锡是知交，所以李卓民与李英石自幼成为伙伴，彼此年龄相差 4 岁，李英石为兄。此刻，老友相逢在上海滩，彼此更加亲密，誓为光复家乡赴汤蹈火。

出生于奉贤县泰日乡的范钦翰（字雪岑）来自江苏武备学校。闻听上海即将起义，他率全班 60 个同学一起赶到上海，向李英石表达了参战的决心。

于是，李英石委托李卓民与范钦翰利用各自人脉，立即组建一支学生军，配备武器和战马，准备担当光复起义的先锋队，并协助其指挥上海各商团作战。

不久，一支 66 人的学生军悄然形成，李英石心中更有底气了。

李卓民与范钦翰曾同在南桥文游学堂读过书，因此招来了一批关系好的同学，其中有姜遇文（奉贤县南桥人）、太保阿连（南桥人）、范钦侯（字学洲，奉贤县肖塘人）、庄韵笙（金山县人）以及钱叔仁、鲍寄堂、吴彩堂、胡坤生等。另还有钮永建前几年在俞塘紫冈学舍培养的陈惟俭（字渠清，金山县亭林人），徐乐同（又名桂八，字仰高，金山县松隐乡浩光村人），焦忠祖（字德一，马桥镇人）、陆丕谟（字佑人，金山县钱圩人），陆翊仁、翁象贤（马桥乡人），王伯仁（马桥乡人）等。

光复之役

11 月 3 日上午 9 时，各商团队伍以“领枪”为名，在江南机器制造局附近的南操场集合。到场的大都是青壮年，有工人、学生和工商企业职工，也有少数工商界上层人物。队伍排列好后，李英石会同陈英士等到场检阅。李英石以民军代表的身份，登台演说，鼓舞士气。商团团员领到武器，个个摩拳擦掌，异常兴奋。

可是谁也没有想到，上海商馀公会当天发行的《商餘报》刊发了一篇《观战记》，绘声绘色地报道了李英石组织野外大演习的情况。敏感的清廷官员从中嗅出了端倪。

恐李英石的革命党身份暴露,起义不得不提前爆发。李英石当即下令,商团全体团员、学生军成员、“军国民联合会敢死队”成员和沪军巡防四营起义官兵立即到城南沪军营操场集合。

下午2时整,小南门救火联合会的救火钟鸣钟9响,继又13响,连鸣了两次(寓意为当天是农历九月十三日),这是各方事先约定的武装起义号音。

各路人马准时汇集在沪军营操场上。据李卓民《上南光复记》称:“到者二千八百余人,列队充先锋者三百四十二人。”

李英石率敢死队刘福彪、潘印佛等一露面,即慷慨陈词,宣布起义。当即,就有人扯毁了清廷龙旗,升起了标志“革命”的白旗。全场欢声雷动,经久不息。

随即,向参加起义者分发每人白布一条(宽三寸,长六寸)绕在左臂,统称“革命军”,以资识别。

李英石逐队检查武器,巡防四营枪支齐备,商团有步枪500支,其余均持刀棍。于是,他将随身带来的50余支手枪和数百枚炸弹交给商团及敢死队成员。

准备妥当,李英石以“民军代表”的名义当众发布了三道作战命令,宣布正式起义:一,商团协助敢死队攻打江南机器制造局;二,进攻苏淞太沪兵备道;三,商团各分队分段防守城厢内外,维持治安。

只见李英石举臂鸣枪一响,接着吹起进军号,参加起义的人们高呼“冲啊!冲啊!”奔赴预定的分防、进攻地点。

至11月3日下午4时前后,商团和光复会、敢死队等各路起义军分别占领了预定目标,大批守军和警察投诚起义。

上海老城厢未经激烈战斗,就被革命军占领了。道署、县衙的官吏早已逃之夭夭,平民百姓争相上街“看热闹”,围观革命军的一举一动,惊叹这些年轻人“胆大妄为”。各处大街小巷,张贴着由李平书署名的六言安民告示:“照得武昌起义,同胞万众一心,凡我义旗所指,罔不踊跃欢迎,各省各城恢复,从未妨害安宁,上海东南巨埠,通商世界著名,一经大兵云集,损害自必非轻,今奉军政府命,但令各界输诚,兹已纷纷归顺,足见敌忾同情,惟愿亲爱同胞,仍各安分营生,洋人生命财产,切勿乘此相侵,转瞬民国成立,人人共享太平。”

眼看天暗入夜,进攻江南机器制造局的两路起义军接连失利。陈英士以《民立报》访员的身份随往观战,见势不利,冒险入门与守军说降。结果,他被守军拘捕,而敢死队赴救未克。

李英石得知消息,立即陪同李平书亲自赶到制造局。李平书以制造局提调的身份与总办张士珩交涉,称陈英士仅是《民立报》访员,请求释放。总办严词拒绝:“书生不知利害,妄思革命,徒送死耳!”见李平书无奈哑言,李英石一把将他拉出制造局。

江南机器制造局位于南门外高昌庙附近,创建于1865年,是当时国内最大的兵工厂之一,生产新式武器,储存着大批枪械弹药。能否成功夺取这个特等军事要地,成为光复之役成败的关键。

李英石将李平书送回自治公所,立刻分头组织援军,重新部署进攻兵力。他骑马东奔西走,以同学同僚关系,联系上守卫制造局的炮兵管带陈棍、吴淞炮台守官姜国樑和海军“飞霆”舰长林建章等,秘密约定让他们按兵不动。又联系上沪军巡防营管带梁敦倬,劝他率部避走。随后,命令商团团员设法拆除制造局门前火炮的炮闩。

而此时,两江总督已经得到“上海商团尽叛”的密报,急命南京、松江两地的清军向上海城区进击,并饬令“无论革命党、商团,擒获者全数正法”。

商团公会接得密报,当即在南市施家弄商团会所召开紧急会议,商讨对策。在这危急时刻,商团公会副会长王一亭(名震,以字行)愤然呐喊:“咸谓形势危急,进或不死,退则必死,与其引颈待戮,毋宁为国殉身!”李英石当机立断,吩咐王一亭立即起草反攻令,并亲自署名发出。

在场的商团团员义愤填膺,荷枪实弹,或持刀斧,或拿棍棒,列队誓师出发。李英石骑上战马,出发督阵。

11月4日凌晨1时,各路起义民军700多人向江南机器制造局的大门发起了总攻。李卓民率领学生军成员担任主攻,冲锋在前。而守军早有防备,排枪齐鸣。学生军有9人先后中弹身亡,仍前仆后继,无人退却。

在战斗中,李卓民的左腿两处受伤,双眼直冒怒火。他拖着伤腿,依然坚持进攻。

经通宵激战,制造局的铁制大门终于被攻破了。至上午 8 时,终于攻克清军最后的据点,救出了陈英士。

李英石率部进入制造局,设立了民军临时司令部。在这里,为恢复制造局内部秩序,整理援助南京的军火,指挥民军军事进展,他日不暇食,夜不得寝,忙了整整两个昼夜。制造局的中大小管钥有 200 多件,此时李平书将其交给李英石一人收掌。而且库内尚存金条计值巨万,有人献议分肥,李英石严词力拒,全部归公充作军粮给养。

期间,李英石得知英租界"万国商团"抢占闸北区沪宁铁路上海北站,马上派闸北商团与英人交涉,限其 12 小时内撤退。闸北商团进驻车站,控制了铁路军运。

南市一隅有人闹事,秩序大乱。李英石派李卓民担任"城厢内外宣抚官",率马队 60 匹周巡南北,安抚居民,很快就控制了治安。

至此,上海全面光复,扩大了全国革命影响,成为奠定东南地区大局的转折点。

意外周折

清宣统三年(1911)11 月 6 日下午 2 时,上海各界代表近 60 人在小东门内大街原海防厅署就组织上海军政府事召开会议,筹组上海军政分府(后改名"沪军都督府")。

李英石身穿商团军服,佩带指挥刀,骑着一匹高头大马,来到会场。他生怕出现意外,派了 80 名商团人员担任现场保卫。

而陈英士更有心机,随身带了 40 个便衣卫士。

会场内外充满着兴奋及诡秘的气氛。

会议由李平书担任主席,开始时秩序很好,但到了推举都督时,发生了严重的争执。李平书和商团代表以及起义军官,都推李英石为都督、叶惠钧为副都督。他们认为李英石军事学识渊博,指挥上海光复任重功高。而同盟会方面的代表则推陈英士当都督。陈英士当场提出了事先拟就的都督府人选。

名单一经宣布,全场哗然,秩序大乱。脾气暴躁者拿出手枪威胁李平书,在场的起义军官也都拔出了手枪,彼此剑拔弩张,形成对峙局面。陈英士的保镖刘福彪竟然手持炸弹跳上了桌子,大声吆喝道:"都督非选陈英士不可,倘谁有不从,我即拉响手榴弹,大家同归于尽!"人们顿时面面相觑,吓得纷纷逃离会场。

李平书只得急忙宣布散会。会后,李平书居间斡旋,几经协商,达成一致,同意由陈英士出任都督,李平书出任民政总长。

此时,南京送来"十万火急电",第九镇起义失利,李英石急于组织军援,无心与陈英士争功。他为了不让李平书为难,便顾全大局,同意出任军政府军务副部长(钮永建任部长)。

事后,钮永建评价道:论功行赏,英石功最大,应该当都督,当时同盟会也议论过,但他不是同盟会员。光复会的李燮和出其不意地立了首功,拿下吴淞、闸北,但如李燮和当了都督,上海可能变成光复会的天下。同盟会方面,黄兴不能从湖北回来,于老(右任)在上海关系不深,杨谱笙威望不够,英士这时虽还刚露头角,但他是同盟会在沪的重要干将,就只好由他来充任了。

挺进郊县

11月5日,钮永建从大局考虑,认为松江与苏州为上海左右翼,这两地不光复,上海必然孤立。因此,他将上海城交给李英石守护,自己率学生军中的十多个奉贤青年,连夜赶赴松江城组织起义。次日早晨,钮永建宣布松江独立,成立松江军政分府,亲自担任军政部长,委派随行的沈思齐为保安营统领,范钦翰为一营营长,范钦侯(字学洲)、姜遇文、太保阿连等分任连、排、班长。

11 月 6 日,来自奉贤、南汇、川沙地区的乡绅找到李英石,以“土匪将起,满官欲逃”,请求上海民军拨兵光复各县各镇。为将战果扩大到上海城郊地区,李英石当即答应。

当晚 8 时,李英石召见李卓民,对他说:“浦东奉贤南汇两地潜藏的寇盗甚众,恐将乘机起事,荼毒居民,是不可不防的。你老家属南汇,熟悉地情,派你率商团敢死队前去镇抚,如何?”李卓民当即表示愿意服从命令,并提出:“南汇濒海,民顽不知光复为何物,为防守军抵抗,去的人要多一点。”李英石答应:“今夜你先率队出发,明日我再续派。”

于是,李卓民和敢死队管带陈汉钦率领民军 40 多人,连夜驾 1 艘小火轮、2 只抛石船出发了。他们经闸港,到新场,天将黎明。当地商团赶来相会,李卓民登岸传达命令后,又向东进发。

11 月 7 日将近中午,李卓民率队赶到南汇县城外二三里时,列队遥望,见城楼上人多于鲫,有人挥舞白旗。他派两人前去打探,只见西城门大开,城内商团、学生 50 多人列队出迎。民军行举手礼,并彼此鸣枪致敬。民军进城至自治公所,当地已推举南汇县劝学所所长顾忠宣(字旬侯)为民政长,他设宴招待李卓民。随后,李卓民传南汇知县赖葆臣前来问话,令其缴出印信及所收公款。

当日午后,奉贤县绅商代表赶来面见李卓民,称县令赵亦欲携款而逃,请求民军速去抓捕。于是,李卓民发出动员令,派敢死团队长戴汉斌为驻南汇司令,会同顾民政长维护治安,等候上海城里援军。

11 月 8 日早晨,李卓民带领民军乘船奔赴奉贤县城。路过三墩、大团等地,均即席演说,张贴告示,一路宣传上海光复。这时,突有快马奔来报讯,说南汇武举人樊培生率众在县城闹事,学堂和公所被毁,我军已有数人阵亡。李卓民知道情况突变,当即率队登岸,急行军奔回南汇县城。

李卓民率队杀回南汇县城,天色已暗,只见民军领队之一俞志云在东门外被杀害。他亲自将其尸体运到纯阳殿,以十枚银圆雇用了四人照料,又将身受重伤的许如柏送到居民家中寄养。当夜,城内万户寂然,民军无处食宿,李卓民只得率队转移到新场城隍庙,并派两名骑兵回沪向李英石求援。

11月9日午间,一队十字军赶来会合,随李卓民返回南汇县城。城内谣言未息,人心难安。李卓民日夜不息,亲自率队在东门外巡哨,直至10日将俞志云护送回上海城内,向李英石报告实情。

身负重任

11月11日,李英石将都督府军务部迁到上海道署旧址。李卓民奉命在沪军营重整队伍,集聚起两三个营的兵力,担当维护治安重任。

当时,李英石除了兼任商团总司令外,还出任沪防水陆全军统领,辖炮步兵共10个营,有5 000多人马。他不计较个人得失,主动与都督府参谋长黄郛(字膺白,号昭甫,陈英士的"盟兄弟")和衷共济,维护上海城乡的安全。

各省光复后,大多出现了兵匪难分的混乱现象,而独有上海一隅安堵如常,关键在于李英石治军严明,军民融洽,因此收获了上海民众对他的一片赞扬声。

因江苏省军储匮乏,积欠军饷达七个月,中华银行忽然停止兑现,一时军心惶惶。眼看重大危机一触即发,李英石随时戒备,恩威并济,确保所属各部步调一致。

李英石无心沉醉于胜利成果,立即组织沪军力量增援南京起义军,并派出决死队增援在汉阳失守的湖北军政府,以及策应河南光复。

时局动荡多变,革命力量内部因党派纷争,摩擦不断,几番影响战况。那时人们庆幸李英石没有参加任何党派,在关键时刻能力排众议,协同出兵,支援全国光复。

12月2日,南京城光复,江南革命形势得到稳定。

12月25日上午,孙中山先生在海外政治流亡了整整16年后,所乘的"地湾夏"号抵租界的十六铺金利源码头,在激昂的《向往共和》的乐曲声中,第一次以真正胜利者的姿态凯旋。

现场由李英石统领的商团担任警卫任务。李英石当面向孙中山汇报了上海光复经过和进军计划,还主动请缨组织北伐。孙中山听罢汇报认为,上

海是革命根据地，关系全国，影响巨大，并叮嘱李英石：一定要加强“沪防军事重任”，并敦促尽力组织兵源支援各省，以期光复全国。

民国元年（1912）1月1日上午11时，上海北火车站彩旗飞扬、军乐雄壮。上海各界代表、民众及军人数千人聚集在此，欢送革命党领袖孙中山赴南京就任中华民国临时大总统。

总统卫队由45名松江军敢死队员组成，李英石以卫队长的身份率领卫队登上沪宁铁路专车，寸步不离孙中山先生。

3月3日，正值元宵之夜，李英石率队在太湖坐先锋号小艇巡警途中，豪情激荡，口吟七绝二首：

天高月皎正元宵，指望南浔路不遥。
夜坐船头湖光好，先锋樯上一旗招。

戎行跋涉敢辞劳，击鼓扬旗志气豪。
自古行军深夜黑，况当霜月压征袍。

不久，上海著易堂书局出版了李英石撰写的《共和时代大文章（初编）》一书。

7月31日，“沪军都督府”被撤销，陈英士调往北京政府任工商总长。

9月12日，李英石奉江苏都督程德全之命在上海组建第三混成旅，出任旅长，并以沪防水陆全军统领的身份，全面接受上海防务，着手重订编制，共成立20个营。为了防止节外生枝，李英石特意邀请闵行镇商会的同乡乔世德（字念椿）赶来相助，专职负责办理接收事宜。还委任好友李卓民为陆军部上海兵工厂审检兼统领浙江缉私水陆全军副官长，控制关键环节。

不久后，发生“苏宁兵变”，上海地区造谣诽谤者纷起，而李英石不为所动。此时长江哥老会首领刘彬，自愿解散党羽数千人，前来投诚。李英石即委其为全军探访长。他还率部擒剿平湖九龙山山主顾树铭，将其就地正法，一举平息了事变。

11 月 1 日，南京临时政府授予李英石陆军少将衔，并授予三等文虎勋章。

南京临时政府成立之后，钮永建担任参谋副长，代行总长职务。他几次提名重用李英石，皆因李英石不是同盟会会员而未能如愿。对此，血气方刚的李英石心中难免产生了怨言。

此时，李英石的妻子为他生了个儿子，取名宗文。数月后，小妾也为他生了个儿子，取名宗武。李英石如愿以偿，沉浸在温馨的家庭生活之中，心头的种种不快乐随之烟消云散。

1912 年（民国元年）4 月 3 日，孙中山先生卸任临时大总统之后回到上海，随后开始周游各省，考察国情，宣传民生主义和“社会变革”的主张，以及“建设新中国”的设想。至 12 月，他足迹遍布近 20 座城市，几乎走遍了半个中国。

12 月 26 日，孙中山先生偕陈英士、戴季陶等沿黄浦江进行视察。时任沪防水陆全军统领的李英石安排他们乘坐“钧和号”炮舰出行，并亲自到场督阵。这艘炮舰由上海江南机器制造局利用旧商船改建，马力 80 匹，排水量 354 吨，装备 9 门克虏伯炮，时属淞沪水陆警察所。

中午，“钧和号”炮舰抵达闵行镇，李英石特意安排停靠闵行码头，希望孙中山先生在此多逗留片刻。孙中山先生在船上用过午餐后，信步走上兵船甲板。为了安全，李英石不敢安排他上岸行走。孙中山先生站在甲板上巡视闵行外滩，李英石热情介绍了自己家乡的相关情况。

午后 2 时，炮舰起锚，离开闵行码头继续西行。3 时，抵达大涨泾黄浦江口岸后，孙中山一行转乘“安靖号”浅水兵船前往松江县城。

乱世沉浮

可是谁也没有料想到，袁世凯表面赞成共和，暗中却一再阴谋作梗，孙中山率临时政府全体阁员愤然辞职，革命形势从此逆转，呈现出错综复杂的局面。

1913年3月20日，国会开会前夕，国民党代理理事长宋教仁被杀。4月，袁世凯又非法签订善后大借款，准备发动内战，消灭南方革命力量。孙中山看清袁世凯的反动面目，从日本回国，力主武装“讨袁”。

5月24日，北洋军阀势力侵入江苏、浙江两省。袁世凯力图控制上海，派郑汝成率领第七、第十九两旅来沪。6月，接收李英石的沪防水陆全军统领部和第三混成旅之后，任命郑汝成（字子敬）为上海警备地域总司令，兼督江南机器制造局。革命派在上海的军权力量就此丧失，李英石随之被北洋军阀政府解除了军事实职。

7月8日，袁世凯窃据中华民国临时大总统后，翻脸露真相，动手镇压革命党人，图谋复辟帝制。

于是，讨伐袁世凯的“二次革命”爆发了。

7月16日，钮永建匆匆赶到松江，调集由当年学生军为主力的各路部队。次日，应驻沪讨袁军总司令陈英士借调，钮永建率领松江军步兵、水师开往上海。

7月18日，陈英士宣布上海独立，钮永建被任命为苏沪讨袁联军总司令。随即，集兵进攻江南机器制造局，可惜终不能克。于是，钮永建只得率部兵退到宝山地区。

而此时，李英石出奇地冷静，竟然没有任何行动。他手无军权，难有作为，又因对陈英士等人心怀不满，因此始终“观棋不语”。

以钮永建为首的讨袁联军接连失利，局势又逆转了。

10月6日，国会选举袁世凯为第一任正式大总统。

11月4日，袁世凯以“叛乱”罪名下令解散国民党，“二次革命”随之失败。时局急转，钮永建、陈士英等被迫流亡海外。

上海镇守使郑汝成认定上海商团“通敌”，勒令缴枪解散。李平书、叶惠钧等也只得逃到日本。

上海滩民主革命的浪潮迅速退落，这让李英石惊呆了。他虽然不是同盟会成员，也未担任显赫的职位，但是人们都知道他与孙中山、钮永建关系密切，又是上海光复之役功臣，自然属于令人瞩目的革命者。

面对危局，李英石内心十分坦然，不想外出逃亡，但在言行上更为谨慎，准备暂时解甲归田，避让风险。

未等李英石决定去向，时局又有变化。

1913 年，李英石奉命将江苏省水师各营改组为水上警察。以长江外海各营为第一厅，内河、飞划、太湖、松军各营为第二厅。江苏军、省两署会委李英石为江苏水警第二厅厅长。此职属于文官编制，李英石并不计较，认为总比躲在上海滩招惹是非好一些，便悄悄地离沪，移驻苏州。其时，内河、太湖、飞划、松军各营共计 7 000 余人，改组伊始，头绪纷繁。李英石擘画周详，很快使规模完备。

有识之士并没有淡忘李英石。1913 年 2 月，嘉定陆保璇编辑的《满清稗史(后函)》，由新中国图书局公开发行，将李英石列入《当代名人事略》，这是第一次有人全面生动地描述了李英石的英勇事迹，从而产生了深远的社会影响。

1914 年 8 月，第一次世界大战爆发，北京政府发表中立宣言。

此时，江苏军、省两署会又委任李英石为江苏省警备队总司令。江苏都督冯国璋(字华甫)派李英石会办江苏中立筹备处事务，后又委其赴连云港会办海州、青口等处中立事宜。李英石刚刚赶到连云港，就得知德国王子在青岛身携贵重物件，乘坐美国飞机逃遁，结果在海州防地坠机。随之，人言纷乱，局面更趋复杂化。李英石力排众议，果断地以“一并申送政府，蒙谕嘉奖”做出处置。

好友李卓民相随其后，于 1914 年为授予陆军步兵中校(1916 年被授予陆军步兵上校)。

不久，李英石又被委为陆军第三旅旅长，要移驻察哈尔。但是，李英石深知北洋军阀政府用心不善，辞不就任，静观时局。

可是，时局越来越让人摸不着头脑，李英石失望了。

同年冬季，北洋政府撤销各省自治，袁世凯直接控制各省军权。李英石便辞职归乡，屡调不出。

荣升中将

1915年，江苏督军公署在上海设立台营官地局，认定唯有李英石熟悉上海地区的情况，便派人上门劝其重新出山。

李英石难辞好友的劝说，赴上海城区，出任台营官地局主任，负责清理苏、松、太地区的官地，将田产转为民有，统一颁发执照。当时，上海城壕基地均属营产，而周边人烟繁盛，地价日益高涨，因此人们争相购置，千方百计地抢一口“肥肉”。而李英石大权在握，却对这“肥肉”视若浮云，坚持丝毫不取，如此恬淡寡欲，令知情者连声惊叹。

1920年李英石

而时局依然动荡，天下难以安宁。直、皖系军阀之间的矛盾日趋尖锐，为争夺民国政府大总统职位，战火四起。李英石不愿随波逐流，也不再意气风发，静观乱世变迁。

1918年，李英石获得二等文虎勋章，李卓民获得五等文虎勋章。

当年9月，段祺瑞操纵“安福国会”选举徐世昌为大总统，冯国璋下野。在英、美的推动下，直系军阀新头目曹锟、吴佩孚与西南军阀加紧勾结。9月13日，吴佩孚通电主和，西南军阀唐继尧复电赞成。10月13日，吴佩孚致电徐世昌总统，请速发停战令。11月16日，徐世昌向北方前线军队发布停战令。11月23日，广州军政府发布停战令。12月2日，英、美、法、意、日五国公使向北京政府提出正式文件，“劝告”和平统一。同日，五国驻广州领事亦向广州军政府提出同样“劝告”。

南北“主战派”代表孙中山、段祺瑞只得默认已成之局，议定在上海正式召开和会。

1919年2月20日，“南北议和”代表在上海举行“和平会议”。李英石奉江苏督军李纯（字秀山）派遣，充任南北和议办事处参议，兼办交际事务。又奉派随同长江巡阅副使王廷桢驻沪照料和议。历次军国重事,他均参与其间。

为翊赞(指辅助之意)有功,李英石获得二等大授宝光嘉禾勋章,加陆军中将衔。

由于各派军阀之间争夺激烈,彼此未能达成妥协。5月13日,“南北议和”最终破裂。

5月28日,孙中山先生发表《护法宣言》。

决意返乡

1917年7月,孙中山开始策动护法斗争。9月1日,国会非常会议选举孙中山为大元帅。护法战争拉开战幕。

李英石密切关注着时局的变化,他得知钮永建等不少同乡好友正在广州,于是赶紧联络,沟通信息。而偏偏在此时,家中父兄的遭遇搅乱了他的心思。

李英石突然得知,父亲李祖锡因抱病忙于闵行农校教务,以致旧疾复发,难以医治。1917年十月十八日,李祖锡在家中去世,享年69岁。

谁料祸不单行,李英石的二哥李显常也突然发暴病,十月二十一日不治身亡,年仅46岁。

李英石闻讯,深感自己在外奔波十多年,极少回家省亲,未曾尽心报答父恩,而时局极度纷乱,不值得继续随波逐流了。

于是,李英石决定立即返乡守孝。他无心从政,也不想尚武,宁可退隐在闵行镇上休养生息,陪伴家人。

离家闯荡15年来,李英石志在四方,却没有安逸地游逛过闵行老街,此时迈步街头,儿时的回忆油然而生,家乡的气息直扑心肺。他默默地站在黄浦江畔,沉思了很久很久。

二哥李显常生前为了敏航轮船局费尽心力,却未曾享受安逸生活。前几年的时间里,他既要与法商立兴洋行创办的东方轮船公司争夺黄浦江内河航权，又要与本镇乔世德（字念椿）、奉贤南桥宋燮君、夏仁华（字志诚）合作经营“闵南协记内河轮船公司”（简称“闵南轮船局”），出任董事长后干了一番事业，但却英年早逝，实在令人痛惜。

此时，李家安葬了李祖锡、李显常两位当家人，逐渐平息了悲伤，着手安顿今后的生活。李英石义不容辞地接任家族当家人，眼看李氏家族人丁兴旺，心头甚感欣慰，但是新西街上的李氏祖屋已显得十分拥挤，急待重新安排。

李英石娶荷巷桥顾氏（1880 年生）为妻，生一子二女，又娶侧室尤巧英（1894 年生），生二子。此时一起回到闵行居住，既热闹又尴尬。尤巧英初到闵行镇，难免时有抱怨，于是，李英石决意择地兴建新宅，以利安顿家人。

新宅院远离老街，建在黄浦江西外滩（今建设路 39 弄 15 至 19 号），占地 2 000 平方米。花园别墅式的宅院，南、西、北三面有六曲河环绕，并建有石驳岸。正屋坐北面南，三开间平房，前置走廊，中式传统风格。屋前为花园，青瓦、彩瓷拼花铺径，植有松柏、桂花、蜡梅、广玉兰等，西首有一片翠竹林。这里环境幽静，不受外人干扰，盗贼难以潜入，又可闻听黄浦江的涨潮声。

李英石继承家风，将自己在李园的居室定名为“养素堂”，以表守志不易。当地人称其新宅院为“李园”。园东有大门，一条小路通往老街。后来，小路拓展为沪闵公路的一条支路，两侧形成街市，被乡人称为“英石路”（1956 年改名为“建设路”）。

筑路初心

1920 年 3 月，闵行乡经董李祖佑卸职，上海县公署指令由朱承鼎（字理卿）接任。他特意找上门来，向李英石通报了近期发生的一件大事：上海英租界当局越界筑路，强制修筑凯旋路、大西路，已接近龙华地区，并照会上海县知事，拟将越界筑路延展至闵行地区。朱承鼎打算联合上海县地方人士，公开表示抗议，希望李英石能助一臂之力。

“当下英国人要来筑公路,没安好心!”李英石一言道破。

“闵行有了公路,对发展也许是个好机遇。”朱承鼎左右为难。

李英石细做分析:筑公路原本是好事,但英国人越界筑路,别有用心。这涉及国家主权,我们绝不能让步。要维护主权,又要促进家乡发展,不妨我们自己合力筑公路。

“我们自己筑公路?”朱承鼎脱口就是一声“难啊”。他摇摇头,苦笑着走了。

筑路壮举绝非一句口号,李英石急需要几个志同道合的合伙人,他首先想到的是闵行镇上时任江苏省议员的老友黄申锡。

自1920年12月18日起,李英石、黄申锡偕同工程师、测绘员等,由闵行老镇起程,经过北桥、颛桥、翁板桥、朱家行、新龙华等处,直至南火车站,实地查勘长途汽车行驶路线,测量路面宽度,以便订立标志。

1921年5月15日(农历四月初八),李英石在闵行镇李园家中召集各乡镇头面人物聚会,一起筹划创立“沪闵南柘长途汽车公司”,商议购地、迁坟、筑路、建桥、设站、购车、招股各项办法。

李英石深知,此举仅有普通民众支持是不够的,筹款要靠富商慷慨解囊,立案要靠官方点头批复。为了赢得上海滩绅商们和当局者的支持,李英石一再与李平书(光复后任江苏民政司长兼上海民政总长)、姚文楠(字子让,光复后任上海市长)、莫锡纶(字子经,光复后任上海市政厅厅长)等头面人物沟通,请他们出面担任发起人,以增强号召力。

同年8月,在上海老城厢南车站路(后称“沪闵南柘路”,1928年改称“国货路”,今为“斜土东路”)上的普益习艺所内,“沪闵南柘长途汽车股份有限公司筹备处”正式挂牌,对外运营,李英石亲自担任主任,由黄申锡任副主任。

出生于奉贤县泰日桥的周赞邦(1888—1955,字雄万),为唐山路矿学院(西南交通大学前身)第一届(1911)土木系毕业生,毕业后在长沙任粤汉铁路局工程处工程师,时任上海英商浚浦局工程师。李英石十分器重他,特聘其担任沪闵南柘公司工程主任。

启动筹资征地

因企业自建公路并商办长途汽车客运在国内尚属首创，而官方尚无管理机构，办事没有前例可援，一切都在协商之中推进。李英石只得一边再三催办，一边先行筹资自费购地筑路。

黄申锡邀集沿途各乡图董组建了“征地委员会”。他德高望重，人脉广泛，办事稳健，又有江苏省议员的身份，说话颇具号召力，征地事宜很快就得以推进。

可是到了6月间，有人造谣惑众，鼓吹“迁坟即坏风水”，随之风波四起，严重影响了征地进展。

李英石为此极为恼火，立即呈报上海县公署要求查办。上海县公署批复称：“批示沪闵南柘长途汽车公司筹备员李显谟呈为造谣惑众，破坏路政请究办，转呈由批来牍具悉，已令行县警察所将造谣惑众者严密访拿，呈解核办，并转呈淞沪护军使，矣希查照。”此文在《申报》上公开发布后，一场风波方才平息。

10月间，李英石呈报北京国民政府交通部，申请注册建立上海沪闵南柘长途汽车股份有限公司，并考察了江苏南通长途汽车的运行情况，随后制定预算，订立草章。

此时，国民政府交通部刚建立数月，立即批准了李英石的申请。李英石随之精神振奋，雄心更加坚定。

梦想成真

1921年11月1日，“上海沪闵南柘长途汽车股份有限公司”（简称“沪闵南柘公司”）正式成立。同时，各股东开始照章缴纳第一期股款。

11月13日，沪闵南柘长途汽车股份有限公司隆重召开第一次股东大会。

随后,沪闵南柘公司向社会发行公债,计划将集资银元五十万元分为一万股,每股五十元,可分十小股,股东限本国人。发行的公债债券分拾元、壹佰元、伍佰元三种,利息壹分贰厘,十年为期,每年十月照原额十分之一还本。

公司总部设在沪闵南柘路(今斜土东路),分办事处设在闵行镇。

1922 年 12 月 2 日,沪闵路段长途汽车线正式试通车,第一批乘客登上汽车,饱览一路风光。沿途各乡镇民众纷纷涌来观看,争相传讯,将此视为开天辟地的大事件。

沪闵公路仿照铁路行车办法,设站售票上车,实行旅客保运制。沿途设立了土山湾、漕河泾、新龙华惠灵中学、华泾钱粮庙、梅家弄、朱家行、翁板桥、颛桥、北桥、长安公墓等车站,其中漕河泾、龙华、新龙华、朱家行、翁板桥、颛桥、北桥等七处建有二等或三等票房,都安装电信设备和测量仪器,并由警察局派出专职巡士。为遮挡夏季暑热,沿途两侧沟壕沿边遍植德国槐树,总计 1.7 万多株,形成一道前所未有的风景线。

1923 年元旦,沪闵南柘公司隆重举行沪闵公路通车典礼,成为沪上“头条新闻”。

当天,李英石公开发表《沪闵段通车纪念辞》,感慨地宣告:

> 庚申(1920 年)七月,本公司发起矣。辛酉(1921 年)十月,筹备告竣,创立会成矣。至今日(1922 年)而沪闵段六十里通车矣。回溯创办时,东走西奔,联合上、南、松、奉四县人士,征求意见,各界赞同,呈部立案,积极进行。不数月,开始收地设施工程矣。虽然经过情形,笔难罄述,春冰虎尾,思之悚然。幸赖各界之协助,官厅之提倡,竟观厥成。饮水思源,胥拜地方之赐,夫岂侥幸成功哉。敬陈颠末,以告父老兄弟,敢曰周道如砥,尚希大雅扶输。

1 月 26 日,新建的日晖公路桥竣工,沪闵公路终于与上海城区公路贯通,沪闵长途汽车线可以全线通车了。2 月 1 日,沪闵公路客运班车正式通车运营。

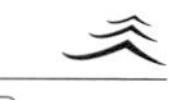

1923 年元旦沪闵公路通车典礼

逼出来的良计

沪闵公路建成了，长途汽车线开通了，乡人进城方便多了，但是客流量仍然有限。通车的第三年，有人做了较详细的调查：沪闵公路路基比较坚固，但某些路段并不平坦，有乘客因此晕车，路两旁的法国梧桐被乡民破坏了不少，景观大不如刚通车之时。当时，沪闵南柘长途汽车有 20 余辆，分大中小 3 个型号，大型汽车可容纳 30 余人，中型汽车可容纳 20 余人，小型汽车可容纳 10 余人。途经站点调整为 8 个之后，客流量以闵行、颛桥站最多，行驶时间为上午 8 时至下午 5 时，每隔 1 小时行车 1 次，每天往返 18 次。若自行开车从市区前往闵行，途中需支付 1 元养路费，沪闵南柘公司每日收入在 500 元左右。

李英石早就在思考，城里人无事怎么会乘车到闵行来呢？客流量不足，沪闵南柘公司靠什么盈利？闵行镇如何借势吸纳人气，促进地方经济繁荣？

为了沪闵南柘公司的后续发展，更为了完整地实现以筑路振兴家乡的梦想，李英石毅然决定集资在闵行汽车站附近购田四十亩，仿效上海城区营业性私家园林“半淞园”的模式，在靠近沪闵公路的老镇东部（今沪闵路以西，华坪路东段）兴建一处大型游乐设施。

于是，李英石变卖祖产，再次集资，由沪闵南柘公司出资一万银元，招收外股一万银元,组建了一个新公司实施这个计划。

李英石带领闵行乡人经过两年的努力,挖土为池,堆土为山,建亭台楼阁,终于将公园建成了,特意取闵行古称“敏行”,将公园定名为“敏园”。

1923 年 8 月 25 日,敏园北部基本建成后,就先行开放营业。李英石特意在报刊上大发广告,引起了上海城区市民的广泛关注:“沪郊也有大公园了。”“周末旅游,到闵行去!”

1924 年 3 月 3 日,沪闵长途汽车公司创办人李英石、黄申锡、沈葆义在敏园绿野草堂主持举行盛大的“春宴”。来宾有沪上各界名流李平书、姚文楠、姚子让、沈墨石、梁乐齐、姚紫石、许剑青等 140 余人。上午,公司特备专车在上海南车站东沪闵汽车站接应。在敏园大门口,有军乐队奏响迎宾曲,场面极为热烈。众人在敏园合影留念,并刊登在《申报》上。这一幕,是李英石及沪闵公路身处最巅峰的高光时刻。

谁知时局突变,1924 年 10 月,江浙军阀争霸,爆发齐(燮元)卢(永祥)之战,百姓又遭殃了。

1927 年二月,军阀孙传芳部进驻闵行地区。敏园被官兵破坏,沪闵客运汽车也全部被劫为军用。

面对无法抗拒的连年兵灾,沪闵南柘长途汽车公司走投无路,被迫宣告关门息业。

1927 年北伐宣告胜利后,李英石立即行动,毁家以济,并再次借款购得汽车,整修敏园设施,尽力恢复沪闵长途汽车线的运营,艰难地维持着地方经济发展。

钮永建勿忘李英石

南京国民政府成立后,钮永建出任首任国民政府秘书长,后又转任江苏省政府主席。他未曾忘却李英石的功绩和处境,几次有心推荐重用他,可是阻力重重,只得作罢。

在上海,李英石仍拥有广泛的人气和应有的尊严,谁也无法否认他是辛

亥革命功臣，因此尽管当政者似走马灯式地更替着，但是谁都得任用李英石。

“上海辛亥革命同志会”始终坚持开展活动。北洋军阀盘踞上海期间，他们无法公开活动，就以中华武术会为掩护，每年农历九月十三日召开会员大会，纪念上海光复。李英石被推举为会长。1921 年适逢辛亥革命十周年，纪念活动甚为热烈。

1926 年，李英石担任淞沪保卫团监督。次年 3 月，国民革命北伐军进驻上海后，组织淞沪保卫团办事处，李英石出任副主任。同年夏季，又接任办事处主任。7 月，上海特别市政府成立，保卫团改隶市府，改编成沪南、沪北、沪西、浦东 4 团，其余编为 26 支团，团员约有 5 000 人以上。11 月，淞沪卫戍司令白崇禧任命李英石为淞沪保卫团办事处主任兼沪南区第一团团长。

《市政公报》1927 年第五期刊有李英石为保卫团朱耕泉捕盗殉职申请抚恤的报告，其中反映了第五支团班长朱耕泉 10 月 10 日在石皮弄捕盗身受重伤后，经数日抢救无效殉职的过程，以及其家境艰难的实情。李英石恳切要求予以优恤，言辞句句动人。

1929 年 11 月，淞沪保卫团办事处被撤销，改组为保卫团整理委员会，李英石受聘为委员。

1930 年 1 月，钮永建以患“偏中风”为由，辞职回上海休养。当年 5 月，在钮永建的主持下，经过紧张的筹办工作，私立俞塘民众教育馆终于在其故土正式开放。

钮永建的举动，令李英石更加敬重他。

誓不屈从

北伐胜利之后，蒋介石一再歪曲上海光复之役的真相，吹嘘自己曾在“都督府军务部任团长之职，攻占制造局”。对此，李英石并不在意。

1928 年 6 月，已是国民革命军总司令的蒋介石，在江南造船厂“海圻”兵舰下水典礼上，大谈上海辛亥革命，说他任沪军标统，率领攻占制造局，等等。当时,李英石也被特邀前来观礼,听到此言极为尴尬。而蒋介石还手指着李英石说:“当时沪军都督府的军务部长就是这位李英石先生。”在场的人们争相为李英石鼓掌,而耿直的李英石反感地扭头转身走开了。

陈英士被袁世凯雇凶杀害后,上海市民对其深感怀念。于是,为纪念陈英士光复上海的功绩,上海市政府计划在南市西门外方浜桥三角地建造“陈英士纪念塔”。

1930 年 5 月 18 日,为陈英士遇难十四周年纪念日,隆重举行了纪念塔破土动工典礼。

然而,人们意外发现,所拟碑文《陈英士先生纪念塔记》之中竟然有“上海辛亥革命由陈其美都督命蒋中正率团攻占制造局,张群亦勖勷其事”句。明知此举会引起历史当事人的异议,上海市市长张群事前就派员上门对李英石说项,希望他能出席纪念塔破土典礼并发表讲话,公开支持碑文所述,并且许以任命其为“上海市长”作为交换条件。

但是,李英石不愿再做退让,坚持认为此说有悖于历史事实,严词拒绝张群的“好意”。他愤然对来人说:“商团同志健在者尚有千人,吾奚能将他们血汗功劳换取市长之荣,将来子孙永为人唾骂矣。”

11 月 3 日是辛亥革命上海光复二十九周年纪念日。在绵绵秋雨之中,上海各界代表聚会,陈英士纪念塔同时落成。塔内设有铁梯,游人可登塔顶极目瞭望申城风光,为此轰动沪上。但人们发现,李英石没有出席落成典礼。他坚持己见,又不便公开揭露,只得以此举表示抗议。

蒋介石对此大为恼火,认定是李英石在背后作梗,于是面谕亲信打压李英石。

1931 年 2 月 16 日,正逢农历除夕。在蒋介石的授意下,淞沪警备司令熊式辉(字天翼)以邀吃“年夜饭”为名,派人将李英石诱骗到枫林桥警备司令部。

熊式辉并非蒋介石的嫡系,但渴望在蒋手下飞黄腾达,因此违心作恶。“年夜饭”席间,熊式辉突然翻脸,亮出了凶相。李英石面对恫吓,顿时明白了一切,但他誓不屈从。结果,他被软禁了一夜。

李英石脱身后,避过熊式辉的耳目,躲到新闸路池浜桥亲戚家中。在那里蛰伏数日,才返回闵行家中。

李英石故居李园今貌

就此,李英石常年闭门谢客,或手植名木,艺花弄草,或寻章赋诗,抒发心情,特意将居室改名“顿素堂”,力求改善精神状态。然而,一生悲情,刻骨铭心,岂可能一笑了之。他生性豪饮,时常借酒浇愁,一醉方休,醒来难免终日长叹。

幸好李园内亭池掩映,花木扶疏,生机勃勃。三子李宗道已长大,自行设计,在李园内西南角兴建了一幢日式小屋,设有壁炉,水泥拉毛墙面,造型简洁大方。屋外还增建了洞石假山三座及水池、秋千架等。

李园全靠年轻人带来生机。暑假里,在外求学的子女回家团聚,还自发建立了“闵行旅外学生会”,李宗武任“会长”,数十个读毕初中后到外地区升学的本镇青年为会员。他们时常相聚在李园,举行联谊活动,还借闵行中心小学校舍义务办小学生暑期补习班。

可惜,年已 50 岁的李英石已无心悠闲,无法享受子女的快乐。不久,他不幸中风,日夜困在这里,艰难度日。

遗恨难解

1932 年 10 月 10 日,沪杭公路终于开通了,被困在病床上的李英石闻讯一震,脸上露出了久违的笑容。他以满腔热血外出闯荡,为追求正义走南闯北,为上海光复出生入死,虽说得了个中将军衔,却未曾感受到真情和温暖,返回家乡顽强奋斗了十多年,耗尽家产,累伤身心,而今筑路图强的宏愿总算实现了,似乎心中所有的梦都有望圆满。

1933 年 9 月 18 日,族人前来告知,堂叔李祖佑病逝了,享年 71 岁。李英石心头顿时泛起一阵凄凉。

李英石耳闻黄浦江阵阵涛声,沉沉入睡。11 月 13 日,他的病情猛然恶化,在李园内赍志长逝,终年 52 岁。

上海辛亥革命同志会组织"李英石将军治丧委员会",举办大殓,将他安葬于靠近沪闵公路的普安公墓内,墓碑上镌刻着"陆军中将李英石之墓",希望他安心长眠。

乡人为了纪念他,将靠近李园的一段干道命名为"英石路"。

王一亭、钮永建、李烈钧、杨谱笙等组成"李英石治丧委员会"。在讣告编写李英石小传时,由闵行人李右之、李蘅斋执笔,秉笔直书,希望将上海光复的史实公之于世。然而,王一亭、李烈钧、杨谱笙等既想证明历史如实,又担心若与陈英士纪念碑碑文抵牾太大,必将得罪蒋介石,因此不敢以治丧委员会或个人出面具名。无奈之际,闵行人只得恳请钮永建(时任南京考试院铨叙部长)具名发表。

钮永建德高望重,又见多识广,一向人缘很好。他亲笔修改了《陆军中将李君英石行述》,以一连串圆滑的词句求了个太平。

然而,《陆军中将李君英石行述》一文首次公开发表时,却遭到国民党上海市党部的恶意篡改,过分强调陈英士的功绩,而大大削弱了李英石的风采。

结果，李英石投身辛亥革命的功绩和受气伤身致逝的原因，就此长期被封存或淡化了。为此，上海辛亥革命同志会的一首挽联生动地表达了对李英石的深切怀念，令后人读来感慨万千：

临淮壁垒，道济长城，记曩年淞沪提师，倘教际会风云，澄清可俟，岂意弓藏乌尽，莫假斧柯，实命不犹人，奇数古来悲李广。

叔子轻裘，信陵醇酒，叹比岁珂乡养晦，每日独烧块垒，抱负难行，何当月落乌啼，遽惊梁屋，深知成隔世，知音从此失钟期。

李氏后人

李英石去世时，儿子李宗文、李宗武年仅 21 岁，李宗道在民立中学读初中二年级，经父亲好友夏应堂相助才得以继续学习。

依靠父亲的人脉和自身的努力，三个儿子都有所作为。

李宗文（1912—1993），民立中学毕业。1932 年至 1936 年，担任上海县私立三林初级商科职业学校校长。1946 年，任私立三林中学常务校董。

李宗武，字剑峰。民立中学毕业。历任驻美大使馆随员、空军第四大队参谋、中央军校新生社上校社长、成都市政府荐任专员、第一战区长官部办事处处长。1946 年 10 月，兼任私立文绮高级中学校董。

李宗道，1934 年考入南京金陵大学农学院。1937 年，金陵大学迁往四川成都，他带着母亲逃难到成都念书。1942 年，经老师保荐，到行政院善后总署农业委员会工作，两年后升为技正。1947 年，兼任国立南京大学农学院副教授、教授。1949 年，在上海光华大学任农事试验场场长。1951 年，调到湖南农学院任农学系教授。后担任苎麻研究所所长，成为“湖南省科技之星”。

乔念椿一心实业救国

乔念椿

乔念椿（1876—1938），名世德，字念椿，以字行。乔氏祖籍河南商丘，明嘉靖年之前，乔懋敬已率家人定居闵行老镇，嘉靖四十四年（1565）考中进士，官至湖广右布政使。其子乔一琦万历三十一年（1603）考中武举人，49岁时任辽东镇江卫游击，在与金兵激战中坠崖自殉。乔念椿自幼为先祖辈的家国情怀深感自豪。

清光绪二十三年（1897），21岁的乔念椿担任十六保二十七图图董。那时正值变法图强的新思潮兴起，他便成了闵行镇上的风云人物，主张自治维新，以实业救中国。

为实现理想，宣统三年（1911），乔念椿独资在闵行镇滨江中滩创办振市电气厂，购置英国产45匹马力卧式柴油发电机和37.5千瓦交流发电机各一台，敷设供电线路至本镇各户，白天供电碾米，入夜供电照明，全镇称便。

民国元年（1912）4月，乔念椿被公推为闵行乡议事会议员。他深感为民

谋福的责任在肩,将供电线路向镇外延伸。一年后,振市电气厂的供电范围扩大到吴会、北桥、颛桥、马桥等地。

1914 年 7 月,乔念椿投资加入“闵南协记内河轮船公司”(简称“闵南轮船局”),为发展内河航运业出力。

1915 年,乔念椿又以促进乡民就业,振兴本地土产起见,在沿浦西市水陆交通方便处购地 40 亩,公开招股,创办了一家“经纬纱厂”。

1919 年 6 月 5 日,为声援北京五四爱国运动,乔念椿与商学两界代表一起召开闵行乡各界大会,号召学生罢课,商民罢市,工人罢工。

1920 年,乔念椿在闵行老街西首集资筑路,设店成市,人称“念椿街”,后称“新街”。

1923 年,沪闵公路开通后,乔念椿与平湖人张丰授的大利轮船公司合作,将内河航线延展到浙江平湖县,俗称“平湖班”。

1926 年,乔念椿独资开设“厚生阳伞厂”。次年,又在西外滩开设“瑞荣修船厂”。

自 1928 年起,乔念椿出任闵行商会会长、广慈苦儿院副院长。为抗议日军在山东制造的“济南惨案”,他组织各界人士联合建立“反日救国会”,在沪闵公路与英石路(今建设路)相交处的路中央,用花岗石建造起一座“救国纪念塔”。

为增强本地的供电量,1931 年乔念椿增资 2 万多元,在滨江西外滩再建电厂用房,添置德国产 70 匹马力立式双缸柴油发电机和 55 千瓦发电机各一台,合并发电,让全镇居民都用上了电灯。

1932 年,乔念椿又集资组建“沪张轮船公司”,使闵行的内河航运业更加发达。

不料,淞沪抗战爆发,公司轮船均被征为军用。1937 年 11 月,广慈苦儿院大部分院舍被侵华日军飞机炸毁。因乔念椿的大名刻在“救国纪念塔”之上,被日军迫害。日军先派人点火烧毁乔念椿的住宅,又将其名下的厂房、码头先后毁损,将振市电气厂的所有设备和线路洗劫一空。

乔念椿怀着实业救国的理想愤懑离世,令闵行全镇民众痛心不已。

1928 年沪闵公路旁建起救国纪念塔

闵行项文瑞家族

落户入籍上海县

闵行项氏原籍在安徽省,世祖项阳寿从歙县小溪村迁居休宁县邵家村,又迁至休宁城东南部的商山乡。

清嘉庆年间,项阳寿的玄孙项泰(字璞山)夫妻俩从休宁商山来到黄浦江畔的闵行镇,在老街开店"执典业",并销售商山茶叶。项泰生下儿子项承基(字肇武,号式斋)之后,全家定居在张家弄内,安安稳稳地过着小康生活。

闵行老镇地处黄浦江畔,商铺林立,经贸发达,人称"小上海",是个经商创业的好地方。

项承基成年后,娶闵行本地萧怡亭(字延春)之女为妻,生下儿子项荣(字端顺,号梧亭)。项家随着店业发展得以稳固,正式落户入籍上海县,项泰父子只指望三代相守,繁衍子孙。不久,项泰去世,归葬休宁。

然而,项荣自幼头脑活络,成年后不肯伴随父亲死守在闵行老街上,常年外出闯荡以自己的方式经商理财。

后来,项荣夫妇生下儿子,取名项文瑞(字莲生),妻子萧氏出身书香门第,通文史,安心守家教子。项氏家族在上海的生活就此展开了新的篇章。

项文瑞闯荡上海滩

项文瑞自幼承母教,事亲孝,未成年就已读毕儒家经典著作。

清光绪五年(1879)己卯科试,项文瑞考入松江府学,成为庠生。接着又到上海城里读书,肄业于著名的龙门书院,除读经史之外,尤其喜爱算学。他曾撰《自有才华作庆宵》诗云:

一作青云客,干宵志自赊。
得人征国庆,名世有才华。
鹏路腾千里,鸿文构八叉。
掞天词散绮,画日笔生花。
可用仪为羽,何须慧拾牙。
诗情凌碧落,字彩焕丹霞。
此际翔鸾拟,当年吐凤夸。
趋跄枫陛近,丽藻灿皇家。

光绪十一年(1885),项文瑞以拔贡生出任直隶州(今河北省旧称)州判(七品文官)。次年夏秋之交,调任广东清远连州州判。因母亲逝世未曾赴任,回乡守孝。两年后,项文瑞经县试,在上海县立各义塾执教,后入龙门书院。其才能深受敬业学堂教务姚文楠(1857—1934,字子让)的赏识。

经姚文楠向江苏当局推荐,项文瑞被选赴日本留学考察。光绪十四年(1888)5 月至 11 月,他与弟子杨保恒进入嘉纳治五郎创办的宏文学院师范科学习,并赴当地学校参观考察。归国后,受姚文楠委派,出任敬业学堂监学、养正学堂总理。不久,在敬业学堂年刊上发表《游日本学校笔记》,此文对上海教育事业的发展产生了广泛的影响。光绪二十九年(1903),敬业学堂出版项文瑞《游日本学校笔记一卷,酌拟学堂办法一卷》铅印本。

由于家庭背景的影响,身在教育界的项文瑞对上海商业的发展也十分

关注，并有自己的主张。光绪十六年(1890)，他在上海报刊上发表了一篇《丝茶烟布合论》，认为“中国自海疆互市以来，虽往来贸易，百货流通，而中国钱币，实因而日徙于外洋。盖今之天下，一争富之天下也。外邦以求通商者，豫存争富之见而来也”。他从根本上分析了中国与西国虽有贸易，但只见钱币流出而收入甚少的原因，提出要调整货易对策及早应对。

項文瑞字蓮生閔行鎮人父梧亭出外業賈母蕭通文史文
瑞事親孝承母教未弱冠畢九經以崇正西官塾生入郡庠
肄業龍門書院經史之暇兼攻算學光緒丁酉選拔就職直
州判選廣東連州以母憂未之官赴日本講習師範考察學
務歸爲鄉里謀教育先後充敬業學堂監學養正學堂總理
第一第二第三師範傳習所總監督旋奉提學使周樹模檄
委爲上海縣視學兼學務總董力辭乃以協董代辦視學上
海學校林立規畫整理一以公實處之風氣蒸蒸日上歷任
學使咸相倚重屢以病辭不獲及提學使毛慶蕃言於大府
請予獎敘未及出奏而文瑞以積勞卒文瑞既精算學擇崇
正六官塾聰穎子弟以公暇親授算課幾十年其成材者均
有聲於時歿前三日猶手定六藝學程其拳拳初地如此既

《上海县志》书影

光绪二十九年(1903)，项文瑞在南市文庙路刘公祠创办私立廿二铺小学堂(1904年改为龙门师范附属小学)。次年7月3日，他与杨保恒等在上海创办速成师范讲习所，学制半年。光绪三十一年(1905)，又设初等师范传习所、师范补习科(后分别改为上海县第一、第二、第三师范传习所)，任总监。同年，上海县学务公所成立，委以师范监督(后称“协董”)。又奉江苏提学使周树模的征召，委以上海学校布局、规划、整顿的重任，后担任上海县视学员。其禀性朴诚，勤学好问，周历城乡，劝惩互用，使全县学务蒸蒸日上。

项文瑞精于数学，一直利用公务闲暇时间上讲堂授课，坚持了几十年，广受好评。

项文瑞与秦锡田(1861—1940，字君谷，号砚畦，陈行镇人)同年入上海县学，中年同事，结为知交。秦锡田题诗称颂：

贡树香先领，扶桑学子成。
才培师范切，官弃判司轻。
面目迂非拙，肝肠热更诚。
十年严鲤训，雏凤有清声。

江苏提学使毛庆蕃为其请予奖励，可惜未及出奏，项文瑞便病倒了。

宣统元年（1909）正月，项文瑞积劳成疾，病逝于太仓。去世前三日，他还在亲手审定六塾的课程。闵行好友朱鼎承撰《挽项莲生》诗叙述了他最后的情景：

二竖（病魔）乃欺弄，风阳旋左右。
我粗涉歧黄，授以方八九。
恰于秋冬间，强持出户牖。
谁知献岁初，企皇病变陡。
譬彼狂风来，夜定钟忽吼。
手麻足不仁，目定旋闭口。
既无续命汤，又乏永年酘。
相对默无言，青泪湿我袖。

著名教育家唐文治（字颖侯，号蔚芝）为之作传。民国《上海县志》有其小传。《闵行诗存》刊有项文瑞的《自有长华作庆宵》《列郡征才起俊髦》《六月蓬瀛燕坐凉》等诗作。《胡氏家乘》刊有1907年4月项文瑞赴陈行镇巡视后撰写的《胡氏宗祠见闻》手稿。

风华少年乱世谋生

项文瑞娶妻黄氏（安徽休宁人，30岁亡故），生子项镇方、女项镇功（嫁李希周）。又纳继室张氏（青浦人），生子项镇藩（字介人）和二女项镇秦、项镇苑（嫁叶武韶）。

长子项镇方，字级云，号激云。清光绪十二年（1886）七月十二日（8月11日）生于闵行老街张家弄，初名吉云（26岁改名“镇方”），母亲生下他之后仅26天即去世，故又取名廿六。乳母周氏，受雇4年，与其情深亲如己出。

项镇方少年时，随父亲在上海尚文路龙门师范内生活，就读于附属小学。受业于华亭县庠生张月亭、闵行增广生李宗[illegible](字颂唐)等恩师。光绪二十三年(1897),入江南制造局广方言馆。光绪二十八年(1902),项镇方17岁,入上海县学(梅溪学校),成为一名生员,后随父亲入敬业学堂。

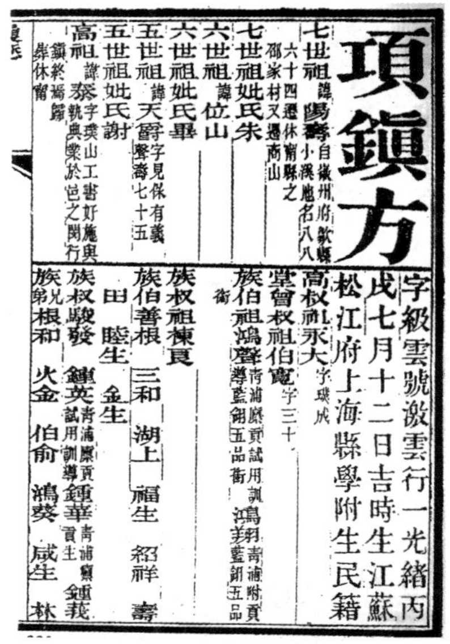

項鎮方

七世祖諱陽壽自徽州府歙縣小溪遷名八八六十四遷休甯縣之邵家村又遷商山
七世祖妣氏朱
六世祖諱位山
六世祖妣氏畢
五世祖諱天爵字見保有義聲壽七十五
五世祖妣氏謝
高祖諱燊字奭山工書好施與執典業於邑之閔行鎮終焉歸葬休甯

字級雲號漱雲行一光緒丙
戌七月十二日吉時生江蘇
松江府上海縣學附生民籍
高叔祖永大字璞成
堂曾叔祖伯寬字三十
族伯祖鴻聲青浦縣貢試用訓導藍翎五品銜　鴻翔青浦附貢藍翎五品
族叔祖棟良
族伯善根　三和　湖上　福生　紹祥　壽
田　臨生　金生
族叔駿發　鍾英青浦廩貢試用訓導　鍾華青浦貢生　鍾莪
族兄弟根和　火金　伯俞　鴻葵　咸生　林

项镇方乡试朱卷

受家中长辈影响,项镇方既投身科考,又关注商界发展,有志报业报国。光绪二十九年(1903)秋,他赴南京参加癸卯恩科乡试,以第五十八名中举人。同年,他撰写《令与计偕论》和《中国振兴商务先后次第宜如何规摹西制策》,获导师高度赞扬。次年,他赴开封参加会试,结果不幸落第。

光绪三十一年(1905),项镇方19岁,毕业于上海"苏松太道立龙门师范学校"(原为龙门书院,上海中学前身)。

宣统二年(1910),项镇方赴北京考入京师高等实业学堂化学科(北平大学工学院前身)。结识了时任商部侍郎的同乡进士唐文治(字颖侯,号蔚芝)。毕业后,应聘农工商部商业司。与同乡人金粟结婚后,夫妻同住京城,后因时局动乱返回闵行。为生计所迫,不久再次北上谋职,到京即感无望,翌日立即返沪。

项文瑞去世后,项家家境日趋贫寒。项镇方只得凭自身所学的英文、化学知识,翻译书刊,挣些稿费养家。后出门谋职,出任小学校长,又北上担任京师高等工业学校助教,但时局动荡,心绪难宁,仅数月即归。索性就在家中办所敦本小学,教授邻里子女。

1912年,时局日趋安稳。项镇方前往江阴,应聘著名学府南菁书院,任数理化教员。当年9月,他译述英国 F. Clowas 的著作《分析化学实验书》,由上海商务印书馆出版发行(至1923年3月印行第五版),广受好评。1913年6月28日,由唐文治推荐,出任太仓江苏省立第四中学(前身为太嘉宝崇中学，今太仓师范学校前身之一）校长，倡导“实利主义”的教育方针。后又与其弟项镇藩一起北上谋职，兼任女子师范学校教员。1917 年 12 月 22 日，经校长蔡元培批准，项镇藩成为北京大学“听讲生”。项镇藩曾撰哀联成为名作：“追维淮泗千秋业，愁听钱塘八月潮。”

投身实业自产国货

经袁世凯的重要属下杨士琦（字杏城）的推荐，项镇方进入中日实业公司（原名“中国企业公司”）、通惠公司，任秘书、代会计，前后有十多年。

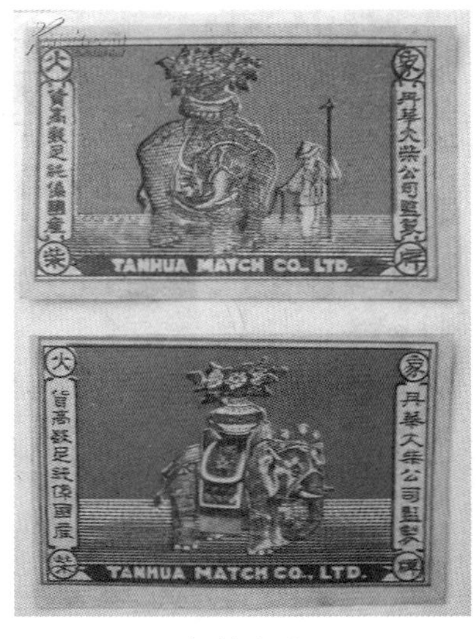

象牌火花

1915 年，为抵制日货，项镇方与朋友合作，在广安门工艺局余屋内开办通艺社，制造小型文书用品，所产电报油墨十分畅销。后来，他们又创办通文社，艰难地研制印刷油墨，1923 年产品正式上市。次年，又与程景伊合作，在上海海宁路 1813 号设分社。至 1927 年，通文油墨在国货中称雄，行销海内外，年营业额近二十万元。项家在闵行镇北高平庄附近开设三元油墨厂。

项镇方又与张新吾（1879—1976，浦东龚路人，官商合办的北京丹凤火柴公司总董）等投资发展火柴业。1918 年 3 月，他们一起投资成立京津联合企业丹华火柴公司天津厂。从此，项镇方成为当时国产火柴企业界名流之一，人称“火柴大王”。1919 年，天津丹华火柴公司特意出品了两种“象牌”火花，一为单象图，一为人牵象图，象背上均驮有花瓶，设计细腻，图案美观，印刷精致，是中国早期火花之精品。以“象”为商标，暗合了项氏之“项”的谐音。该厂的“手牌”火花卷标，以 16 种不同手指变化图构成，为近代中国第一套成套火花，弥足珍贵。

项镇方凭借自己所学的专业知识，大胆投资实业，坚持自产国货，赢得

了广阔的市场，成为著名的民族企业家。

项镇方夫人金粟（字怡淑，休宁人），生儿子项毓元（字澄宇）、项毓亮（字游两）、项毓琪（字郁奇）、项毓琳（字逸驎）。

1937年年底，项镇方印行夫妻合刊《项氏小言》铅印巾箱本，内含项镇方的《髫年追忆录》《中年自省录》和金粟的《辛未葬父记》等。项镇方还著有《简明代数学》（中华书局出版）。

十七年建成宅院

据项镇方《项子小言·筹划家屋》记载，项氏迁入闵行老镇，三代未曾建有私房。清光绪十三年（1887），项镇方出生数月，父亲项文瑞经内弟介绍，得知镇上刘氏余有数十间三进屋，因经商失败，卖屋还债，索价仅八百元。项文瑞想买却力不从心，只得租用北街李氏的余屋居住，举家从张家弄迁入，隔壁为葛姓人家。后来，房东有意修缮旧屋，要求项家迁出。项氏寄人篱下，深感不便。

清末，项家稍有余资，项文瑞便决心自建住宅。谁料，宣统元年（1909）他不幸暴病身亡，项家建宅梦想就此落空。

1916年，项镇方在北京创业有成，为圆梦想，便用两千元购下了北街李氏的余屋（南北大街94号）。次年，项家花费千余元，拆除旧屋，准备建造沿街楼房。

1918年，项镇方下定决心，以“火柴大王”的大手笔，动手建造面东正屋楼房及书房小屋，花费近五千元（借用项镇方妻子的嫁妆款），终于建成了一幢中西合璧的小洋楼。

项镇方合家照

五年之后，项家又建造后院面南的四开间楼房，花费近3 000元。

后来,项镇方又费千余元,将书房小屋的屋面改建为水泥平台,成为院中观景、休闲地。

至1935年,高大的青砖围墙和仪门楼平地而起,整个项家宅院全面建成,占地面积有500多平方米,总建筑面积达470平方米,前后总计花费一万三千余元。

项镇方在兴奋和自豪之余,却时常陷入思考。他正为火柴事业奔走,自然见多识广,看到上海新式住宅屋舍相连,外观紧凑别致,内部简洁合用,一室两面通风通光,格局新颖,十分喜欢。而回头看自己的宅院,由于分步建造,历时多年,以致房屋结构未能全面贯穿,深感遗憾。他听说闵行镇北有1 300多平方米空地,地形横宽,东南临小河,西沿大道北,为本镇黄艺锡(字润书,1911年农科举人)的私产。夫妻俩一商量,决定购进这块空地,再建造一座新宅。于是,他着手精心设计。1940年出版的《项氏小言·杂录》载有此建筑的详细解说,即《级云小筑说明书》一篇,细列所居各室布局、形制以及规格,后附《级云小筑第一层平面图》《级云小筑正面图》两幅。

项镇方50岁在项宅前庭

1936 年夏，项镇方因病在家休养，便启动新宅建造工程。秋冬季节，夫妻俩亲自守在工地上督造，并将新宅定名为“洁畦”。1936 年春，项家新宅与黄艺锡在其旁边建造的规模更大的“黄庐”同时竣工。

这一年，项毓元从清华大学物理系（与钱三强为同学）毕业，娶黄艺锡侄女黄复安为妻。

项家喜事频传，合家欢盈，南北大街 94 号这户徽帮人家在闵行老街真正成了望族。可惜世事难料，未等项镇方全家迁入“洁畦”新宅，抗日战争突然全面爆发了。项家人忙于外出避难，新楼落入日伪政权手中，从此这里成了项家人的伤心地。

书画奇才

项镇方自小就喜爱书法，楷书尤为规正。1938 年后，他在上海城区避难时，常埋头用楷书反复抄写《论语》等名篇，消解心头的愤懑。

抗日战争胜利时，项镇方年已六旬，无意再折腾人生，更是醉心于书画，不时与著名画家唐云、余沦辛（字药心，晚号药翁）、王叶（号韵笙）、书法家谢云等交流合作，留下不少流传至今的作品，尤其是 1938 年所作的《微书扇面》、立轴《论语楷书卷》等享誉画坛。

20 世纪 50 年代，项镇方逝世。

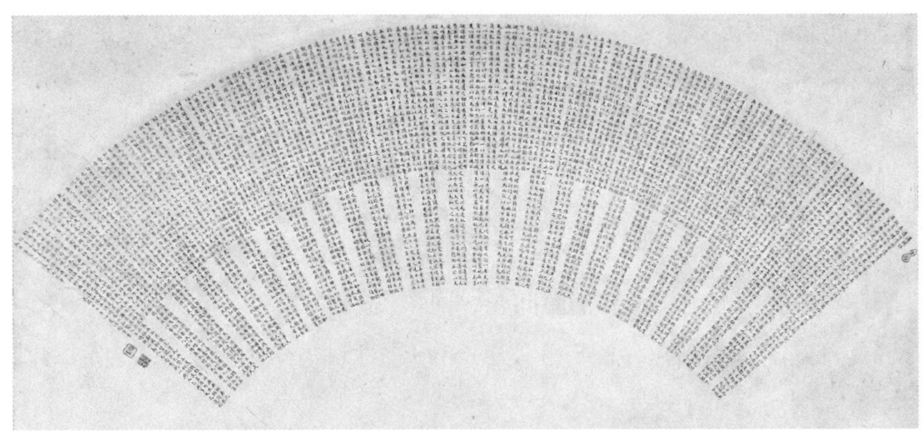

项镇方《微书扇面》（1938 年）

闵行乡议长马恩培

马恩培(？—1927),字柳江,号夒翁,别号柳道人。前辈世居荷巷桥,他长期在闵行老镇奔波,后率全家在北街留桥弄定居。留桥河畔,桃柳相间,风光安逸,马恩培在此自建“柳村别墅”,院内花园取名“留园”,俗称“柳园”。

马恩培为上海县学庠生。善书法,广交友,所兴多名士。兼擅长卜筮少堪舆之术,俗称“风水先生”。为亲友操办婚丧典礼,无论奢或俭,皆合法度。

1912 年 4 月,江苏省实行新政,颁布暂行市乡制,上海县划分为四市十五乡,闵行乡的地域面积一下子扩展到 26.35 平方千米。6 月,乡自治公所改组,设议事会,下辖闵行、吴会、荷巷桥、沙冈四个镇。议事会议员共 12 人,马恩培入选,从此由“风水先生”转变为热衷公益事业的“新派人士”。

1914 年,马恩培协助乡董李祖佑、议长朱承鼎、前议长黄申锡等人,筹资在闵行镇北度门寺基地上,改建乡公所楼房,增平房共 25 间。

1916 年 10 月,马恩培又协助乡董李祖佑发动疏浚闵行镇上的主要河道母子泾,解决了老街排水和消防问题。同年,还集资重修了启秀桥。

1924 年,马恩培出任闵行乡议事会议长,谁料当年 10 月,爆发江浙军阀齐(燮元)卢(永祥)之战,殃及闵行镇。

10 月 5 日至 6 日这两天,卢永祥部队携两尊大炮,安置在闵行敏园的土山上。镇上顿时人心恐慌，居民十之六七纷纷外逃避难。13 日，齐燮元部队从浦南叶榭偷渡到浦北得胜港，并分兵驱逐浦南南沙港的卢军。而驻守闵行的卢军眼看难以抵御来敌，急忙与水陆两警部队一齐撤退了。当夜，齐军从马桥方向冲过来约 700 人。闵行乡警所所长早已逃遁，马恩培身为议长，也不推辞，当即与闵行商会及红十字会会长乔念椿一起出面应酬。

官兵在闵行镇打砸抢掠，马恩培一直忙于安抚调解。这场兵灾，闵行全镇直接损失不下七万余元，马恩培被折腾得身心疲惫，病了数月。

1927 年前，马恩培兼任广慈苦儿院董事会副会长。

马恩培毕生爱好诗词，《闵行诗存》录有其诗数首。其《春申阁晚眺》诗云：

偷闲惘惘出愁城，漫步登楼百感生。
独倚曲栏无一语，人声不似鸟声清。
风卷残云暮霭幽，江千远集往来舟。
空林最是无聊甚，鸟末思归月上钩。

《谑莲寄李君子莲》诗云：

鸳鸯同睡已多年，忽作游仙太乙船。
知否吴姬无限思，望风相忆复相怜。
六郎究竟似莲无，粉褪新添几许须。
不是房中多结子，折腰终受美人呼。

《杂感》诗云：

日暮复何之，时艰莫可为。
举头天极远，投足路多歧。

骐骥风尘老,荆榛雨露滋。
剧怜秋燕子,巢幕不知危。

马恩培逝于1927年。留园废于20世纪40年代。

乡土教育开拓者李右之

李右之

清代晚期，实施戊戌变法，废除科举制度，推行新式学堂。此时，上海地区渐新兴乡土教育，其开拓者是李邦黻之嗣子李右之。

李右之(1880—1958)，原名维清，字右之，民国后改名味青，以字行。其具有如此家学渊源，自然成为修撰地方志书不可多得的人选。

清光绪二十九年(1903)，23岁的李右之在江南机器制造局所属广方言馆任汉文教习，后为兵工高等专门学校教员。其间，他着手为新式学堂编写乡土教材《上海乡土志》，“编成一百六十课，每星期授四课，可备初等一年之用”。他认为，儿童心理宜从身边事物入手，因此“书中之语大致故事十之三，近事十之七，庶学生易于吸收”。“首地理，次博物，次宦乡贤，次历史，次交通，次杂事，而以破迷信终焉。”

民国元年(1912)8月，32岁的李右之出任上海县议事会副议长。1913

年，上海县成立修志筹备局，县长吴馨写信给他，称“素稔执事家学渊源，潜心掌故，于近来时事亦复虚衷求益，殚见洽闻，拟请担任上海筹备修志处主任员”。李右之欣然出任修志局事务主任和督刊员，具体负责《上海县续志》和民国《上海县志》的修志工作，并兼《新闻报》副主笔。他采访地方掌故不厌其详，搜罗乡邦文献犹求家珍。人们称颂他：“掌故搜罗事足夸，吾师记述笔生花。地方史料堪传后，不作空头文学家。”

同时，李右之继续推进乡土教育，有感于时代更新，便着手将写于清代末年的《上海乡土志》在体例、内容方面进行大调整，以民国初年的新思想，重新编写成《上海乡土历史志》和《上海乡土地理志》两册，于1927年由上海著易堂铅印出版，经上海县教育局广泛推广，产生了巨大的社会影响。

在修志之余，李右之热心赞助教育事业，还编写了《古文新范》《上海字母学》等教材。

1929年，李右之担任吴淞江水利协会副会长。

1949年12月，刊印《上海李右之著诗文稿百篇》。

1953年7月，年逾古稀的李右之被陈毅市长聘为上海市文史馆馆员。他抚今忆昔，又感于“时代更新，甘回蔗境，后先对比，恍隔天渊”，花了半年时间，写成新诗百余篇，题为《六十年来上海地方见闻纪事诗》。他在《序诗》中兴奋地感叹：“时代更新奈老何？沪江生长见闻多。漫书六十年来事，好当三家村上歌。”

李右之是上海近代沧桑巨变的历史见证人。这120首纪事诗记述了自1894年至1954年间的重要史事，计自甲午战争至辛亥革命20首，辛亥革命至全国解放40首，解放后60首，以诗歌与笔记相结合，涉及政治、外交、经济、文化、军事、市政等内容，语言生动，视角独到，广受好评。它既是一份形象的乡土教材，又是一份特殊的文化遗产。

诸文绮在闵行

染织工业部审查员诸文绮

纺织实业家、教育家、近代色织工业先驱者诸文绮(1886—1962),名人龙,字文绮,以字行。祖籍江苏武进,先世几辈在上海经商,入籍上海县。父亲在上海南市开设景泰顺帽顶店。

清光绪三十年(1904),诸文绮在上海龙门学堂结业后,考入上海江海关任职员。光绪三十二年(1906)东渡日本,先入语言学校补习日语,次年考入名古屋高等工业学校,改读化学并取得上海县劝学所助学金。留日本期间,参加中国同盟会。宣统二年(1910),学成归国,经清政府留学生考试,成绩优异,获工科举人,进农工商部任部员(曾任染织工业部审查员)。

诸文绮崇尚实业救国,又注重培育人才。宣统三年(1911),在江苏省立工业学校染色科任教期间,研究纺织机械设计和制造,制成棉线丝光机并试制丝光线,皆获得成功。于是,诸文绮决意投身经营实业。1912(民国元年),他在上海斜桥莳花园旧址首创启明染织厂。次年又出资数千元,在北四川路横滨路创办启明丝光染织厂,自任总经理。

为促进地方经济加快发展,诸文绮于 1923 年 1 月 4 日在闵行镇西浦滩成立“浦海商业银行”,初创时资本为十万元银元,并委托其胞弟诸尘奇(名人麒)出任浦海商业银行经理。

文绮染织专科学校第一届毕业纪念通讯录

1928 年,诸文绮被上海商民协会执行委员们推举为常务委员。

1936 年,诸文绮决定自行筹资,创办私立文绮染织专科学校,培养专业人才,以应社会需求。他延聘上海教育界专家和染织工业界人士建立校董会,委托胞弟诸尘奇在闵行镇东郊黄浦江边购置 2 万平方米田地,建造校舍。可是,第二年校舍及染织实习工场刚刚建成,就被侵华日军占为驻地,办校计划就此搁置。

抗战胜利后,经诸文绮多方奔走,筹集资金,重修教室、工场,更新专用设备,确保染织专科学校及时招生开学。

1946 年秋,借南通学院沪院复院首届招生的机会,染织专科学校招了专科 35 人建一个班,同时兼招先修班学生,共有 66 人,学生来自江浙沪各地。诸文绮亲自兼任校长,总务长是诸尘奇,教务长是留学日本的染化专家诸楚卿,延聘教授 6 名、训导 3 名、副教授 10 名、讲师 10 名。校内设置实习工场,置办纺织机械的印染设备。

为进一步扩大学校生源,也为了能让闵行本地子弟就近读高中,1947 年诸文绮又创办文绮高级中学,三个班的学生有百余人,他鼓励学生们“信、勤”,以“求实者慧”为治学精神。

浦海商业银行 1937 年因战事停业。1947 年 2 月 8 日复业。总行设在留桥弄口(老镇南北大街 137 号),黄蕴深出任银行经理。

文绮学校门口

1947 年 5 月 25 日，文绮染织专科学校举办建校十周年、开学一周年纪念活动，邀请上海同业企业家和闵行地区知名人士到校参观，师生们共同唱响了校歌：

黄浦江滨，潮汐不停，农田受益百万顷。我们的学业，我们的精神，当与潮流相并进，织兮漂兮，染兮练兮，衣被天下何幸运。必信必勤，黾勉图功，希翼学业臻上乘。今日是科学猛进的时代，愿同学们相切磋而业精。庙泾港畔，机织声扬，文绮染织，与日俱新。

然而，1948 年上学期考试时，文绮染织专科学校意外发生学生罢考风波。诸文绮闻讯震怒，决意停办学校。幸有 10 位地方名士联名致函，并在《明心报》公开表态，恳求诸文绮息怒。民众纷纷为诸文绮叫好，一场风波才总算平息。

上海解放前夕,诸文绮参加民主建国会的爱国活动,为免迫害,避至香港。1948 年 11 月,他与工商界人士章乃器、包达三等人,经中共党组织安排,从香港到北平共商国事。1949 年 5 月返沪,任上海工商联合会筹备委员。

因社会连年动荡,文绮染织专科学校办学十分艰难。第一届 35 名学生中,有 28 人坚持完成全部学业,于 1949 年 6 月如期毕业,特编印《纪念通讯录》。

1951 年 2 月,私立文绮染织专科学校的两个普通高中班和上海县立初级中学合并,改名“上海县中学”。

1962 年 4 月 12 日,诸文绮在香港病逝,终年 76 岁。儿子诸尚一,是著名会计学家,曾任民革中央监察委员、民革上海市委副主委。

李开第的爱情传奇

著名才女张爱玲的姑母张茂渊，是晚清重臣李鸿章的外孙女。她为了心中的情人不肯嫁人，直到 78 岁时方才圆梦做新娘，成为沪上佳话。

张茂渊苦苦等待了 50 年的心上人，就是出生在闵行老镇的李开第（1902—1999）。

清光绪二十八年（1902），李开第在闵行镇北街易园钝暇堂诞生。父亲李维华，字薌斋，清末秀才，名士李林松后裔，是易园最后的主人（1883 年生，曾任广慈苦儿院董事，1951 年 11 月至 1953 年 2 月任上海县各界人民代表会议常务委员会副主席）。

李开第生性聪慧，始终不负父母的叮嘱，努力进取。他 5 岁进私塾启蒙，8 岁进务敏小学就读，12 岁考入交通部所属上海工业专科学校（交通大学前身）附属学校，然后升附中（高中），直至 1924 年在上海交通大学电机专业毕业，并获取公费赴英国留学的名额。第二年，他搭乘法国邮轮前往英国曼彻斯特。

步入新的世界，李开第的思想日益活跃。1927 年暑假，李开第参加了在英国北部举办的留英中国男学生会夏令营。好友严智珠兴奋地告诉他，上海名媛张茂渊正在英国皇家音乐学院学钢琴，集容貌才情于一身，是众人瞩目的女明星，而李开第对此并不在意。其实，三年前在赴英国的邮轮上，李开第与张茂渊就相识了,还用英文为这妙龄女子朗诵了拜伦的诗,两人可谓一见钟情。然而,李开第已有婚约在身,父亲已为他与闵行富家之女夏毓智订了婚。同时,年少气盛的李开第无法面对一个事实:张茂渊竟然是“卖国贼”李鸿章的后代,她父亲张佩伦是光绪年间清流派带头人,李鸿章的幕僚,《孽海花》中庄佩伦的原型。因此,这个“不早一步也不晚一步”的爱情故事刚开场就落幕了。

当年年底,李开第乘船到比利时、法国去游玩一圈之后,进了英国人开设的安利洋行,担任工程师。而严智珠夫妇和张茂渊姑嫂相继归国,回到了上海,李开第与他们保持着联系,成为一个圈子里的朋友。

1932 年 9 月,李开第与夏毓智正式结婚,在大华饭店举办婚宴,张茂渊作为女傧相为心爱的李开第祝福。

1938 年,18 岁的张爱玲考入英国伦敦大学,但由于战争爆发,使她不能如愿赴英就读,只得转入香港大学。当时,李开第正在安利洋行香港分行就职,张茂渊委托他照顾张爱玲的生活。李开第一口答应,担当张爱玲的监护人,张爱玲就此毕生称其为 Uncle K. D。

不久,香港沦陷,李开第离开香港赴重庆,直至 1945 年抗日战争胜利才回到上海。李开第与张茂渊重新取得联系,来往频繁。其妻夏毓智与张茂渊都为人随和,成了友情深厚的“手帕交”。

上海解放前夕,李开第曾经赴台湾,并在那里买下了房产,准备迁居,但父母年迈不愿离开故土,他也就留下未走。后来,洋行关门,他进入上海机械进出口公司,还参加了九三学社外贸支社,并担任主任委员之职。

1965 年,夏毓智患重病进了医院。在长达数个月的抢救、治疗中,张茂渊陪侍左右,衣不解带。夏毓智临终之前,对张茂渊说出了隐藏多年的心里话:“我明白你与李开第是情投意合的一对,当初我一点也不知情,而你一直把你的恋情暗藏在深处,我竟然一点没有察觉。我走后,希望你俩能够结为夫妻,以了我的夙愿。”

夏毓智病逝后,李开第因女儿远在广州,儿子自杀,生活难以自理。张茂渊顶着旁人的闲言碎语,经常赶到黄河路长江公寓,无微不至地照顾李开

第的生活，还手把手地教他做家务。

一天，张茂渊给李开第留下一封信，深情地吐露心声："不是我不愿再等了，我怕时间不再等我。"李开第忙回信称："虽然我曾经走远，心却没有离开过。"

1978年，李开第与张茂渊之间持续了半个世纪的感情，也终于有了一个圆满的结局。

当远在美国的张爱玲得知姑母与Uncle K. D已喜结良缘时，喜极而泣。张爱玲永远不会忘记，1942年香港大学停办，她辍学返回上海以写作为生，与张茂渊合租在法租界爱丁顿公寓（今静安寺常德公寓），在那里度过了她的文学全盛期。1952年，张爱玲离开上海去香港。为避嫌她与姑母约定不再通讯。两人共同生活了十年，亦亲亦友，因此张爱玲对姑母的心思十分了解。据张爱玲撰写的文章透露，张茂渊是极其痴情的，当年在英国遭到李开第的拒绝后，她没有怨恨，也没有结束这段无果的爱，她只对李开第说了一句话："如果今生等不到你，我等来世。"在以后的岁月里，张茂渊一直未婚，

李开第与张茂渊晚年合影

苦苦守着自己的这份痴恋。姑母曾经对她说过,“姑姑一定会结婚的,哪怕八十岁也会结婚。”

1989 年春节,同为 88 岁高龄的李开第与张茂渊到广州探望女儿李斌。张茂渊精神饱满地与李斌手挽手合了影,而李斌尚不知继母患癌症已 5 年了。1991 年 6 月,张茂渊乘鹤西去,享年 90 岁。1999 年 4 月,李开第也与世长辞。他俩共同遵守生前的约定,不开追悼会,不举办遗体告别仪式,不留有骨灰。他们以 50 年的执着,换来 12 年的相守;半个世纪的等待,就为了那一份爱。

浦南竹冈李氏与闵行老街

据1921年李植民、李植纯等六修的《竹冈李氏族谱》称，先祖为荆州人，始迁祖李邃，南宋端平三年(1236)任浙西漕运司丞，遇战乱而迁居上海县十六保十六图南竹冈(今奉贤西渡镇鸿宝村李家阁)。自明嘉靖年间起，浦南竹冈李氏先后出了李昭祥(字元韬，号南湄)、李伯春(字友卿，号约斋)、李叔春(字顺卿，号易斋)、李待问(字存我，号远峰)、李延榘(字方思，号壶山)五名进士，遂为望族，其后裔散居于闵行镇及周边地区。

嘉靖年间，竹冈李氏十一世孙李安祥(字符定，号见汀)率先举家迁居闵行镇。随后，时有李氏人家赶到闵行镇上建造别业，谋求发展。同时，竹冈李氏家族村宅也逐渐向浦南西渡地界拓展，更靠近闵行镇。

迁居闵行镇的李安祥是李昭祥从弟，因倭患时赎身救父而闻名四乡，后经学使推荐，隆庆二年(1568)破例被选为贡生，万历七年(1579)八月中举人，历任河北省沧州知州、保安州知州。李安祥之子李南春(1568—1597，字宾卿，号元同)，自小聪颖绝伦，好学不倦，万历十九年(1591)八月中顺天府举人，可惜患急病30岁就去世了。其孙子李继佑(1588—1616，字仍启，又字孝启，号归愚)，万历四十年(1612)八月考中顺天府第三名举人，文章镕经铸史，才情奔放，卓然自成一家言，著有《初学集》《归愚集》。万历四十四年(1616)在京城参加礼部科考时，不幸因病逝世，年仅29岁。因此，“有两世无禄之叹”,后代未有起色。

李培禧

竹冈李氏十九世孙李培禧(1838—1910),字应龙,号在田,谥号温毅。清末民初,在闵行镇有所作为,被乡人视为贤达之士。

李培禧9岁入学,少负奇气,邻里称之,博览群书,过目成诵,操笔立就。年轻时梦求实业救国,成为县学庠生后一意兴学。20岁时师从龚兆铭、翁尊三(号问樵,闵行人,清道光十一年举人),曾十赴乡试,可惜屡荐未果。后来,获候选训导身份,历任南洋三等各学堂校务,并佐理沪南公济善堂医院。授书交友,互以气节相勉,训迪后进,提倡实学。晚年,安居在闵行老街,吟咏自娱,热衷公益,创设义渡,整顿宗祠,兴办济民学校,规划尽善,乡人齐赞。因儿子显贵,获蓝翎五品顶戴身价。1908年,撰《戊申七十述怀》,感叹人生。宣统二年(1910)农历十月十四日,因气血亏耗逝世,享年72岁,谥号温毅。生前著有《农学浅说》、《陇西学吟集》三卷,由闵行镇名士李邦黻校订刊印,并作序文。

李培禧48岁时生下儿子李卓民(1885—1940),又名植民,字犹龙,号倬云。李卓民少年时就读于上海龙门书院。光绪三十二年(1906)离家奔走,先后毕业于南京两江师范学堂法学科、安徽武备学堂(时称“安徽陆军小学堂”)。宣统二年(1910),他毅然从武,投奔新军第九镇,得到徐绍桢的器重,担任教练官。奉命赶赴上海协助李英石,成为上海光复之役功臣。

第四章

卫星城雄姿

闵行卫星城初具规模

建设中的闵行一号路

上海电机厂制造的30
万千瓦汽轮发电机

中孚染料厂艰难创建

中孚化学制造染料厂股份有限公司闵行厂(今上海染料化工厂)的旧址位于新闵路5号。东侧邻近奉浦大桥,西侧距平山路约100米,南濒黄浦江,北临江川东路支线,现占地面积18.85万平方米。

此厂由企业家董荣清(1884—1951)创建。他是浙江绍兴人,早年在家乡染坊做事。清光绪三十四年(1908)到上海,在德商爱礼司行靛青化验间任职员,数年后任新康颜料号、德和公靛号经理。1924年赴美国哥伦比亚大学学习化学。学成归国后,与李叔彦等发起筹办染料厂。为消除人们的疑虑,特撰写《答客书》,介绍国外染料产销情况,力陈国人办厂之可行,并变卖杭州宅居加上历年积蓄出资十万银元。

1933年4月15日,董荣清等颜料商人集股法币50万元,在闵行镇东创立的中孚染料厂股份有限公司开业。工厂占地约2.7万平方米,雇工81人,置5层钢筋混凝土结构的主厂房两座。董荣清亲任总经理兼厂长。他还亲自擘画工厂择址、工程规划、设备引进甚至商标设计诸项事宜,为表达与“美孚”“德孚”争雄的宏愿,公司取名为“中孚”(中孚是《易经》六十四卦的第六十一卦,乃论述如何取信于民和信及天下之卦)。

此地至今流传说:当时,闵行工商会会长是李英石,他在镇上聚珍楼菜馆招待上海工商界人士。堂倌端上一盘盘蟹糊皮,引得客人们食欲大增。

来客中有董荣清，他边吃蟹糊皮，边自言自语："闵行是个好地方，我要在这里造工厂。"李英石忙追问："董先生是在开玩笑吧？"董荣清说："闵行濒临黄浦江，水路陆路通上海和浙江，是建厂的好地方。"于是，第二年闵行镇建起了一座中孚染料厂。

中孚染料厂是上海第一家民族染料工业企业，主要生产硫化元及其配套中间体，设备引自瑞士及英美，年生产量3 000吨，居国内同行前列。建厂两年后，开始生产硫化元，却遭受外商联手倾轧而陷于严重亏损的困境。董荣清一边与技师研究，改进技术，降低成本，一边参与推销。1937年2月，工厂终因资金短缺而停产盘出，改名为"中孚兴业化学股份有限公司闵行制造厂"（后由王守恒任总经理、总工程师）。当年11月，工厂被日军占据，直到抗战胜利之后才收回。1948年厂房修竣重新开工。

1951年董荣清病逝于上海。今存两幢当年钢筋混凝土框架结构的老厂房及办公楼一栋。这里已被列为闵行区文物保护点。

今存两幢老厂房

通用机器厂给闵行人带来惊喜

1946年,国民政府资源委员会(重工业主管部门)在闵行镇西购地33万平方米。1947年5月,开始建造通用机器公司闵行制造厂厂房。一年半之后,建成办公楼、机工厂房、锻工厂房、水塔、码头、仓库及农场、技工宿舍、食堂、浴室等设施,并开始研制和生产产品。

1948年11月1日,是国民政府资源委员会成立十六周年纪念日,刚建成的通用机器公司闵行制造厂向当地公众开放,欢迎各界参观。闵行人闻讯纷纷赶来参观,上午就有2 000多人。人们惊喜地看到,锻工场宽大的厂房用钢骨水泥建造,内部的巨型机器都是新式的,实验室中有精密机械,如有60吨万能材料试验机一台,精密度可达5 000分之厘米。当时,闵行制造厂已有职员40多人,工人200多人。厂区内,到处是草木花卉,庭园装置,环境优美,员工生活艰苦,生产紧张,但还是有足球场、篮球场、网球场、图书室和评剧演唱室等文体设施可解除疲劳。闵行人兴奋地感叹,这个厂的建立不仅倡导了工业化,而且给闵行镇的市面带来更旺的人气。

1949年5月上旬,时局发生大动荡。1949年5月初,国民党淞沪警备司令部爆破队驻扎在陈仰机中医师诊所,随时准备炸毁通用机器厂有限公司闵行制造厂。通用厂职工成立护厂队,分五个岗哨及流动哨值班,轮流值班,以防国民党军队破坏,拦截军车进厂。5月13日,人民解放军占领南桥

厂房今貌

1953 年上海汽轮机厂挂牌

镇。国民党军爆破队随即封锁闵行滨江码头。5 月 14 日上午 9 时许，国民党军炸毁黄浦江码头后匆匆逃离。闵行镇工商界、教育界组织“闵行人民会”，迎接人民解放军。下午 2 时，解放军 20 军侦察营从西渡游船俱乐部渡江，通用机器厂职工利用一条旧登陆艇为解放军日夜摆渡过江，并修造武器、修接电话线等，保卫了厂区。不久，该厂被人民政府接收。

1953 年，通用机器有限公司闵行制造厂拓展为上海汽轮机厂，这是中国第一家汽轮机制造厂。上海汽轮机厂旧址已被列为闵行文物保护点。

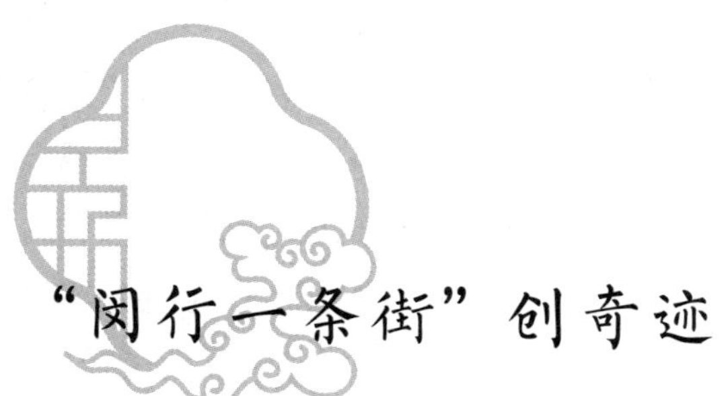

“闵行一条街”创奇迹

今日江川路，原名“一号路”，以前俗称“闵行一条街”，又因道路两旁香樟树郁郁葱葱，绵延数里，被人们誉为“中华香樟一条街”。

1958年，上海市规划设计院编制闵行工业卫星城规划。江川路是卫星城规划的一部分。这是上海市第一个新颖的住宅一条街，由著名建筑专家陈植主持设计。1959年3月，市建设委员会批准“闵行一号路”规划建筑方案。“一号路”（沪闵路至竹港桥）全长550米，宽44米，中间14米为快车道，两侧依次设2米分隔带、4米绿化带和5米人行道。沿街有11幢公寓式住宅，建筑大多为4层至5层，其中6幢底层开设店铺，内部结构宽大，有大厅、大阳台、大厨房、大卫生间。550米内，住宅、商店、旅馆、剧场和学校配套完备，沿街设有百货、食品、银行、图书、服装、照相、理发等20种行业的商店。整个设计简洁明朗，是新中国成立以来上海市第一个“成街成坊”住宅规划设计。

1959年3月18日，上海市建设委员会召开“闵行一号路”住宅工程会议。为了以社会主义建设新成就迎接中华人民共和国建国十周年庆典，第一期工程赶在4月3日开始施工。当时，适逢中共第八届中央委员会第七次全体会议于4月2日至5日在上海举行。出席会议的众多中央政治局委员、中央委员专程赴“闵行一号路”工地视察，给10万建设大军以巨大的鼓舞。

闵行“一号路”游人

结果，开工不满 6 个月，高速并优质地完成了近 10 万平方米的工程量。仅用 78 天时间，铺出了一条柏油大道，13 幢大楼沿着大道拔地而起，“闵行一号路”闪亮问世。这一奇迹，成为我国社会主义建设的又一重大成就。

10 月 1 日，“闵行一号路”上有 16 家商店率先开门营业。为保证商店及时开张营业，黄浦、邑庙、虹口等几个老商业区抽调了一批人员、设备、商品和资金前往闵行支援。黄浦区调出了 300 名商业工作人员，包括从服务行业到百货商店，从店主任到勤杂工的全套人马；虹口区有 5 家店连人带资金全部迁到闵行，充实闵行的商业网，所带的商业资金就有约 6.8 万元；邑庙区在迁调商店中还注意了行业搭配，有吃有穿又有用。9 月 30 日，所有商店试营业，引来人流如潮，据统计全天顾客和参观者达 10 万人次。

在此后的两年内，毛泽东、刘少奇、周恩来、朱德、宋庆龄等同志先后来到闵行地区视察，“闵行一号路”的市容风貌成为媒体聚焦点。

“闵行一号路”两侧，种上了白桦树，可惜到了寒冬，树叶落下后略显萧瑟。1960 年 5 月 25 日，刘少奇同志视察闵行地区时，建议改种香樟树。于是，由上海市市长曹狄秋亲自协调，有关部门从浙江、江西等运来了大批樟树，使一号路面貌一新。

“闵行一号路”成了媒体新闻焦点，当时的报刊、广播和新闻纪录影片做了持续深入的报道，称赞其为“新型的社会主义幸福街”。1960 年，上海人民出版社出版了《大战闵行一号路》（郭书吉著）一书，学文化文库编委会编写出版了《上海的新工业区闵行》。

1962 年，上海电影制片厂在“闵行一号路”拍摄立体故事片《魔术师的奇迹》，并以闵行老镇为故事发生地，反映时代巨变，产生了极为广泛的社会影响。

1959 年站在闵行饭店看一号路

1963 年，上海市人民沪剧团创作排演了沪剧《巧遇记》，巧妙地将上海三轮车工人程德旺全心全意为乘客服务的先进事迹与闵行地区的巨大变化一起融入戏中，通过三轮车工人罗成亮热情帮助农村姑娘刘兰香寻找未婚夫的故事，反映了时代新风尚。由著名演员邵滨孙和筱爱琴演唱的一段《闵行路上》，成了沪剧经典名曲，也成了闵行发生历史性巨变的“活广告”。

如今，这些樟树都已长到近 6 层楼高，绵延数里。每到仲春，仅三五天时间就完成树叶的新老更替，由此四季常青，被人们誉为“中华香樟一条街”。2012 年 2 月，江川路（沪闵路至红园路段）被上海市绿化市容局命名为“上海市首批林荫道”。

中华香樟一条街

动力之乡“四大金刚”

20世纪50年代，我国第一个发电设备制造基地在闵行地区建成，新中国能源装备产业从这里起步。上海汽轮机厂、上海电机厂、上海锅炉厂和上海重型机器厂被称作新中国重工业领域的“四大金刚”，堪称“共和国长子”，闵行地区因此被称为“动力之乡”。

上海电机厂成立于1949年12月1日，起初只是个几十人的弄堂电机修配厂。1951年4月起，在闵行镇东辟地建造新厂房，成为新中国成立后最早创建的大中型电机专业制造企业。

1953年，通用机器有限公司闵行制造厂拓展为上海汽轮机厂，是中国第一家汽轮机制造厂。

1954年在华东工业部主持下，闵行镇市政规划委员会对此做总体规划，确定闵行是一个以机械工业生产为主的小型城市。规划人口规模6万人，用地513万平方米，工业布局主要沿黄浦江北岸沙港至竹港间。

当年9月，上海电机厂、上海汽轮机厂试制成功我国第一台6 000千瓦汽轮发电机组。1956年4月，这台发电机组安装于安徽淮南电厂，结束了中国不能制造汽轮机的历史。

随着汽轮、电机两个工人新村的建成，1957年闵行地区人口达到了36 528人。

1958 年 10 月,上海电机厂、上海汽轮机厂试制成功我国第一台 12 兆瓦双水内冷发电机组。

1958 年,按照上海市城市总体规划,上海市政府决定在闵行地区建立机电基地。这一年,国家投资 3.31 亿元在闵行地区建造上海重型机器厂(前身是始建于 1934 年的大鑫机器厂;1953 年改名为“上海矿山机器厂”,1958 年在闵行现址建立新厂,1962 年改名为“上海重型机器厂”),投资 5 859 万元建造上海锅炉厂闵行分部。上海水泵厂、上海重型机床厂也先后建成。1960 年后,又相继建成新民机器厂(今上海航天设备制作总厂前身)、上海滚动轴承厂、中联二厂和达丰化工厂,此外还有配套建设的闵行发电厂、闵行水厂以及闵行污水处理厂。

1959 年,上海市规划设计院重新编制闵行地区总体规划。规划确定人口规模 24 万人,总用地约 23.5 平方千米。在上海汽轮机厂以西、沙港与二号路间规划机电工业用地;沙港以西、西河泾以东设钢铁、重型机器和发电厂等。规划沙港以西和六号路之间及横沥河以东 1 千米内为生活居住区。建成以一号路为主的 10 条城市道路,在主要道路两侧配置商业网点。以东风、红旗新村等处为中心,新建各类职工住宅 25 万平方米,学校、医院、电影院、菜场等设施也开始有系统地逐步配套建成。

1960 年至 1966 年,闵行工业区建设进入“调整、巩固、充实、提高”的发展时期。1962 年 6 月 22 日,我国第一台 1.2 万吨自由锻造水压机在上海重型机器厂试车成功(1964 年 12 月投产),鼓舞了全国人民。1966 年至 1978 年 12 月,上海汽轮机厂、上海电机厂等企业略有扩建,上海轴承滚子厂等 9 家工厂由市区迁址闵行地区。1975 年 3 月 1 日,上海锅炉厂(前身为美商 1921 年在上海杨树浦路开设的慎昌工厂,1953 年 9 月 1 日被命名为国营上海锅炉厂)总部迁至闵行地区。1978 年后,区内的电站设备制造厂新建“七二八”工程(核电工程)大型车间,闵行机电工业具有制造 30 万千瓦核能发电设备、百万千瓦大型电站设备的条件和能力。

改革开放以来的 30 年间,驻老闵行地区的国有大型企业继续发扬“首创精神”,再铸辉煌。1985 年,成立上海电气联合公司。1995 年,上海市机电工业管理局改制,并与上海电气(集团)总公司资产联合重组。合并后的集团命名为上海电气(集团)总公司。2004 年 3 月,上海电气(集团)总公司进行混合所有制改革,组建了上海电气集团有限公司。2005 年 4 月在香港 H 股上市,更名为“上海电气集团股份有限公司”。

第一台万吨水压机诞生记

新中国实施发展国民经济第一个五年计划后，经济建设发展迅速，电力、冶金、重型机械和国防工业都需要大型压力设备。1958 年 5 月，中共八大二次会议在北京举行。5 月 22 日，煤炭工业部副部长沈鸿致信毛泽东主席，建议我们国家自行建造万吨水压机。此建议得到了毛主席的支持，并把信立即批给总书记邓小平："此件请即刻付印，发给各同志阅。"毛主席还亲自拿着这封信，问上海市委领导："上海能不能干？愿不愿干？"上海市委领导经过考虑，认为可以干。

1958 年 8 月，中央正式批准研制两台万吨级水压机，其中一台安装在上海重型机器厂水压机车间，由沈鸿亲自任总设计师，到上海主持设计和制造工作，以上海江南造船厂为主进行制造，上海重型机器厂等几十个工厂参加大会战。另一台以沈阳重型机器厂和第一重型机器厂为主设计制造。

万吨级水压机在原理、结构上并无奥秘，难处在于它的关键零部件体积大、精度高、制造困难。由于上海缺少生产大型零部件的工厂和加工设备，用常规的方法制造大型水压机不可行。为了取得准确的技术数据，设计组先制造了一台 1 200 吨的水压机作为试验样机，在此基础上，确定了 1.2 万吨水压机的总体设计方案。根据上海实际的建造条件，设计组最终决定万吨水压机方采用三梁六缸四立柱锻焊结构，主机重 2 200 多吨，地面部分高

16.76 米,基础深入地下 7.55 米,共有 4.6 万多个零件。其中有 13 个特大部件,即 6 个工作缸,3 座横梁(上横梁,下横梁,动横梁),4 根大立柱,规格超过正常加工能力。

1959 年 2 月 14 日,江南造船厂举行万吨水压机开工典礼。万吨水压机横梁等特大型部件在江南造船厂造好后,要运到上海重型机器厂加工。由于缺乏吊装设备,只得采用木滑板涂牛油的方式运到船上,再用船运到上海重型机器厂,然后同样用木滑板方式将部件运进车间。部件运进车间后,在加工过程中如何翻身又成了大问题。3 座水压机横梁重 100 吨至 300 吨,而当时上海重型机器厂金加工车间,厂房的屋顶刚刚盖好,里面只有一台 8 吨的履带式起重机和一些小型千斤顶。起重组长魏茂利想出一个办法,做两只 6 米高的翻身架,在横梁两侧的中心部位各焊上一根轴;然后用四五十只千斤顶和大量楞木,组织大量人员花了 3 天时间,将横梁 1 毫米 1 毫米地往上顶高至 6 米高处,再把横梁轴担在翻身架上,这样 300 吨重的庞然大物就可自如地转动起来了。

但是到了 1960 年 8 月,由于中苏关系迅速变冷,我国国民经济实行“调整、巩固、充实、提高”的方针,很多基建项目随之停滞,上海重机厂的水压机车间也是如此。此时,整个水压机研制的工作量完成近 70%左右,已花费研制经费 1 400 万元,如果项目停滞,这台水压机的研制工作就可能前功尽弃。10 月,大病初愈的沈鸿十分焦急,直接给周恩来同志写信汇报水压机的进展情况,还将设计图纸一并报送,请求拨款保证工程继续。周恩来同志收信后,立即派人到现场勘查,知道情况属实后,很快批款 800 万元,避免了这台水压机夭折的命运。

1961 年 12 月 13 日,万吨水压机的 4.6 万多个零部件全部运到上海重型机器厂。工人们用两部重型行车将横梁吊装进 4 根立柱内,只用了 2 个月时间就完成总装。又用了三四个月,在 200 多个主要部位进行了多次应力测定,证明所有应力都同设计数据吻合。然后开始进行超负荷试验,将锻压能力加大到 1.6 万吨,水压机各个部件正常运转,未发现不良现象,可以确保 1.2 万吨满负荷正常运转。

1962 年 6 月 22 日，万吨水压机经过 1.6 万吨压力的超负荷试运转后，正式投入生产。

我国首台万吨水压机在
上海重型机器厂诞生

全中国人民沸腾了，江川路上热闹非凡，上海重型机器厂的参观者络绎不绝。美国的著名作家埃德加·斯诺也来到上海重型机器厂，他关照接待人员："让我先亲眼看看，然后再听你们介绍。"当他步入万吨水压机车间，瞥见这庞然大物，就提问："你们花这么大的财力和人力，造这样大的机器，有必要吗？"说话间，巨大的加热炉炉门自动打开了，大吊车抓住红彤彤的大钢锭直奔那钢铁巨人。转眼，这个大钢锭被锻造成像擀面棒形状的锻件。斯诺惊呆了。半晌，他才问："这是做什么的？"陪同人员回答说："这是舰艇上燃汽轮机大轴。如果没有这台万吨水压机，我们得依靠进口。"斯诺脸上露出会心的微笑："我理解了，要建设强大的新中国，必须有这样威力巨大的机器。"

当时，朱德同志也赶来了，他视察万吨水压机时兴奋地说："这台机器制造成功，代表了我国的工业发展已达到一个新的水平。过去，外国人不相信我们能造这样大的机器；现在，事实说明了我们中国人民是有能力的，不仅能造万吨水压机，而且造得好，造得快。"

我国第一台 1.2 万吨自由锻造水压机的制造成功，成为新中国机械工业腾飞的起点。近半个世纪后，这台水压机于 1990 年 9 月进行了一次大修改造，又恢复了原设计能力。2003 年锻件年产量超过了 1 万吨，并承担起锻压船用曲轴的任务。2004 年底，上海重型机器厂决定再自行建造一台世界最大的 1.65 万吨自由锻造油压机。这台大型油压机已于 2009 年 6 月建成投产，这是中国重型装备的又一个突破。

名家游闵行

1959 年，上海一批著名画家响应上海美协和上海中国画院的号召，到闵行体验生活，周碧初创作了油画《闵行一条街》，颜文樑创作了油画《建设新闵行》。国画家陈佩秋爬上高楼，在寒冷的冬日连续三天站在屋顶上速写闵行“一号路”正在发生的变化。之后，陈佩秋起稿与谢稚柳合作创作了《闵行一条街》绢本长卷，谢稚柳用宋人工笔细写树木、渔船并补景、渲染。上海工艺美术大师们创作了大型黄杨木浮雕《闵行卫星城落成图》。这些杰作手法细腻朴素，蕴含着感人的力量和亲切的时代记忆，备受人们喜爱。

1961 年 10 月 30 日，郭沫若同志偕夫人于立群莅临“闵行一条街”。

郭沫若《游闵行》诗碑

郭老夫妇俩和陪同人员兴致勃勃地登上了新落成的闵行饭店观光亭。这时，郭老诗兴勃发，即兴赋诗。郭老抑扬顿挫的吟哦声，感染了身边作陪的同志，闵行饭店吴经理灵机一动，赶快派人买来文房四宝，恳请郭老留下墨宝。郭老说，1937 年 8 月，他从日本潜回上海，投身抗日救亡运动，在黄浦江两岸开展战地慰问工作。8 月 24 日下午，他和田汉、夏衍等一行前往奉贤南桥张发奎司令部。途经闵行摆渡口时，为等候前去慰劳张发奎总部的上海各界抗敌后援会成员，他们便在闵行渡口停留了约莫二三十分钟。他趁机在闵行外滩街兜了一转，留下了深刻印象。如今旧地重游，更是感慨万千。于是，他留下了《游闵行》手迹，诗的首句为“不到闵行廿四年”。同时，郭老在此用饭时，得知餐桌上的大闸蟹和鱼鲜是从黄浦江中捕捉来的，蔬菜和红米（本地称“血糯米”）均产自本地乡村，因此将这里的大闸蟹、鱼鲜、红米，一并写入诗中。

郭沫若《游闵行》诗全文如下：

不到闵行廿四年，重来开辟出新天。
万家居舍接霄汉，田野工厂冒远烟。
蟹饱鱼肥红米熟，日高风定白云绵。
谁能不信工程速，跃进红旗在眼前。

郭沫若还应邀当场挥手书写了毛泽东同志的诗词《沁园春 · 雪》和“实事求是”题词（原件今存闵行区档案馆）。

1962 年 4 月，老舍（1899—1966，原名舒庆春，字舍予）前来闵行参观，并作《春游小诗：参观闵行新城》，全文如下：

闵行平地起新城，广厦千间一夜成。
雨露三年花四面，双双紫燕闹春晴。
十年未作沪江游，十里洋场一笔勾。
劳动人民干净土，桃花今日识风流。

肯尼亚友好代表团在闵行饭店6楼阳台留影

附 录

老闵行历史大事记

（1292年至1949年）

元至元二十九年（1292）

上海县建立，本地区属上海县长人乡。

延祐七年（1320）

道士潘复原建洞真道院。

至正二年（1342）

禅师水月建度门寺。

明洪武六年（1373）

三月，吴会邹城巡检司移此，设巡检司署，后称黄浦巡检司。

天顺七年（1463）

春，董纶（字诚之，号介轩）中进士。

成化五年（1469）

春，金爵（字良贵）、乔维翰（字如京，号临泉）同榜中进士。

成化二十年（1484）

春，金献民（字舜举，号蓉溪）中进士。

弘治九年（1496）

董恬（字世良，号中冈）、董忱（字世行，号宜庵）同榜中进士。

弘治十七年(1504)

《上海志》成,初见“敏行”地名。

正德四年、五年(1509、1510)

松江府连年水灾绝收,横沥、沙冈、竹冈一带因地势高亢有收,附近乡民多趋敏行贸易,市面日趋繁盛。

正德六年(1511)

春,金皋(字鹤卿,金献民长子)中进士。

正德七年(1512)

正德《松江府志》成,初见“闵行”地名。

正德九年(1514)

春,金皡(字治卿,金献民次子)中进士。

嘉靖十七年(1538)

黄浦江横沥港口建宏济桥。万历二十年(1592)再修,改名为“聚龙桥”。

嘉靖三十三年(1554)

三月十一日,倭寇麻叶部800余人自闵行镇抵西仓,泊小横潦泾。

六月二十日,倭寇千余,从嘉兴分乘57条船,焚掠闵行镇。

嘉靖三十四年(1555)

三月,明总督张经令游击将军邹继芳、总兵俞大猷、参将汤克宽分屯闵行、金山卫和乍浦,联防御倭。

嘉靖四十四年(1565)

春,乔懋敬(字允德)中进士。

崇祯四年(1631)

春,朱永佑(字爰启,号文远)中进士。

清顺治十年(1653)

九月初七(10月27日),晚明定西侯张名振兵掠闵行镇,满载出海。

顺治十一年(1654)

八月十四日(9月24日),张名振兵又进黄浦江,提督张天禄遣兵赴闵行镇堵截。

康熙二十二年(1683)

十一月十一日至二十日,天奇寒,黄浦江结冰,闵行渡口渡船和冰块相撞,死数十人。

康熙五十八年(1719)

清军派千总三员驻扎闵行。

雍正十二年(1734)

上海知县褚菊书修春申道院。

乾隆十二年(1747)

上海知县设便民船两艘,往返于闵行至上海县城。

乾隆十五年(1750)

乾隆《上海县志》成,在镇市条目中初见“闵行镇”。

乾隆十六年(1751)

里人张镐等在母子泾捐建闵行义塾。

乾隆三十七年(1772)

陈荣、郑起源捐修“小云台”。咸丰三年(1853),改建为衍善堂。

嘉庆元年(1796)

春,李林松(字仲熙,号心庵)中进士。

嘉庆二十一年(1816)

春,聚龙桥重建,次年五月落成。

是年,新西街形成。

道光八年(1828)

安徽人汪大忠在闵行镇开设汪德隆茶叶号。

道光十四年(1834)

朱泰元主持始建会龙桥(俗称“戚家桥”)。

道光十七年(1837)

里人李荣滋、陈廷楷、刘超、吴凤翔等在文昌书院创捐施棺。咸丰三年(1853),迁镇北广明庵,改称“衍善堂”。

道光二十年(1840)前后

恒丰花米行在闵行外滩创设。

道光二十二年(1842)

五月十二日中午,英军舰由黄浦江经闵行至大张泾,港窄不容舰,遂东回。

五月十四日,英军舰游弋经闵行至得胜港。

咸丰元年(1851)

浙江海盐人何万昌在闵行镇开设酱园。

咸丰三年(1853)

八月二十二日,浙江分府仲孙樊率浙勇两千名驻得胜港、闵行等处。

咸丰四年(1854)

二月二十四日,上海道台在闵行镇设海关税卡。

咸丰六年(1856)

八月十七日,上海厘捐总局在闵行镇设厘捐乡局,专收乡镇店业厘捐。

咸丰十年(1860)

十月初一,上海县知县刘郇膏谕办团练,设闵行乡局。

咸丰十一年(1861)

五六月,太平军李秀成部进击闵行,遭团练拦阻。

八月十八日,清军兵勇溃退至闵行镇大肆掳掠。

是年,安徽人程秋圃与同乡集资在闵行镇创办新安慈善堂。

同治元年(1862)

正月三十日,美国人华尔带领洋枪队"常胜军"750人,英国人何伯、法国人卜罗德带兵500人、车炮7架、轮船11艘集结闵行镇,次日进攻驻扎在奉贤县萧塘的太平军。

同治七年(1868)

上海知县朱凤梯捐资在衍善堂设"闵行义学"。光绪二十九年(1903)改为"蒙养小学堂"。

同治八年(1869)

二月二十四日,浙江巡抚派勇丁300人及带炮船在黄浦江闵行段查缉私盐,滋事扰民,引发商界罢市。

同治十年(1871)

陈熙元、沈寿等集资倡设闵行救生局。

同治十三年(1874)

顾鸿序、陈继蕃、李荣滋、夏其钊等倡集捐资始建普安堂。

光绪元年(1875)

闵行镇董事李荣滋利用司署地基和李养素捐地建立"闵行积谷仓"。

光绪三年(1877)

三月,孙梓卿在闵行镇开设同源记典当。

是年,普安堂落成,松江知府杨永杰赠"乐善不倦"匾额。

光绪十年(1884)

闰五月,江苏抚标新中营2 000余人驻守闵行镇。光绪十三年(1886)改称"水师"。光绪二十二年(1896)调离。

光绪十六年(1890)

上海知县陆元鼎主持疏浚横泾港及母子泾。

光绪十八年(1892)

十一月十四日至十二月十四日,大雪奇寒,最低气温有13天在-5℃以下。黄浦江河港皆冰,累日不开,经旬不解,人行冰上。十二月初二日(1893年1月19日),最低气温为-12.1℃,为历史最低纪录。

光绪二十四年(1898)

4月,上海《农学报》第26册刊发黄宗坚《种棉实验浅说》一文。

是年,美国传教士步惠廉在闵行镇创建基督教福音堂。

光绪二十五年(1899)

五月十三日,上海知县王豫熙在闵行镇督办团练。

光绪二十八年(1902)

李祖锡、李祖佑、顾言等捐募在闵行镇西积谷仓创设务敏学堂。

是年，本地遭遇大瘟疫。

光绪二十九年(1903)

黄蕴深、黄艺锡、李英石等赴日本留学。

光绪三十年(1904)

李显常集资组建敏航轮船局，班客轮往返于闵行镇与上海城区。

闵行镇后东街口设邮政代办所。宣统二年(1910)升格为闵行邮政局。

黄宗坚、黄申锡等倡办竹溪小学。

光绪三十一年(1905)

11月，上海县设立学务公所(后改称"劝学所")，项文瑞、顾言等被公推为学董、视学，后兼学务总董重任。

是年，太湖水师第五营从上海南市移驻闵行。

光绪三十二年(1906)

上海县商会闵行商务分会成立，朱承鼎任会长。

光绪三十三年(1907)

改团练局为学区，为乡自治奠定基础。

朱承鼎任闵行镇乡董，主持地方自治。

宣统二年(1910)

秋冬之交，闵行乡成立议、董两会，借用务敏学堂校产设办公室。

是年，李祖佑接任闵行镇乡董，兼上海县劝学所协董。

上海县中等农业学堂(又称"闵行农校")在闵行镇西外滩创办。

宣统三年(1911)

上海县司法署在闵行镇设闵行裁判分所。民国元年(1912)10月改称"上海县第五初级审判厅"。

乔念椿在闵行镇创办振市电灯厂，为闵行镇有电灯照明之始。

民国元年(1912)

2月20日(农历正月初三)，闵行镇爆发"警民大冲突"。

4月，江苏省颁布暂行市乡制，上海县划分为四市十五乡，以学区为乡，本地置闵行乡，设乡自治公所。

5月,闵行税务公所在闵行镇设立。

6月,闵行乡议事会改组,朱承鼎任议长,李祖佑继任乡董,李显常任乡佐。

6月15日,嘉兴、松江货船船民,因不服重复收取货物税,聚众捣毁闵行税务公所。

8月,李右之出任上海县议事会副议长。

11月1日,李英石被北京政府授予陆军少将衔。

12月26日,孙中山先生乘坐李英石安排的“钧和号”炮舰赴松江县城考察,停靠闵行码头逗留。

是年,黄申锡被推选为上海县议事会议员。

民国二年(1913)

江苏水上警察厅第一专署驻闵行镇。

黄申锡当选为江苏省议员。

民国三年(1914)

3月,上海县公署委任李祖佑为闵行乡经董,朱承鼎为副经董。

8月,在镇北度门寺基地建造乡公所办公楼。

是年,乔念椿、李祖佑等合资创办闵南轮船局,开辟闵行镇至平湖客运航线。

民国四年(1915)

6月17日,李祖佑等在乡公所楼上创设崇实女子小学。

民国五年(1916)

江苏缉私第二营驻守闵行镇。

民国六年(1917)

2月12日,闵行镇发生火灾,至次日黎明,焚毁房屋数十间。

民国七年(1918)

沈葆义、乔念椿、李祖佑和黄申锡等捐资购地造屋,开办广慈苦儿院。

黄申锡再次当选为江苏省议员。

民国八年(1919)

6月,李宗邺任上海县劝学所所长。

6月6日,闵行镇工商各界为声援五四运动,罢课、罢工、罢市一日。

民国九年(1920)

3月,上海县公署委任朱承鼎为闵行乡经董。

8月,李英石、黄申锡等发起筹建沪闵南柘长途汽车股份有限公司。

9月,李英石、黄申锡分函上海、松江两县县署立案,启动筑路工程申报手续。

民国十年(1921)

5月15日,李英石在李园家中,召集各乡镇头面人物筹划创立沪闵南柘长途汽车公司。

8月,“沪闵南柘长途汽车份有限公司筹备处”在上海普益习艺所内挂牌运营。黄申锡组建“征地委员会”。

11月1日,李英石主持“上海沪闵南柘长途汽车股份有限公司(简称‘沪闵南柘公司’)”创立会。各股东开始照章缴纳第一期股款。

民国十一年(1922)

5月,沪闵南柘路上海县地段率先开工建设。

12月2日,沪闵公路长途汽车公交线试通行。

12月9日,李英石召集颛桥、北桥、马桥、曹行、塘湾、漕河泾等乡经董,专题商议合力修筑各乡里道的事宜。

是年,黄宗坚因对农业科学做出杰出贡献荣获“大总统特奖”。

民国十二年(1923)

元旦,沪闵南柘公司举行沪闵公路通车典礼。李英石公开发表《沪闵段通车纪念辞》。

1月4日,诸文绮等在闵行镇创设的浦海商业银行开业。

2月1日,沪闵公路客运班车正式通车运营。

8月25日,闵行敏园北部基本建成,先行开放营业。

民国十三年(1924)

4月18日,敏园全部对外开放营业。

7月,推选顾文郁任乡董,朱奉韺任乡佐。

10 月间，江浙军阀齐(燮元)卢(永祥)之战爆发，沪闵长途汽车被官兵劫夺军用，敏园遭受严重毁损。

是年，黄宗坚、黄宗麟、黄公锡、黄艺锡、黄申锡合力建造黄氏宗祠，出版《上海竹冈黄氏宗谱》。

民国十四年(1925)

春，沪闵南柘公司借款重购车辆，恢复长途客运业务。

是年，闵行民团成立。

会龙桥由石桥易为木桥。

民国十五年(1926)

10 月，乡董顾文郁去世，乡佐朱奉蘵维持政务至农历年底。

是年，黄浦江滨江地带新建浦滨花园，上海城区游客“周末游闵行”。

民国十六年(1927)

2 月，乡议会选蒋世杰为乡董、夏建藩为乡佐。孙传芳部 2 000 余人由浙江退驻闵行，后增至 1 万余人。

3 月 21 日，上午 10 时至下午 2 时，国民革命军薛岳部队追击孙传芳部，渡过黄浦江，沿沪闵公路向上海市区进发。

4 月，组织地方临时执行委员会，选举蒋世杰、林青、张宗庠、夏建藩、李维华为临时执行委员。

5 月，上海县公安局闵行分局在闵行镇设立。

10 月，在原通俗馆基础上，闵行民众教育馆在大雅轩茶馆二楼开设。

民国十七年(1928)

5 月，“济南惨案”后，闵行镇爱国人士宣传反日救国，没收沿江船上日货，廉价拍卖，用所得款项建造“救国纪念塔”及“救国桥”“救国路”。

8 月，上海县教育局将县立第四、强敏和崇实 3 所小学合并为闵行中心小学。

是年，上海市县分治，闵行乡改为上海县第一区。

游民习艺所在洞真道院内开办。

民国十八年(1929)

徽州籍商人始建杨家台墓园，后称“新安公所”，承办殡葬事务。

民国十九年(1930)

4月1日,顾彧在第一届江苏省运动会上获男子跳高第一名。

民国二十年(1931)

1月,最低气温有8天在-5℃以下,1月10日最低气温-11.6℃,为历史第二低纪录。从1月9日起,内河冻结,河轮停航。

民国二十一年(1932)

年初,国民政府全国经济委员会决定在闵行西渡建造钢引桥连趸船浮码头,并开辟车辆渡轮线。

6月,闵行民众教育馆在上海南市蓬莱市场举办土布展览会。

9月30日,上海首艘汽车过江渡轮"经航号"在闵行渡口投入运行。

10月10日,全国经济委员会筹备处会同江苏、浙江和上海市有关人员在闵行轮渡码头举行沪杭公路通车典礼。

是年,乔念椿集资组建沪张轮船公司。

民国二十二年(1933)

4月15日,董荣清在闵行镇建立中孚染料厂。

10月4日,"济航号"渡轮在西闵客渡航线投入营运。

11月13日,李英石赍志长逝,享年52岁。

民国二十四年(1935)

《闵行诗存》出版。

民国二十五年(1936)

诸文绮筹资在闵行镇东郊黄浦江边购地,创办文绮染织专科学校。

民国二十六年(1937)

8月19日,有飞机炸弹落在夏氏宗祠厢房夹弄内,幸未爆炸。

8月24日至25日,日军飞机轰炸,关帝庙、春申道院及施弄等被毁。

11月6日,闵行渡口、闵行中心小学、县农校、广慈苦儿院等连遭日军飞机轰炸。

11月9日,闵行镇沦陷。

民国二十七年(1938)

2月1日,《申报》报道:1月28日大批日兵开进难民收容所,奸污驻所妇女500余名。

4月30日晚,日军派人烧毁乔念椿家宅。后又损毁其名下厂房、码头。

民国三十年(1941)

11月,汪伪南京要塞司令部闵行基地区队37人驻扎闵行。

民国三十一年(1942)

3月31日,饥民500多人聚集闵行卸米码头,抢夺大米时遭日伪军警弹压。

5月2日下午4时,裕成米行囤积居奇,拒粜粒米。百余镇民破仓抢米,遭伪闵行警察分局20余名警察及4名日军弹压,引起公愤。

9月1日,日伪修建竹篱封锁线,黄浦江以北、女儿泾以东地区为“清乡”范围。

民国三十二年(1943)

3月,日伪在闵行镇成立商业统制会,实行粮食配给,每周每人限购米一升。

民国三十四年(1945)

10月15日,上海县政府迁到闵行镇北庙路度门寺(时为“闵行乡公所”)办公。

民国三十五年(1946)

3月30日,上海县临时参议会在闵行镇成立,黄蕴深被推举为参议长。

6月,钮永建视察闵行镇。

9月,私立文绮染织专科学校开学。

民国三十六年(1947)

1月,国民政府资源委员会通用机器有限公司闵行制造厂在闵行镇西征地建厂。

2月8日,浦海商业银行复业,总行设在留桥弄口,黄蕴深任经理。

民国三十七年(1948)

1月4日,广慈苦儿院新建校舍落成。不久,重建董事会,改名为“上海广慈教养院”。

1 月 18 日，钮永建赴闵行镇，参加上海县参议会大会，发表训话。

5 月，夏诚一、周瘦鹤、李宗武等发起成立“闵青剧艺社”，每日在聚珍楼排练，有京剧名伶朱慕劬为指导。

6 月 15 日，上海县政府正式迁到北桥镇办公。

7 月 4 日，上海县立初级中学举行建校二十周年纪念会。

11 月 1 日，通用机器公司闵行制造厂向公众开放，数千居民前去参观。

11 月 28 日，国民党青年军 209 师直属卫生营驻扎闵行镇。

12 月 28 日，闵行、莺寿、紫冈、荷溪四乡合并为闵行镇。

民国三十八年(1949)

1 月 7 日，钮永建在上海县立中学暨简易师范学校大礼堂发表演讲。

5 月初，淞沪警备司令部爆破队驻扎陈仰机中医师诊所。通用机器有限公司闵行制造厂职工成立护厂队迎接解放。

5 月 13 日，人民解放军占领南桥镇。淞沪警备司令部爆破队封锁闵行滨江码头。

5 月 14 日，上午 9 时许，淞沪警备司令部爆破队炸毁码头后逃离。闵行镇工商界、教育界组织“闵行人民会”，迎接人民解放军。

5 月 27 日，上海市宣告解放。

9 月，各中小学相继建立中国新民主主义青年团组织。

1949 年

10 月 2 日闵行镇工商联合会筹备会成立。

历代进士名录

董纶，字诚之，号介轩。明天顺七年（1463）进士。官至河南道监察御史。

金爵（1438—1502），字良贵，四川绵阳籍，明成化五年（1469）进士。官至广西布政司左参政。

乔维翰，字如京，号临泉。明成化五年（1469）进士。官至湖北郧阳府通判。

金献民，字舜举，号蓉溪，金爵之子。明成化二十年（1484）进士。官至兵部尚书。

董恬（1454—1527），字世良，号中冈。明弘治九年（1496）进士。官至大理寺少卿。

董忱，字世行，号宜庵。明弘治九年（1496）进士。官至广东肇庆府知府。

金皋，字鹤卿，金献民长子。明正德六年（1511）进士。官至翰林院检讨。

金皞，字治卿，金献民次子。明正德九年（1514）进士。官至工部主事。

乔懋敬（1534—?），字允德，号纯所。明嘉靖四十四年（1565）进士。官至湖广右布政使。

朱永佑(？—1651),字爰启,号文远。明崇祯七年(1634)进士。官至吏部侍郎、工部尚书。

李林松(1770—1827),字仲熙,号心庵。清嘉庆元年(1796)进士。官至户部员外郎。

江川地区历史风物纪念地

滨江地段(自东往西)

聚龙桥

位于黄浦江闵行滨江横泾港口。明嘉靖十七年(1538),将横泾木桥改建为单孔拱形石桥,取名“宏济桥”。万历二十年(1592)再修时,改名“聚龙桥”。1972 年翻建。

闵行古渡遗址

位于黄浦江闵行滨江。元末明初设“黄浦渡”,为义渡。清代初改称“横泾渡”。乾隆年间改称“横泾西渡”,设“便民航”。

闵行轮渡站旧址

位于黄浦江闵行滨江。1932 年 9 月,建造闵行西渡轮渡固定码头,开通“西闵客渡航线”,是全国第一条的官办车辆渡航线。10 月 10 日,在此举行沪杭公路通车典礼。

孙中山考察滨江遗址

位于黄浦江闵行滨江。1912 年 12 月 26 日,卸任临时大总统的孙中山先生回到上海,乘坐兵船沿黄浦江考察国情。中午,由沪防水陆全军统领李英石陪同巡视闵行外滩。

李园遗址

李园遗址,位于建设路 39 弄 15—19 号。区级文物保护点。

沪闵公路地段(自北往南)

敏园遗址

位于沪闵公路华坪路口。1923 年 8 月起,大型游乐设施敏园开放营业,人们纷纷乘坐沪闵南柘长途汽车前来游览,“周末游闵行”成为上海时尚旅游项目。可惜后来毁于连年兵灾。

救国纪念塔遗址

位于沪闵公路建设路口。1928 年 5 月,日军制造“济南惨案”。闵行镇各界人士闻讯激起民族义愤,抗议日军暴行,建“救国纪念塔”。1938 年被侵华日军拆毁,乡人永志难忘。

江川路地段(自东往西)

闵行一号路

江川路东段沪闵公路至竹港桥全长 550 米,1959 年仅用 78 天时间,就建成了一条柏油大道,沿途 13 幢大楼拔地而起,取名“一号路”,俗称“闵行一条街”。

中华香樟一条街

1960 年 5 月 25 日,刘少奇同志视察闵行时,建议沪闵路至红园路段改种香樟树。如今林荫葱葱,被誉为“中华香樟一条街”。

闵行饭店

1959 年 9 月 28 日开业，主要用于接待国家领导人和外宾。1961 年起对外开放。区级文物保护点。

卫星城工人新村

1959 年，以东风、电机、汽轮新村等处为中心，兴建职工住宅 25 万平方米，学校、医院、电影院、菜场等设施逐步配套建成。电机新村为区级文物保护点。

新闵路地段（自东往西）

中孚染料厂旧址

中孚化学制造染料厂股份有限公司闵行厂旧址，位于新闵路 5 号。1933 年始建，为上海第一家民族染料工业企业，属国内规模最大、设备最先进的化工厂之一。区级文物保护点。

会龙桥

会龙桥，俗称“戚家桥”，清道光十四年（1834）始建，东西向跨横泾港。1928 年，改建为钢筋混凝土轻便桥，时值镇上兴起“抗日救国运动”，更名为“救国桥”，并刻石留念。

南北大街北街口

位于新闵路 481 弄（星河景苑北门），旧时以各式作坊为主。1956 年，北街与南面的“大街”相连，称“南北大街”。

项家宅院

位于新闵路 481 弄星河景苑内。区级文物保护单位。

度门寺古树

度门寺创建于元至正二年(1342),位于新闵路534号至538号处。1914年,寺基改建为闵行乡自治公所用房。今存清道光三年(1823)《重修度门寺碑》、1914年《闵行乡自治公所记碑》和度门寺银杏(树龄180多年,古树编号365)。

洞真道院古树

洞真道院创建于元延祐七年(1320),俗称“河西城隍庙”,位于新闵路560号。院内外曾有两个戏台,享有“江南两个半戏台”之誉。院西有一株银杏树存活至今,树龄500多年,古树编号059。

清净庵旧址

位于新闵路556弄17号、19号。区级文物保护点。

慕莲精舍

位于新闵路556弄23号。区级文物保护点。

工业遗址

上海汽轮机厂旧址,位于江川路333号。区级文物保护点。

上海电机厂旧址,位于江川路555号。区级文物保护点。

上海重型机器厂旧址,位于江川路1800号。区级文物保护点。

上海锅炉厂旧址,位于华宁路250号。区级文物保护点。

上海重型机床厂旧址,位于华宁路190号。区级文物保护点。

闵行发电厂旧址,位于丽江路2号。区级文物保护点。

老闵行地方文史研究书目

《江川史话》　张乃清著　2023年7月中西书局出版

《闵行诗存》(点校版)　闵行区图书馆编　2020年5月中华书局出版

《百年沪闵路》　张乃清著　2019年8月中西书局出版

《“小上海”老闵行》　汪大纲主编　2018年12月上海书店出版社出版

《四大金刚·中国重工业闵行基地纪实》　沈永清主编　2018年12月上海书店出版社出版

《老闵行近代乡贤》　张乃清著　2017年10月中西书局出版

《上海李氏易园三代清芬集》(点校版)　闵行区图书馆编　2017年5月浙江大学出版社出版

《闵行老街史料选集》　闵行区档案馆编　2016年11月上海社会科学院出版社出版

《上海乡绅李林松》　张乃清著　2016年10月上海学林出版社出版

《老闵行记忆》　张乃清著　2012年6月上海人民出版社出版

《老闵行历史文化图志》　张乃清主编　2010年5月闵行区非遗保护中心办公室编印

后记

笔者于2010年主编出版了《老闵行历史文化图志》,引起良好社会反响。2011年12月,应邀参与在江川文化馆内筹建的“老闵行历史文化陈列馆”。于是,在江川路街道的大力支持下,以“老闵行”为课题,重新整理多年来积累的相关史料,又实地调查采录遗存风情和口碑传说,闭门数月,潜心进行一些专题研究。在江川文化馆和众多文史爱好者,尤其是张文华、汪大纲等闵行老街原住民的热情支持下,经过半年多的努力,终于有所收获。2012年5月,将研究成果汇编成《老闵行记忆》正式出版。2012年9月底,“老闵行历史文化陈列馆”在江川文化馆开馆。2015年11月项家宅院修复一新,“闵行老街展览馆”应运而生。同时,笔者也编写出版了《上海乡绅李林松》《老闵行近代乡贤》《百年沪闵路》等专著。如今,将十多年来的研究成果汇编成《江川史话》。“老闵行”“小上海”的研究课题真是个宝库,值得“挖山不止”。

十多年来,笔者尽力发掘和还原“老闵行”的历史文化,展示其风采,是希望能使生活在这块土地的人们由此产生幸福感和自豪感,从而产生为这块土地而守望家园,同建和谐社会,共创美好未来的精神力量。同时,希望这块土地能更持久地散发出地域文化的吸引力和人文精神的感染力,同世人分享。

张乃清

2023年5月

上海闵行地方文史丛书

（闵行区文化发展专项资金资助项目）

第二辑

《浦江史话》
《吴泾史话》
《马桥史话》
《颛桥、莘庄工业区史话》
《梅陇、古美史话》
《莘庄史话》
《七宝史话》
《虹桥史话》
《华漕、新虹史话》
《江川史话》
《浦锦史话》

第一辑

《闵行秀·老屋大观》
《闵行秀·古迹寻踪》
《闵行秀·乡土墨客》
《上海闵行英烈》
《上海闵行红色地图》
《百年沪闵路》（修订本）
《海派乡土文化》（修订本）
《20世纪上海乡土图像》
《上海闵行历代著姓望族》
《上海闵行地方古籍提要》